생활 속의 종 이야기

종소리가
좋다

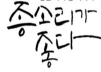

생활 속의 종 이야기
종소리가
좋다

지은이 | 이재태
펴낸이 | 신중현

초판발행 | 2017년 2월 20일

펴낸곳 | 도서출판 학이사
출판등록 | 제25100-2005-28호

대구광역시 달서구 문화회관11안길 22-1(장동)
전화 _ (053) 554-3431, 3432 팩시밀리 _ (053) 554-3433
홈페이지 _ http://www.학이사.kr
이메일 _ hes3431@naver.com

ISBN _ 979-11-5854-068-5 03900

종소리가 좋다

이재태 지음

學而思 │ 학이사

누구를 위하여 종은 울리나

어니스트 헤밍웨이는 그의 소설 제목을 〈누구를 위하여 종은 울리나?〉로 결정하며 쾌재를 불렀을 것 같다. 이 소설의 클라이맥스에서 종소리가 울려퍼지지는 않으나, 제목 자체만으로도 혼자 남겨진 조던의 비장하고 애닳은 메시지가 전해지기 때문이다. 정호승 시인은 '가끔은 하느님도 외로워서 눈물을 흘리시고… 종소리도 외로워서 울려 퍼진다'라고 했다. '종은 왜 울리는가?'라는 질문에 한 가지 정답이 있을 수는 없다. 같은 종소리에도 우리의 행동 규범을 결정해주는 알림의 목적, 도저히 이루어질 수 없을 것 같아 차마 말로써 전할 자신이 없는 그 무엇을 간절하게 바라는 마음, 주위와 같이 나누고 싶은 주체할 수 없는 기쁨, 어떤 방법으로

도 다 표현될 수 없는 깊은 슬픔이 각각 담겨 있기 때문이다.

종Bell은 인류가 역사를 처음 기록하던 시절에도 이미 존재하고 있었다. 고대 중국에서는 황제黃帝와 염제炎帝가 종을 처음 주조했다는 기록이 있고, 은殷, 주周나라 시대의 종은 제법 많은 종류가 남아 있다. 서양에서도 3000년 전에 만들어진 바빌론의 유물에 종에 관한 기록이 있으며, 성경 출애굽기 28장은 '제사장의 복장에 종을 달아…'라고 썼다. 종은 전 세계에 분포하고 있다. 세상에는 종을 둘러싼 신기한 전설도 많고, 자신들이 아끼는 종에는 자연 재해를 이기고자 하는 특별한 힘이나 역병이나 마법을 없애주는 영험이 있다고 믿는 사람들도 많다. 각각의 종에는 그 들의 문명과 그 지역에 사는 사람들의 종교나 문화적인 차이가 뚜렷하게 나타나 있는 것이다. 고대 사람들은 신들과 소통하거나 영혼이 된 조상이나 초자연의 말씀을 듣기 위하여 종을 울렸고, 점차 동물과 인간과의 소통, 인간과 인간과의 소통을 위하여 종소리가 울려 퍼졌다. 통일신라시대의 성덕대왕신종(에밀레종)에는 "지극한 진리는 형상 밖의 모든 것을 포함하니 그것을 보려 하여도 그 근원을 보기 어렵고, 진리의 소리는 천지에 진동하니 들으려 해도 듣기 어렵다. 이에 신종神鍾을 달아 진리의 소리를 깨닫게 한다"는 명문이 새겨져있다. 이제는 기계 소리, 녹음한 디지털 음향에 그 자리를 내어주고 있는 종소리를 기억하는 사람들은 아직도 평화롭게 소통하던 옛날에 대한 추억을 가슴 깊이 지니고 있다.

추억 속의 종소리를 기억하며, 아름다운 모습의 종을 수집한지 사반세기가 지났다. 아직 멋진 수집가의 경지에 도달하지는 못했으나, 뒤를 돌아보니 꽤나 오랜 시간동안 종을 수집하며 혼자 즐거워했던 것 같다. 작가 말콤 글래드웰은 '아웃라이어Outlier'에서 많은 사람들의 삶의 궤적을 추적한 결과 만 시간 이상을 투자하면 어느 분야에서든지 수준급에 도달한다고 하였다. 그의 기준으로 평가해볼 때, 나의 종에 대한 짝사랑도 이젠 어느 정도의 수준에 도달한 것 같다.

그동안 종을 수집하며, 때로는 어디에서 유래한 것인지를 짐작조차 할 수 없었던 종도 많이 보았다. 사기꾼들이 만든 가짜 종을 비싸게 구입한 뒤, 씁쓸한 마음을 홀로 달래야만 했던 순간도 있었다. 16세기에 스페인 성당의 복사소년altar boy이 흔들었다는 푸른 녹이 슨 금속종을 구한 적이 있었다. 카리브 해에 침몰한 중세시대의 난파선에서 건졌다는 종이라고 했다. 소중한 인류의 유산이라 생각하고 몇 년간 애지중지하였는데, 어느 순간 이 종들이 30여 년 전 멕시코에서 다량으로 만들어 유포하였던 저가의 청동 종임을 알게 되어 망연자실하였다. 자연스럽게 종에 대하여 좀 더 전문적인 지식을 갖추어야 되겠다는 생각을 했다. 책을 읽고 인터넷 검색을 하다가 미국 종 수집가들의 모임American Bell Association, ABA을 알게 되었다. 열성적인 종 애호가들에 의하여 결성된 ABA는 종에 관한 공부를 하고, 1940년부터 종에 관련된 다양한 사연들을 찾아 '벨타워Bell Tower' 란 잡지를 만들고 있었다. 어느 날 고인이 된 어머니의 수집 자료를 판매하던 분에게서 지금까지 발행된 벨타워 잡지 전체와 관련 책들을 일괄 구입하였다. 고등학교 화학교사, 병원 간호사, 주말이면 교회에서 성가대로 활동하는 것이 가장 기쁘다는 평범한 가정주부, 의학잡지에서 이름을 본 적이 있는 메이요병원의 종양내과 교수까지 다양한 사람들이 힘을 합하여 만든 간행물이었다. 그들이 종을 좋아하게 된 시시콜콜한 내력부터, 종과 관련된 문화인류학적 지식과 그 시대의 예술사조에 대한 상세한 설명이 되어있었다. 공예나 미술사 전공자들이 아닌 아마츄어들이 이런 수준의 책을 정기적으로 발간해 왔다는 사실에 신선한 감동을 받았다. 즉시 ABA에 가입하였다. 대부분 할아버지 할머니들인 회원

들은 사이버 공간에서 서로 교류하며 마치 그들의 해박한 지식을 자랑이라도 하듯이 종을 설명하고 있었다. 또 자신들의 궁금증을 서로 해결해 주고 있었다. 한때 주한 미군으로 근무한 적도 있다는 앨런 영감님은 미국 경매사이트에 올라온 세계의 종들을 찾아내서 그 종들에 관한 상세한 설명과 예상 가격, 그리고 거기에 연관된 종교, 문화, 문학, 예술학적 배경에 관한 상세한 내용을 올려주었다. 캐나다의 전직 교사인 롭과 샐리 로이Roy 부부에게서는 종뿐만 아니라 다 방면에서 많은 것을 배웠다. 그들과는 아직 한 번도 만나보지는 못했으나 가까운 친구가 되었다.

ABA에 참여한 것은 문화적 충격이었다. 우리나라에서도 가끔 특별한 분야에 대한 책을 발간하거나 취미를 전문가 수준으로 승화시킨 블로그 운영자들을 본적이 있으나, 이곳은 회원들의 집단 지성으로 전문가 수준의 백과사전을 만들고 있었다. 이들도 처음에는 취미로, 그리고 일상의 무료함을 달래기 위하여 이런 활동을 시작하였을 것이나, 서로 도와가며 만든 그들의 잡지나 회원들의 공간에 수록된 기록들은 실로 깊고 방대하였다. 세상에 종에 미친 사람들이 이렇게 많다는 것도 경이로웠지만 그 할아버지 할머니 회원들이 종에 대한 역사와 지식을 기록한 전문서적들의 깊이와 이를 만든 그들의 열정에 정말 감동했다. 나도 사소한 것 하나라도 제대로 이해한 후, 그 바탕 위에서 체계적인 수집을 해 보겠다는 생각을 했다. 또한 훗날 나의 수집품에 대하여 궁금하게 생각할 사람들의 호기심과 의문점에 미리 답변해줄 준비를 할 책임이 나에게 있다는 의무감도 생겼다.

내가 만난 종에 관한 설명과 그 종이 만들어진 역사적 배경을 찾아서 글로 정리하였고 나의 개인 SNS에도 남겼다. 주로 종소리에 담긴 내력을 문화 인류학적, 세계사적 관점에서 바라본 내용이었다. 2014년 이성주 대표의 권유로 세계의 종들에 얽힌 역사적인 사건과 배경에 관한 글을 의료 사이트에 정기적으로 기고하기 시작했다. 넓고 깊지 않은 지식에 관한 책이 유행을 해서 일까? 나의 중구난방식 글에 따뜻하게 호응을 해 주신 분들이 있었고, 연재 횟수가 많아지자 사이버 공간에 남겨진 글들을 모아서 책으로 발간해 보라는 권유를 해주셨다. 순전히 나의 눈높이에서, 그리고 세상의 삶에 관심을 가진 한 사람의 지적 호기심으로 시작하였던 완숙되지 못한 글이었으나, 용기를 내어 《종소리, 세상을 바꾸다》란 책으로 나오게 되었다. 마침내는 속편을 발간하게 되었다.

"지즉위진애知則爲眞愛 애즉위진간愛則爲眞看 간즉축지이비도축야看則畜之而非徒畜也".

(알면 참으로 사랑하게 되고, 사랑하면 참으로 감상하게 되며, 감상하다 보면 모으게 되니 그것은 그냥 쌓아두는 것은 아니다).

정조 때의 문장가 유한준兪漢雋의 글이다. 유홍준 교수는 그의 책에서 '사랑하면 참으로 보게 되며愛則爲眞看를 알면 참으로 감상하게 된다.知則爲眞看'로 바꾸어 썼다. 아는 만큼 볼 수 있다는 뜻일 것이다.

'수집蒐集'은 사라져 가는 물건에 다시 혼을 불어넣어 주는 것이라 하였다. 몸을 떠나가는 혼을 다시 잡아넣어 주는 것은 귀신이 할 일일지도 모르겠다. 그러나 사라지는 혼을 다시 불어준다는 수집과 그리고 그들의 출생에 관한 비밀을 찾는 일은 기쁜 마음으로 도전해 볼 수 있는 일이었다. 내가 만난 종을 만들었던 장인들이 쏟아 부었던 열정을 나의 글로 세상에 알릴 수 있다는 것도 큰 보람이라 생각되었다.

자기의 관심 대상을 순수한 호기심으로 깊이 파고드는 열정적인 사람을 마니아mania라 한다. 이들은 수집가적 기질이 강한 사람일 것이다. 일본어로 '당신'의 존칭인 '댁宅'을 뜻하는 오타쿠御宅는 "이상한 것에 몰두하거나 집중적으로 연구하는 사람"이다. 오타쿠의 의미에는 마니아를 넘어 자기가 좋아하는 곳에 집중하여 자신들만의 문화를 창조할 정도로 몰입하는 사람이 포함되어 있다. 오타쿠는 다른 사람의 시선은 아예 무시하고, 혼자만의 기준으로 자신만의 세상에 깊게 몰두하여 돈과 시간, 정열을 낭비한다고 생각한다. 과도하고 부정적인 시각이 담긴 용어이다. 그러나 그들은 그들 스스로의 삶에 매우 만족하고 있다고 한다. 나는 마니아와 오타쿠의 삶을 존경한다. 그들은 즐겁게 또 하나의 역사를 만들어 가는 사람들이기 때문이다.

- 2017년 봄을 기다리며 -

책머리에 _ 누구를 위하여 종은 울리나

1. 종소리, 세상을 울리다

2. 종소리, 세상을 밝히다

생활 속의 종 이야기

3. 종소리, 세상을 깨우다

4. 종소리, 세상을 바꾸다

1

종소리, 세상을 울리다

강건하고 힘센 검은 전사
무어인

20세기 초중반 프랑스에서 나무로 조각한 이 종은 '무어인' 탁상종이다(높이 25cm, 길이 24cm). 우리나라에서는 이런 종류를 징이나 꽹과리라 할 수 있겠으나, 바깥에서 막대기로 치는 종을 영어로는 gong이라 한다. 종을 치는 막대 해머의 중간에 탄력실이 들어 있어 해머를 앞으로 당겨 굽혔다가 놓으면 반작용으로 종을 치는 방식이며, 막대가 크롬으로 도금한 종을 쳐서 "땡"하며 소리를 낸다. 가정의 식탁이나 레스토랑에서 테이블에 올려두고, 하녀나 종업원의 도움이 필요하면 이렇게 종을 쳐서 이들을 부르는 것이다. 요즘은 전자식 벨로 모든 것을 대신하니 간편하기는 하나 과거의 그윽한 분위기는 느끼기가 어

럽다.

무어인The Moors이란 어떤 민족일까? 유럽인들은 무어인을 스페인 반도와 십자군 전쟁에서 기독교도 유럽군을 무자비하게 박살내고 괴롭혔던 북아프리카계의 검은 이슬람 남자들과 같이 생각하였다. 유럽의 공예나 그림에서는 무어인을 강건한 전사나 힘센 하인 등으로 표현한 것이 많아 그들은 무어인에게 미지의 두려움이 있었던 것 같다. 서구 중심의 문학이나 역사에 익숙한 우리에게는 무어인이란 어감은 어딘지 모르게 무지막지하고 잔인하며 검은 피부를 지닌 전사나 노예를 떠올리게 한다. 셰익스피어의 유명한 4대 비극 중의 하나인 〈오셀로〉는 베니스의 무어인 장군 오셀로에 관한 희곡이다. 이아고의 음모로 사랑하는 부인 데스데모나를 죽이고 자살하는 비극적인 흑인 장군이다. 데스데모나는 이국적이고 강인한 흑인 장군 오셀로에게 연정을 품게 되고, 마침내 두 사람은 결혼을 한다. 그러나 이아고의 계략에 빠진 단순하고 어리석어 보이는 이 무어인 장군은 자신의 열등감이 더해진 잘못된 판단으로 부인을 죽이게 된다. 그 계략을 알게 되었을 때는 이미 부인이 죽은 후였기에, 무어인 오셀로는 자신을 책망하며 스스로 목숨을 끊고 이아고는 처형이 된다는 것이 베니스의 무어인 장군 〈오셀로〉의 줄거리다. 이 테이블 종도 검은 피부의 강건한 무어인 남성이 해머를 쳐서 강한 종소리를 낼 것 같은 선입견이 들 것이다.

오셀로로 분한 배우 Ira Aldridge의 초상화,
19세기 영국 화가 William Mulready 작.
Walters Art 박물관

유럽역사에서 무어인Moors은 8세기부터 15세기 말까지 스페인의 대부분 지역을 통치했던 무슬림들을 통칭한다. 이들은 중세에서 17세기에 이르기까지 검은 피부를 지닌 사람 따위로 막연하게 인식되어 왔다. 당시 스페인 안달루시아 지방에서 지배층을 형성했던 아랍인, 북아프리카 베르베르인, 일부 노예 출신 흑인(샤칼리바) 등을 통칭하여 무어인이라 한 것이다. 유럽인들은 무어인들이 지배하던 시기의 이베리아 반도에 대한 편견이 많았기에, 무어인은 미개하고 육체적으로 강한 야만족 정도로 생각했다. 그런 연유로 그들의 문학이나 미술 작품에 묘사된 무어인들은 전사나 우울한 표정의 하인들로 표현된 경우가 많다.

근대 스페인 구어에서는 'Moro'라는 말이 모로코 혹은 알제리계 가정에서 태어난 사람들이나 이슬람에 대해 연구하는 사람들을 가리킨다. 스페인의 지배를 받았던 필리핀 남부의 섬에도 무슬림들이 살고 있기 때문에 주민들은 이슬람계 주민들을 '모로스Moros'라 부르기도 한다. 백과사전을 찾아보면 무어인은 아랍인과 베르베르족에 속한다고 표현하고 있는데 역사적인 맥락에서 무어인이 차지하는 의미란 이슬람계의 공화국모리타니아, 모로코, 서사하라, 알제리, 말리 등 북부 및 서아프리카 나라들에 사는 특정 인종을 지칭한다고 생각하면 된다.

사실, 무어라는 어원은 그리스어로 '검다, 아주 어둡다'를 뜻하는 Mauros에서 유래하였다. 스페인어, 프랑스어, 이탈리아어에서는 '모로moro', '누와르noir' 혹은 '모르mor'의 형태로 나타나 있고 여기에서 기원된 단어들이 현대에서도 쓰이고 있는데, 단어의 명사화가 이루어지면서 검은 색깔을 담고 있는 사물에도 쓰인다. 스페인어에서 '모레노Moreno'라는 것은 '선탠을 한 사람'을 뜻하며 쿠바에서는 흑인을 지칭하기도 하는 것이다. 그러나 스페인 사람 가운데 성姓이 Moreno인 가족들이 있으니, 이를 일반화하여 사용하지 않기를 바란다.

1600년경 엘리자베스 1세 영국 여왕에게 동맹을 맺기 위해 대사로 갔던 모로코 Abd el-Ouahed ben Messaoud의 초상화. 영국에서는 그를 무어인이라 불렀다. (버밍엄대학의 셰익스피어 연구소)

'샴페인의 아버지' 수도승 돔 페리뇽

파티나 축하를 위한 자리에서 아래위로 흔든 뒤 철사 줄을 풀고 병마개를 살짝 밀면 '펑' 소리와 함께 하얀 거품이 솟아오르는 달콤한 맛의 포도주를 샴페인으로 알고 있다. 그런데 이러한 와인은 스파클링 와인이라고 하며 그중 프랑스 파리의 동북부 샹파뉴 지방에서 생산된 것만 샴페인Champagne, 샹파뉴의 영어 발음 이라 한다. 프랑스 정부는 원산지 통제법을 통하여 다른 지방에서 생산되는 스파클링 와인은 샴페인이란 명칭을 사용하지 못하게 하고 있다. 샹파뉴 지역은 연 200일 동안 비가 오고 섭씨 10도 정도의 기온을 유지하는 곳이다. 유명 샴페인 산지 중 가장 추운 곳이다. 이 지역은 배수가 잘 되고 질소가 풍부하여 포도를 재배하기에 최적화된 토양을 가지고 있다. 포도의 질소는 와인 숙성 과정에서 효모 활동에 도움을 주며, 수분을 머금고 있는 토양은 서늘하여 와인 저장고를 만들기에 용이하다고 한다.

샴페인은 일반적인 와인 제조법과는 차이가 있다. 1차 발효가 끝난 와인을 병에 넣은 후 당분과 효모를 첨가하고 10~12℃에서 수개월 동안 보관한다. 병 속에서 2차 발효가 끝나면 병을 거꾸로 세운 후 여러 번 돌려서 병의 아래 부분에 효모 찌꺼기가 쌓이게 한다. 그 다음 병을 거꾸로 세워 영하 25~30℃의 냉각 소금물에 병의 목 부분을 잠기게 하여 얼린다. 그런 다음 충격을 가

프랑스 북동부 Sillery 지방의 샴페인 병
황동종, 18cm x 5cm, 400gm, 크롬 도금

하면 병 속에 남아 있는 가스의 힘으로 찌꺼기가 밖으로 튕겨나
간다. 이어서 부족한 양은 일정량의 와인과 당분으로 채운다. 그
리고 쇠고리가 달린 병마개로 봉인하여 병 속 탄산가스의 압력
을 견딜 수 있게 만들면 샴페인이 완성된다. 큰 탱크나 수조보다
는 각각의 병 속에서 2차 발효가 된 것이 더 고급 샴페인이다.

　샴페인의 생산과 품질 향상에 큰 기여를 하였기에 '샴페인의
아버지' 라 불리고 있는 돔 페리뇽1638 ~ 1715은 루이 14세 시절의
프랑스 수도승이었다. 피에르 페리뇽은 샹파뉴 지방에 여러 개
의 포도밭을 소유한 가정의 막내로 태어났다. 17세에 베네딕트
수도회 오빌리에 수도원의 수사가 된다. 오빌리에 수도원 신부
들은 엄격한 공동체 생활을 하며 성경 공부를 한다. 수도원의 규
칙인 '성실과 신의' 에 따라 주어진 분야에 최선을 다하는 것을
삶의 목표로 삼았다. 1668년 30세의 그는 수도원의 재정 담당 수
도사로 임명되었다. 성배에 사용하는 미사주인 와인을 만들어
성당을 재건하는 재원을 마련하여야 했다. 피에르 페리뇽은 포
도 재배 과정에서부터 남다른 노력을 기울여 포도주의 질을 향
상시켰다. 그는 시력이 좋지 않았으나 미각이 탁월하였다. 그가
만든 와인은 품질을 인정받아 파리의 귀족과 왕족들 사이에서
인기를 끌었다고 한다. 이후 사망할 때까지 47년 동안 피에르 페

리뇽은 양질의 와인을 만드는 일에 헌신하며 수도원의 포도원을 2배로 확장시켰다. '돔Dom'은 성직자의 최고 등급인 '다미누스 Dominus'를 줄여서 부른 호칭으로 수도원은 그의 업적을 인정하여 그를 '돔 페리뇽'이라고 불렀다. 그는 수도원장만을 모시던 오빌리에 수도원 묘지에 안장되어 있다.

수도승 돔 페리뇽과 모엣&상동 회사 입구의 동상

와인 안에서 탄산가스가 발생하여 기포가 있는 스파클링 와인으로 익는 현상은 고대 그리스 로마 시대부터 알려져 왔다. 그러나 이러한 현상의 원인을 과학적으로 증명하지 못하였다. 샹파뉴 지방에는 돔 페리뇽이 샴페인을 발명했다고 구전되어 왔으나 그가 발명한 것은 아니다. 스파클링 와인은 동 시대를 살았던 영국 과학자 크리스토퍼 메렛이 처음 발명하였다고 한다.

돔 페리뇽은 적포도주가 대세였던 이 지방에 스파클링 와인인 샴페인의 생산과 품질 향상에 큰 기여를 한 사람이다. 사실 페리뇽은 재발효 때문에 백포도주를 좋아하지 않았고 자연적인 방법으로 좋은 유기농 포도주를 만들어야 한다고 주장하던 사람이었다. 와인 제조 책임을 맡았던 돔 페리뇽은 상파뉴 지역의 추운 날씨 때문에 발효를 멈추다가 봄에 발효가 다시 시작되어 터져버리는 와인을 보고 스파클링 와인을 연구하기 시작하였다. 가을에 온도가 내려가면 재발효는 가끔 발효성 당이 알코올로 변환되는 것을 막게 한다. 와인이 이 상태에서 병 속에 봉입되고 봄에 온도가 다시 올라갈 때 효모도 다시 발효한다. 이산화탄소를 생성하여 코르크 병마개를 밀어내 터지면 와인병이 깨지거나 노동자들의 목숨을 앗아가는 폭발 사고도 일으켰다. 이는 포도주 제조업자들에게는 큰 골칫거리였다.

어느 날 피에르 페리뇽이 미사에 쓸 와인을 고르기 위해 수도원 가장 깊은 곳에 있는 와인 저장고에 갔을 때 마침 와인병이 폭발했다. 날이 풀리며 와인병 안에서 2차 발효를 시작하여 병이 터진 것이었다. 모든 이는 이 현상을 예방하고자 노력했다. 그러나 그는 이 와인을 마셔 본 뒤 정말로 훌륭한 와인이라고 생각했다. 이때 '별처럼 아름다운 맛이 입에 가득 참'을 느꼈고 동료 수도사에게 '형제들이여, 어서 와보세요. 나는 지금 하늘의 별들을 마시고 있어요! Brothers, Come Quickly! I'm Drinking Stars!' 라고 하였다. 이 일화로 인하여 후일 '별'이 돔 페리뇽 샴페인 맛을 상징하는 표현이 되었다.

이를 계기로 그는 샴페인 연구에 몰두하였다. 그는 이 사태의 근본적인 원인이 겨울과 봄 사이의 급격한 온도 변화로 효모가 과대하게 증식되어 일어난다는 것을 알게 되었다. 그는 두껍고 튼튼한 와인병에 마개가 저절로 열리지 않게끔 마개에 철사를 두르는 방법 등을 동원해 문제를 해결하였다. 또한 코르크를 처음 사용했고 와인 맛을 감별하기 위하여 블라인드 테이스팅을 했다고 전해진다. 그는 포도 블렌딩 방법을 혁신하였고 검은 포도에서 투명한 백포도주를 만드는 법, 봄에 재발효로 샴페인이 만들어지도록 천연당을 유지하는 방법, 탄소 방울이 병에 포집하기 적절한 시간을 선택하는 법 등을 개발하였다. 한편, 오크통 숙성 대신에 코르크로 봉해진 병 안에 든 와인을 저장고에 넣어 숙성하는 방식을 도입하며 새로운 맛과 향을 가진 샴페인을 만들었다. 그의 자부심은 1694년 9월 29일에 쓴 편지에도 나타나 있다. 샴페인을 주문한 어느 고객에게 보낸 편지에는 "저는 경에게 세계 최고의 샴페인 26병을 드렸습니다"라고 하였다.

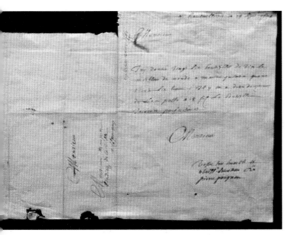
돔 페리뇽이 고객에게 쓴 자필 편지. 위키피디아

피에르 페리뇽은 오빌리에 마을에서 생산되는 포도 원액의 여러 종을 섞어 숙성시키는 남다른 제조 방식을 사용했다. 그가 만든 샴페인은 당시 가장 좋은 와인의 4배에 달하는 값에 거래되었고, 베르사유 궁전의 식탁에도 올랐다. 샴페인은 와인을 마시는 풍습에도 대변화를 일으켰다. 와인을 마실 때에는 하인들이 매번 병을 따서 잔에다 부어 주어야 했다. 당시의 테이블 매너를 귀찮게 여긴 프랑스의 왕실과 귀족들은 하인들의 도움 없이도 간단히 병을 딸 수 있고 '뽕' 소리와 함께 하얀 거품이 쏟아지는 샴페인을 축제와 쾌락의 음료로 애용했다. 특히, 루이 15세의 후궁이자 실력자였던 마담 퐁파두르는 유명한 샴페인 애호가였다. 그녀는 '샴페인은 마신 후에도 여인의 아름다움을 지켜주는 유일한 술이다' 라는 유명한 말을 남겼다. 그러나 스파클링 와인은 돔 페리뇽이 사망한 후 한 세기 이상이 지난 19세기가 되어서야 본격적으로 대중적인 인기를 끌기 시작하였다.

돔 페리뇽 로고와 1999년 빈티지 포도주

    돔 페리뇽은 세계 최대의 샴페인 제조업체인 '모엣 & 샹동-Moet
& Chandon' 의 대표적인 브랜드가 되었다. 돔 페리뇽이 와인을 제
조하던 곳이 현재 모엣 & 샹동회사가 소유한 와이너리이다.
1832년 프랑스 샴페인 브랜드인 모엣 & 샹동은 전쟁으로 폐허된
베네딕트 오빌리에 수도원을 복원했다. 이와 동시에 최고의 와
인을 생산하기 위해 평생을 바친 피에르 페리뇽 수도사에게 경
의를 표하고 그의 정신을 계승하고자 브랜드의 고급 샴페인 라
인으로 '돔 페리뇽'을 만들었다. 돔 페리뇽 브랜드로 처음 소개
된 1921년산 빈티지 돔 페리뇽 샴페인은 15년이 경과한 1936년
이후 시장에 나와서 영국, 미국 등에서 폭발적인 인기를 얻었다.
이로 인하여 돔 페리뇽은 독립된 최고급 샴페인 브랜드의 이미

지를 획득하였다. 이후 영국 엘리자베스 2세 여왕의 대관식과 찰스 왕세자 부부의 결혼식 축하 샴페인에도 사용되었다. 지금은 전 세계 각국의 공식 만찬과 축제에서 자주 사용되는 샴페인 브랜드가 되었다.

샴페인은 보통 빈티지Vintage와 논-빈티지Non-Vintage 샴페인으로 나누어진다. 특정 수확 연도(빈티지)에 작황이 좋으면 그 연도를 기념하여 빈티지 샴페인을 양조하고, 그렇지 않으면 다른 연도의 샴페인들과 혼합하여 논 빈티지 샴페인을 만든다. 샹파뉴 지역은 북위 50도에 위치한 한랭한 지역이어서 포도가 잘 익지 않아, 매년 일정하게 좋은 포도를 생산할 수가 없다. 따라서 샴페인 회사들은 대부분 일정한 맛을 유지할 수 있는 논 빈티지 샴페인을 만든다. 돔 페리뇽은 빈티지 샴페인만을 생산하며 매년 새로운 샴페인을 만든다. 해마다 만드는 빈티지 샴페인에 새로운 맛과 향을 담아 최고급 샴페인의 가치를 더해 주었다. 포도의 작황이 좋지 않은 해는 그해의 샴페인은 생산하지 않도록 해 그들의 자부심을 담은 최고급 품질의 샴페인을 유지하는 것이다.

19세기 후반 은제품을 생산하던 영국 런던의 Elkington & Co. 회사는 프랑스의 돔 페리뇽을 기념하는 13cm 높이의 은도금 청동종을 발매하였다. 돔 페리뇽 수도사가 샴페인을 처음 맛보며,

"오! 형제들이여, 어서 와보세요. 나는 지금 하늘의 별들을 마시고 있어요!"라고 말하는 모습이다. 이 종의 특징은 머리를 밀면 머리가 앞뒤로 계속해서 움직이며 추로 종의 몸체를 쳐서 계속 종소리를 내는 '노더nodder' 방식이다. 샴페인의 절묘한 맛을 처음 본 수도승이 기쁨에 넘쳐 술잔에 별을 담아 마신 기분의 황홀한 표정을 짓고 있다. 누구라도 종에 표현된 그의 표정을 보면 그 샴페인의 맛을 그대로 느낄 수 있을 것 같다.

'세상을 구하라' 거리에 내걸린 솥단지

어린 시절 주위에서 들을 수 있었던 많은 종소리는
이제는 기계적인 멜로디나 녹음된 소리로 대체되었다. 아침을
시작하던 탁상시계 종소리나 전화기의 '따르릉' 소리, 성당의 저
녁 미사를 알리는 은은한 종소리도 이제는 더 들을 수 없는 것이
다. 일상적인 우리의 삶에 녹아있던 추억의 종소리 중에서 지금
까지 남은 것은 구세군 연말 자선냄비의 종소리 정도가 아닐까?
연말에 자선냄비 종소리에 대한 언론 기사를 흥미롭게 읽었다.
구세군 사관들이 종을 흔들며 지나가는 사람들의 발걸음을 초대
할 때 가장 신경을 쓰는 것은 종을 흔드는 속도라고 한다. 너무
빨리 흔들면 골목길을 지나가던 새벽 두부 장수들의 종소리처럼

자선냄비와 구세군 마크가 찍혀진 자선냄비 모금 종,
Salvation Army 홈페이지 그림.

무언가를 재촉하는 소리가 되고, 너무 느리면 장례 행렬의 상여
를 인도하는 요령搖鈴소리처럼 들린다고 한다. 그 중간의 빠르기
로 흔들어야 된다는 것이었다. 모두가 더불어 살아가는 아름다
운 사회를 만드는 구세군 자선냄비는 연말연시에 집중적으로 설
치되어 모금 활동을 한다. 자선냄비는 1891년 12월 샌프란시스
코의 구세군 사관 조셉 맥피에 의해 처음 시작되었다. 숙식을 해
결하기 어려웠던 도시 빈민들과 갑작스런 재난을 당하여 슬픈
성탄을 맞이하게 된 천여 명의 난민들을 돌봐야 했던 맥피는 항
상 그를 괴롭히던 재정적인 어려움을 항구적으로 해결할 수 있

는 방법을 찾기 위해 고민하였다. 그러던 중 과거 영국에서 가난한 사람들을 돕기 위해 사용했던 자선냄비를 이용해 보자는 생각을 했다. 이는 많은 사람들이 십시일반 성의를 모아 단시간에 제법 많은 금액을 모금할 수 있어 효율적인 방법이었다. 그는 오클랜드 부두의 거리에 나가서, 주방에서 사용하던 큰 쇠솥을 삼각 다리 거치대에 올려두었다. 그리고 그 위에 '이 국솥을 끓게 해 주세요.'라고 써 붙였다. 지나가던 사람들은 큰 솥에 동전과 지폐를 채워 넣기 시작하였는데, 이 모금액들은 성탄절에 불우한 이웃들에게 따뜻한 식사를 제공할 만큼의 충분한 기금이었다고 한다. 처음에는 동전이나 소액의 지폐들이 모였으나 마음으로 지원하는 시민들의 수가 점차 늘어났고, 사람들은 자기가 아끼던 반지나 시계를 모금함에 투입하기도 했다. 어느 구세군 사관은 자기가 경험한 가장 인상적인 기부품은 어느 노인이 넣고 갔을 것으로 추정되는 완전한 형태의 '금니(어금니)'였다고 했다.

어려운 이웃을 돕기 위해 노심초사 애쓰던 한 구세군 사관의 따뜻한 마음은 전 세계로 퍼져나갔고, 오늘날에는 매년 성탄 시즌이 되면 100여 개 나라에 구세군 자선냄비가 걸린다고 한다. 우리나라에는 1928년 12월 15일 서울 도심에 처음으로 자선냄비가 설치되어 기금을 모금하기 시작하였고, 한국전쟁이 끝난 후

구세군 자선냄비 모금, 1903년 미국 뉴욕과 2013년 대한민국 서울

1954년 광화문에 다시 등장한 이후부터는 매년 쉬지 않고 구세군 자선냄비가 활동하고 있다. 2014년도의 연간 구세군 자선냄비 모금액은 역대 최대인 68억 원이 넘었다고 한다.

구세군의 대표적 상징이 된 자선냄비에는 항상 제복을 입고 종을 치는 구세군 사관들을 볼 수 있다. 자선냄비와 종소리는 분리할 수 없는 하나의 몸이 된 것이다. 종소리를 통하여 따스한 인류애가 하늘로 퍼져나가며, 이웃 사랑의 메시지가 우리 사회 깊숙이 전달되는 것이다. 자선냄비에서 종을 치는 사람들은 구세군 사관 외에는 모두 자원봉사자들이다. 미국 구세군은 자선냄비가 설치된 한 군데의 장소에는 보통 3명, 최대 5명의 인원이 봉사를 하도록 규정하고 있다. 일반적으로는 성인들이 종을 울리며 냄비를 관리하는 봉사활동을 하나, 부모나 보호자를 대동하면 14세 이하의 어린이들도 봉사활동을 할 수 있다. 16세 이상의 청소년은 부모나 보호자의 승인을 받아오면 봉사활동이 허락된다. 이들은 자선냄비 앞에서 종을 울리며 '메리 크리스마스' 또는 '감사합니다.' 라고 인사를 하는 것이다. 종을 울리는 봉사는 최대 2시간마다 교대를 하는데, 봉사활동 중에는 자신이 마련한 사탕이나 사적으로 마련한 선물을 기부자에게 주는 것은 철저하게 금지되어 있다. 자선냄비는 봉인되어 있어 책임을 진 구세군 사관만이 개폐를 할 수 있으며 봉사자들은 이에 대한 재정

좌 : 구세군 100주년 기념 자선냄비와 여성 사관, 1992년
우 : 목재로 만든 남성 사관, 1970년, 독일

적인 책임을 지지는 않는다. 구세군은 가장 보수적인 기독교의
교단인 만큼, 교회에서 예배를 보는 일요일에는 원칙적으로 자
선냄비를 운영하지 않는다.

　18~19세기 개신교에서는 개인주의적 신앙에서 탈피하고 성령
에 기초하여 그리스도를 헌신적으로 따르려는 움직임이 일었다.
개인의 구원과 사회 약자를 자비로 도와주는 사회 구원의 균형
을 맞추려는 복음주의 운동이 활발하였다. 구세군 운동도 그 중
하나였다. 구세군救世軍, The Salvation Army은 1865년 감리교 목사였
던 윌리엄 부스와 그의 부인 캐서린 부스가 영국 런던에서 복음
의 전파, 신앙 공동체 형성, 빈곤과 악을 타파하고 사회를 개혁

하자는 취지로 설립한 보수적인 성향의 기독교 교단이다. 어려서 가난하게 자랐고, 전당포에서 일한 적도 있었던 그는 젊어서부터 교회에서 명설교자로 이름을 날리던 사람이었다. 윌리엄 부스는 불평등한 세상과 가난한 자들의 고통에 대한 아픔을 느꼈다. 그러나 그가 런던의 빈민 지역에서 설교를 하고 그들을 교회로 인도하면 중산층 신도들은 '술 취한 부랑자들을 교회에 들인다' 며 이들의 출입을 막았다. 사회의 아픔을 외면하는 교회의 현실에 절망한 윌리엄 부스는 기독교인들은 어려운 이웃들에게 빵과 복음을 전해야 한다는 결심을 하고 구세군을 창설하였다. 그는 구세군을 통하여 박애의 정신으로 복음을 전파하는 전도뿐만 아니라, 사회적 약자를 섬기는 사회봉사도 실천하려고 한 것이다. 기독교 정신에 따른 사회 선교를 강조하는 구세군 운동은 빠른 속도로 확산되었다. 특히 자본주의의 발달로 저임금으로 착취당하면서도 인간의 권리는 누리지 못 하던 많은 노동자들이 구세군 운동에 호응하였다.

　월리엄 부스는 복음을 전하면서 영혼을 구원하는 일에는 거룩한 하느님의 군대와 같은 정신력과 조직이 필요함을 실감하게 되었다. 처음 '기독교 선교회' 로 불렸던 그들의 모임은 전도 활동을 시작한 지 10년이 지날 즈음 '세상을 구원하는 군대' 라는 의미의 '구세군' 이 되었다. 구세군 조직은 대부분 군사적인 용

구세군의 창립자 윌리엄과
캐서린 부스 부부

어를 사용하고 있다. 교회를 영문
營門. Corps이라 하며 군대의 주둔
지와 같은 기반으로 한 지역 사회
의 선교 봉사를 목적으로 한다.
목회자는 '사관' 이라 하고, 위관
급 사관인 부위, 정위와 영관급인
참령, 부정령, 정령, 그리고 장성
급인 부장과 최고 책임자인 대장
의 계급으로 구분된다. 구세군에
서는 일반 교인을 '군우' 라 하고
세례 교인을 '병사' 라 부른다. 일반 병사도 직분에 따라 계급이
있는데, 정식 신자가 되는 것을 '입대' 라고 한다.

윌리엄의 아내 캐서린 부스도 열정적이었다. 혼신의 힘을 다
해 가난한 이들과 친구가 되기 위해 노력하며, 남편을 받쳐준 큰
기둥과 같은 사람이었다. 그녀 자신도 여성 설교자가 되어 열정
적인 설교를 하여 신도들에게 깊은 감동을 주었다. 여성의 인권
이 무시되었던 시대였으나, 구세군 교단은 남녀 지위에 관해 선
진적인 제도를 갖추었다. 그 당시 대부분의 교단에서는 여성에
게는 '목사' 는 물론이고 '장로' 도 허용되지 않았으나, 구세군

헌장에는 남녀의 구별 자체가 없었다. 여성도 구세군의 최고 계급인 '대장'이 될 수 있었다. 캐서린은 '아동 성매매 금지 법안'을 촉구하고, 열악한 성냥 공장 노동자들의 삶의 질 개선에도 적극 나섰다. 당시 유럽의 다른 나라들은 성냥의 재료로 비싼 적린이 사용되고 있었으나, 영국에서는 저렴하나 인체에 매우 유해한 황린을 사용하고 있었다. 그녀는 황린을 금지하자는 청원을 하였으나 뜻을 이루지 못하고 사망하였다. 윌리엄은 "여러분, 집 창문 앞에 40여 년간 고이 기르던 나무가 뜨거운 햇빛을 가리고 그늘도 되어주었다. 그 꽃은 여러분의 생활을 아름답게 해주고 찬양해 주며 그 열매는 여러분의 생존을 지탱해 주었다. 바로 그 나무가 돌연히 정원사에 손에 의해 여러분 앞에서 도끼로 잘려 나갔다면 과연 여러분의 마음은 어떨까요?"라며 부인을 추도하였다. 그는 아내가 죽은 다음 해에 적린을 사용하는 공장을 설립

구세군의 깃발은 죄와 사회의 악마들에 대한 구세군의 전쟁을 의미한다.

하여 성공적으로 운영하였고, 이후 영국에는 황린을 사용하는 성냥 공장이 없어졌다.

구세군의 로고는 '성령의 피와 불꽃Blood and Fire'이다. 깃발에는 십자가를 중심으로 바깥으로 퍼져나가는 성령의 불꽃, 그리고 복음의 진리, 영적인 무기가 그려져 있다. 붉은 색은 그리스도의 피, 노란색은 성령의 불꽃, 푸른색은 하나님의 순수함을 의미한다고 한다.

구세군 사관과 병사는 세상을 구제하는 전쟁에 참가하고 있는 그리스도교 신자라는 사실을 다른 사람들이 쉽게 알아볼 수 있도록 19세기부터 군대식 제복을 착용하고 있다. 종교적으로 보수적 색채인 구세군은 20세기 후반부터는 채용이나 교단의 사업에서 성적 소수자들을 차별하고 있다는 비난을 받고 있다. 그러나 구세군은 동성애에 반대하고 있으며, 이것은 신학적인 문제이므로 여전히 타협의 여지가 없다고 밝혔다.

우리나라에는 1908년 10월 영국인 호가드 정령 등의 선교사와 여사관이 파송되어 한국 선교가 시작되었다. 2012년도 보고서에는 한국 구세군에는 256개 영문(교회)을 포함한 649개의 산하 시설과 기관이 있다고 한다.

낭만과 사색의 하이델베르크 대학

독일 남서부 네카르 강과 라인 강에 합류되는 지점
에 위치한 하이델베르크는 낭만적이며 철학적인 분위기의 작은
도시이다. 하이델베르크에는 '철학자의 길'을 걸으며 사유하던
유명한 사상가들이 있었다. 문호 괴테는 30세 이상 연하의 젊은
연인 마리안네와의 아름다운 사랑의 흔적을 남겼다. 마리안네는
그 사랑의 감정을 하이델베르크 성의 허름한 담벼락에 "진정으
로 사랑하고 사랑받은 나는, 이곳에서 행복하였노라"라는 글귀
로 남겼는데, 그 장소에는 지금도 수많은 청춘들이 방문하고 있
다. 1899년 발표된 마이어 퓌르스터의 소설 〈카를 하인리히
1899〉가 원작인 동명의 희곡을 만든 할리우드 영화 〈Alt

Heidelberg 옛 하이델베르그〉가 우리나라에서는 〈황태자의 첫사랑〉으로 소개되었다. 이 영화는 우리에게 언젠가는 한번쯤 이 도시를 방문하고 싶다는 생각을 심어준 것 같다. 독일 어느 소공국의 카를 하인리히 황태자가 하이델베르크대학에서 유학하던 중 하숙집 딸 케티와 만나 사랑을 시작하고, 이별을 겪는 과정을 담담하게 그려간 영화였다. 황태자의 순박한 사랑 이야기는 맥주집 '로텐 옥센붉은 황소', 하이델베르크 성과 카를 테오도르 다리 등을 오가며 그려졌다. 황태자가 신입생들과 선배들 앞에서 맥주를 단숨에 들이키던 대학의 전통적인 신고식을 치를 때 울려 퍼지는 마리오 란자의 '축배의 노래 Drink! Drink! Drink!', 그리

고 케티와 첫 데이트에서 불렀던 '세레나데'는 이 도시에 대한 깊은 인상을 남겼던 것이다.

사실 하이델베르크는 1385년 10월 23일 독일에서 가장 먼저 대학이 설립된 도시이다. 이 도시에서 이루어졌던 낭만과 사랑마저도 모두 하이델베르크대학과 연관되었을 정도로 학문적, 지적인 도시이다. 하이델베르크대학교의 공식 명칭은 '루

프레흐트 카를스Ruprecht-Karls 하이델베르크대학교'이며, 도시의 주민 14만 명 중 3만 명이 학생이다.

독일에는 14세기 중반까지는 대학이 없었다. 1378년 발생한 '교회 대분열'로 인하여 팔츠의 수도였던 하이델베르크는 자기 지역 고유의 대학교를 설립할 기회를 얻었다. 교회 대분열은 교황 그레고리오 11세가 사망한 후 그해에 두 명의 교황이 선출됨으로써 시작되었다. 프랑스에 의해 선출된 교황 클레멘스 7세는 아비뇽에, 이탈리아 추기경에 의해 선출된 교황 우르바누스 6세는 로마에 위치하였다. 독일은 로마의 교황을 지지하였으므로 파리에 거주하던 독일 학생과 교사들은 파리를 떠나야만 했다. 팔츠의 선제후選諸侯 루프레흐트 1세는 이를 기회로 대학 설립을 청원하였고, 1385년 로마 교황으로부터 대학 설립 허가를 받았다.

1386년 10월 18일에 하이델베르크대학의 설립을 알리는 미사가 열렸고 다음날에 첫 번째 강의가 개설되었다. 네덜란드 사람 마르질리우스가 첫 총장으로 선출되었고 처음 부임한 교수들은 대부분 파리와 프라하에서 왔다. 하이델베르크대학은 파리대학을 모델로 철학, 신학, 법학으로 출발하였고, 1388년 의학부가 추가되어 4개 학부로 구성되었다. 1390년에는 185명의 학생이 등록하고 있었다. 대학의 직인職印에는 사도 베드로가 수호성인으로 새겨져 있고, 총장 직인에는 팔츠의 사자가 일어서서 책을

대학을 설립한 루프레흐트와 베드로가 새겨진 대학 직인. 18세기 초에 건립된 구 대학

들고 있다. 펼쳐진 책에 쓰인 라틴어 '셈페르 아페르투스Semper Apertus, 언제나 열려 있는' 는 대학의 슬로건이 되었다.

종교개혁은 하이델베르크의 학자들에게 마틴 루터의 영향을 받게 하였고, 1556년 오트 하인리히 선제후의 종교개혁으로 가톨릭계 대학에서 신교대학으로 전환하게 된다. 그러나 신교와 구교 간에 벌어진 30년 전쟁1618~1648으로 인해 폐쇄와 개교를 반복하였다. 1652년에 다시 개교하였으나, 왕위계승전쟁 1688~1697의 여파로 1703년까지 또다시 폐쇄되었다. 전쟁 후에 발생한 '반종교 개혁' 은 대학의 색깔을 '신교' 에서 '예수회' 로 변화시켰다. 예수회는 구대학Old University을 신축하고 예비신학대학을 설립하였으나, 이후 예수회의 영향력 감소로 어려움을 겪는다. 1803년 독일 남서부의 바덴주가 대학을 인수하여 바덴 대공 카를 프리드리히가 칙령으로 주정부가 대학 재정을 지원하였다. 라인 강 우측의 영토도 할양하여 마침내 대학이 안정되었다. 1805년 하이델베르크대학교는 '루프레흐트 카를대학'으로 개명되며 루프레흐트와 카를을 함께 간직하게 된다.

히틀러 치하에서 하이델베르크대학교는 다른 독일의 대학들처럼 나치를 지지하며 악명을 높이기도 하였다. 직원들과 학생들을 정치적이고 인종적인 이유로 해고시켰다. 많은 반체제, 유대인 및 공산주의 교수들은 테러를 당하였다. 전체 214명의 교수 중 59명이 대학에서 추방되었다고 한다. 대학의 모토인 '살아있는 정신에게'는 '독일 정신에게'로 바뀌었고, 많은 교수들이 새로운 모토에 대해 경의를 표하였다. 이에 대하여, 대학은 2차 대전 후 나치 청산을 위하여 많은 희생을 치러야 했다.

하이델베르크대학은 2010년 미국 시사 주간지 선정 대학 순위에서 독일 1위, 유럽 14위였다. 이 대학 졸업생과 교수들이 이룬 업적은 엄청나다. 철학자 포이에르 바하, 작곡가 슈만, 소설가 장 파울, 심리학의 아버지 빌헬름 분트, 물리학의 아버지 조지아 깁스, 대륙이동설을 주장한 알프레트 베게너, 주기율표를 만든 드미트리 멘델레예프, 여성 철학자 한나 아렌트와 같은 학자들이 이 대학에서 공부했고, 헤겔, 막스 베버, 가다머, 야스퍼스, 하버마스는 교수로 재직했다. 독일의 헬무트 콜 수상도 이 대학 졸

업생이다. 56명의 노벨상 수상자가 이 대학과 연관되어 있는데,
이는 유럽에서 4번째, 전 세계에서 13번째로 많은 수상자를 배출
한 대학이다. 특히 9명은 대학 재직 중 노벨상을 수상하였고, 3
명의 노벨상 수상자들은 지금도 교수로 재직 중이다.

　1886년 하이델베르크대학 개교 500주년 기념 행사가 성대하게
거행되었다. 당시 통일을 이룩한 독일제국의 최고 대학은 그 위
상을 만방에 과시하고 싶었을 것이다. 높이 15cm, 무게 500gm의
청동 종은 개교 500주년을 축하하기 위하여 만들어졌다. 종 몸체
아랫부분에는 '1386~1886 500주년 기념을 기억한다' 는 글이 있
다. 손잡이 전면에는 '1386년 루프레흐트와 그의 얼굴' 이, 반대편
에는 '1886년 프리드리히 바덴과 그의 얼굴' 이 새겨져 있다.

개교 500주년 기념 청동 종(1386~1886),과 500주년 기념식 당시의 모습

오늘날과 같이 학문 연구와 교수 활동이 이루어지며, 일정한 시험 제도와 학위 제도를 갖춘 고등교육기관으로써의 대학은 중세 말기에 처음 시작되었다. 대학을 뜻하는 '유니버시티university'는 '모두'를 뜻하는 라틴어 'universitas'에서 유래하였다. 처음에는 '사람들의 집합체' 또는 '합법적인 단체'를 의미하며, 자기 집단의 구성원을 보호하고 이익을 증진시키기 위해 구성된 '교육 길드'와 같은 것이었다. 초기 대학들은 대부분 도시에서 자생적으로 탄생하였는데, 대학의 발생에는 십자군 전쟁으로 상업과 도시가 발달하고, 동서양의 교류로 신학문이 도입되어 학문의 대부흥이 일어난 시대적 배경이 있었다.

새로운 지식을 배우기 위하여 유명한 교사가 있는 도시마다 유럽 전역으로부터 많은 학생들이 모여들었는데, 그들은 타지에 온 외로운 학생들로서 서로를 돕고 보호하기 위한 조직의 필요성을 느꼈다. 이에 따라 만들어진 학생들의 조직이 바로 중세 대학이 발생하게 된 일차적 계기가 되었다. 학생들의 조합은 처음에는 객지에서 생활하여야 했던 그들의 권익 증진이나 도시 주민들의 위협에 대한 방어 수단으로 조직되었다. 초기 대학은 고정된 교육 장소가 없이 자유롭게 이동을 해가면서 강의를 했기에 교수가 언제든지 다른 곳으로 가버릴 수도 있다는 불안감도 있었으므로 그들은 교수들로부터 자신들의 권익을 보호할 필요를 느꼈다고 한다. 학생 조합은 교수들과 강의에 대한 계약을 맺어 교수들을 규제하였고, 집단적 수업 포기 등을 통해 자신들의 요구를 관철시키기도 하였다. 이들의 요구로 초기 대학의 교수는 단 하루도 허가 없는 휴강이 허용되지 않았으며, 여행을 하려면 돌아온다는 것을 보증하기 위한 공탁금을 내었다고 한다. 교수들도 학생조합에 맞서서 교수조합college을 만들었는데, 교수조합에 가입할 수 있는 교수가 되기 위해서는 시험에 통과하여 가입 자격장을 취득하여야 했다. 대학을 졸업하는 학생들은 학식의 증명으로 또는 교수 면허장으로 이러한 가입 자격증을 취득하려 했는데, 그 증명서인 교수면허가 대학에서 수여하는 최초의 학위 형태가 된 것이다.

하이델베르크대학의 학생 감옥의 입구

이처럼 초기 대학은 학생조합과 교수조합이 주도하는 방식으로 운영되었으나, 대학은 점차 교수조합과 학생조합이 서로 결합되며 발전하게 된다. 이후 대학의 개념은 단순히 집단이나 조합을 초월하여 학문 연구를 위한 교수와 학생의 자율적인 단일 학문 공동체를 의미하게 되었고, 국가나 시의 지원 하에 지속적으로 그 영역이 확장되어 갔다. 대학은 왕이나 교황으로부터 병역면제, 세금 감면 등의 특권을 인정받게 되었으며, 국가나 교회와 같은 외부세력의 통제나 간섭을 받지 않는 대학의 자치권과 학문의 자유를 보장받게 되면서 이른바 '국가 속의 국가'로 자리잡게 되기에 이른다. 하이델베르크대학 내에는 유명한 '학생 감옥'이 있다. 학생 감옥은 침대와 책상만이 있는 방에서 2주에서 최장 4주까지 수감 생활을 했다. 그 당시의 독일 대학은 독자적인 사법권을 갖고 있었는데, 문제를 일으킨 학생들은 대학 자체에서 재판을 하여 학생 감옥에 가두었다. 학생이 저지른 경범죄는 경찰이 일절 간섭하지 않고 학교가 재판하고 처벌하도록 한 것이다.

대학이 처음으로 등장한 것은 1088년 이탈리아의 볼로냐이다. 중세에 도시의 세력이 성장하면서 교황과 황제의 세력이 충돌하게 되었고 도시들은 법률에 대한 연구에 집중하게 된다. 볼로냐

세계 최초의 근대식 대학인 이탈리아 볼로냐대학

대학의 교수들이 제정한 로마법 필사본을 바탕으로 한 개정 법
률안은 유럽 사회에 지대한 공헌을 한 것으로 인정받았고, 볼로
냐대학은 정부로부터 공공기관으로 승인을 받았다. 이후 프랑스
파리대학(1109년), 옥스퍼드대학(1167), 캠브리지대학(1209)도
초기에 설립된 대표적인 대학이며, 소르본, 하이델베르크, 프라
하, 빈 등 유럽의 여기저기서 대학이 설립되어 1500년에는 79개
의 대학이 유럽에 존재하였다.

　대학의 기능인 교육, 연구, 봉사는 오랜 시간 진화하며 형성되
었다. 학자나 학생 길드에서 출발한 전통적인 유럽의 대학은 기
독교로부터 독립된 세속적인 학문을 연구하였고, 성직자나 의사

와 법관들을 키우기 위하여 고전과 인문 과목을 가르쳤다. 대학의 학사 조직을 학부Faculty라 하였고 교양학부Arts Faculty와 고등 직업교육기관인 의학부, 법학부, 신학부 등 4개 학부로 구성되었다. 자연과학부는 19세기 이후에 추가되었다. 19세기 초 독일의 사상가이자 정치가인 훔볼트는 교육에 국한되었던 대학의 기능에 연구 기능을 추가하였다. 독일형 연구 대학은 미국으로도 전파되었고 전통적으로 신사를 양성하기 위한 단과대학인 칼리지의 임무를 뛰어넘게 된다. 여기에 20세기의 급속한 산업 발전으로 대학에 요구되던 사회봉사 기능이 더하여지며 오늘날의 미국형의 종합대학교로 진화하게 된 것이다. 학문 영역은 더욱 확대되어 자연과학, 응용과학, 사회과학 등도 도입되었고, 의학과 법학, 교육 분야에서는 전문대학원이 설립되게 되었다. 오늘날 미국의 대학은 지난 한 세기 이상 미국이 세계를 주도할 수 있었던 근원적인 동력이 되었다. 오늘날에는 독일 대학은 최고 수준의 교육을 위해 교육과 연구가 유기적으로 통합된 형태이고, 미국 대학에서는 경제 발전에 직접 공헌하는 연구를 강조하여 연구와 봉사가 통합된 형태인 '연구 대학' 이다.

예수와 12사도

    종을 수집하면서 많은 종교적인 모티브의 물품들을 만나게 되었다. 자연스럽게 미흡하나마 기독교 역사를 알기 위해 노력을 하였다. 1979년 영국 런던의 잉글필즈사에서 제작한 '예수와 12사도' 에 관한 13개의 인물 종 세트를 구입하였다. 전통적인 중력 단조법으로 제작한 주석 종이다. 주석은 녹이 슬지 않으므로 광택을 내기 위해 닦을 필요가 없다. 종 세트에는 12사도에 대한 설명서가 들어 있었는데, 종교적인 상세한 설명보다는 일반인들이 이해할 수 있도록 성경에 기록된 사실을 기초로 사도들에 대하여 간략하게 소개한 글이었다. 성경에 문외한인 나는 나의 지적 호기심을 위하여, 이 설명서를 바탕으로 12

사도를 이해해보려 하였다. 학창 시절 이해가 되지 않으면 정리하는 습성이 남아 있어서 그런지도 모르겠다. 그러나 종교적인 열정은 물론이고 턱없이 부족한 나의 지적 수준으로 감행한 어설픈 시도이니, 이점을 널리 이해하여 주기를 바란다. 이 글은 외우畏友 류관우·이정이 부부의 노고를 바탕으로 작성하였다.

　예수의 생애 동안 그를 따르는 많은 신도들이 있었고, 그중 예수와 가장 가까웠던 신도 12명을 '12사도apostle'라고 한다. '사도使徒'는 '보내진 자, 대리자'를 뜻하는 그리스어 'apostolos'에서 유래되었다. 즉, 예수를 하느님의 사도라고 하며 초기 신도들은 스스로를 교회의 사도라고 불렀던 것이다. '12'는 유대인들에게 신성한 숫자인데, 이스라엘은 12지파로 구성되었고 구약성서의 예언서도 열두 가지였기에 예수가 명확한 계획 아래 이들 12명을 제자로 선택하였을 것으로 추측된다. 예수는 정통 이

좌 : 예수와 12사도 주석 종 세트와 예수　우 : 미국 조각가 발란타인의 청동 종 예수

스라엘 교육을 받지 못했으나 선지자들의 삶을 잘 알고 있었다. 이중 한 명이 선지자 이사야였는데 그는 예수에게 깊은 인상을 남겼다. 이사야는 주위의 추종자들을 결집시켰는데, 그가 순교한 후에는 그들이 이사야의 교훈들을 전파하게 된다. 예수도 마지막 날이 다가옴을 감지하고, 이사야처럼 12명을 뽑아 함께 다녔다. 그들이 배운 말씀을 잘 새겨서, 예수가 세상을 떠난 훗날에도 그의 가르침과 믿음을 세상에 전파할 것으로 알았다.

예수가 살아 있는 동안 이들 12신도들과 예수는 스승과 제자 사이였다. 예수 사후에 그들이 예수의 일을 대신한다는 의미로 사도라고 한다. 복음서는 두 용어를 다 쓰지만 '제자' 라는 표현이 더 자주 나오고, 사도행전에는 '사도' 라고만 되어있다. 마태복음에 나오는 12사도는 시몬(베드로), 그의 형제인 안드레, 세베대의 아들 야고보, 그의 형제 요한, 빌립, 바돌로매, 도마, 세리稅吏 마태, 알패오의 아들 야고보, 다대오, 열심 당원 시몬, 예수를 배반한 가룟 유다이다. 유다를 제외한 11명은 갈릴리 사람이었고, 대부분 가까운 반경 내에서 함께 살며 잘 알고 지내던 사이였다. 베드로, 야고보, 요한은 예수와 각별히 가까운 '측근' 이었고 가룟 유다는 예수를 배반한 것으로 유명하다. 사도행전에서는 12명 중 베드로, 야고보, 요한, 마태, 유다, 도마에 한해서만 별도로 기록하며 중요하게 다루었다. 4대 복음서와 사도행전에는 12사도들에 관한 상세한 설명이 없다. 도마와 빌립이 한 말은 요한복음에 몇 마디 나오지만, 나머지 사도는 거의 알려지지 않았기에 그 공백을 메우기 위해 사도들이 먼 나라로 전도를 갔다가 끔찍하게 순교했다는 식의 이야기만 있다. 사도행전에는 12사도 이외에 다른 사람들도 포함되어 있는데, 사도 바울이 가장 유명하다. 그는 그리스도교를 탄압했다가 극적으로 개종한 사람이다.

레오나르도 다빈치의 〈최후의 만찬〉, 영국 브리타니카 그림. 예수가 수난을 당하기 전날 12제자와 함께 한 저녁 식사 자리를 그렸다. 예수는 이 만찬에 모인 사람들 가운데 한 명이 자신을 배신할 것이라고 말하였다.

사도들은 어떻게 선발이 되었을까? 예수의 사촌인 세례(침례) 요한은 설교를 해오던 사람이었고, 요르단 강에서 사람들에게 세례를 주고 있었다. 안드레와 예수는 그에게 세례를 받았고, 안드레가 세례 요한이 예수를 자기보다 큰 사람이라고 말하는 것을 직접 들었다고 한다. 시몬, 야고보, 요한, 예수의 모친 마리아, 예수의 가족들도 세례자 요한과 만날 때 함께 하였으며 그들 중 몇 명은 세례도 받았었다. 세례자 요한의 설교가 사회적 파장을 일으켜서 헤롯왕에 의해 수감된 후에 예수가 추종자를 뽑아 사역을 시작한 것이다. 12사도 대부분은 세례자 요한에 관한 소문을 이미 듣고 있던 사람이었다. 그들은 평범한 사람들이었다. 열심히 일하던 사람들이나 세상 물정에는 밝지 않았고 높은 식견도 없었다. 시몬과 안드레 형제, 그리고 야고보와 요한 형제는 고기잡이를 같이해 온 어부들이었는데, 이들은 여러 척의 큰 배와 많은 일꾼들을 두고 있었다. 이들 4명은 예수의 친구들이었고 처음으로 선택된 제자들이었다. 예수가 어부들을 선택한 이유는 이들이 남다른 인내력을 가졌기 때문이었다.

12사도 중 헬라 이름인 안드레와 빌립만 제외하고는 모두 유대인 이름이다. 여기에는 3쌍의 형제들이 있다. 베드로와 안드레 형제, 예수의 사촌인 야고보와 요한 형제, 예수의 또 다른 사촌인 마태, 작은 야고보, 다데오(유다) 3형제 등이다. 빌립과 바돌로메는 예수와는 절친한 친구 사이였다. 그러니 12제자 중 9명은 이미 친인척 혹은 그와 개인적으로 친한 사이였다. 이들은 예수의 가르침과 개인적 이끌림으로 추종자가 된 사람들이었고 예수를 '랍비유대인의 스승님'라고 부르던 사람들이었다. 예수는 이들 12명의 강점과 약점을 알고 있었고, 그들을 신뢰하였기에 이들을 제자로 선택한 것이었다.

1. '수제자' 베드로

　　베드로Peter의 원래 그리스어 이름은 '시몬Simon'이었는데, 예수가 그에게 '게바반석이라는 뜻'라는 아랍 이름을 지어 주었다. 이를 그리스어로 옮긴 것이 '페트로스'이다. 베드로는 유복한 어부로서 가정을 이루고 있었고, 예수가 몇 가지 기적을 행한 장소로 등장하는 주택도 소유하고 있었다. 복음서에 언급된 예수가 사용한 배들도 모두 베드로의 것이었다. 그의 집에는 그의 가족, 장모, 그의 동생인 안드레가 같이 살았고, 많은 사람들이 모여들 수 있을 정도로 넓고 개방된 곳이었다. 예수는 베드로의 집을 자유롭게 드나들었고, 그 집에서 마비와 불구 환자를 고쳐주었다. 마리아와 가족들이 예수를 걱정하며 그가 받은 사명을 포기하면 안 되겠느냐고 설득하던 곳도 이곳이었다.

예수 사후 베드로는 교회의 지도자가 되었으며 아그리파 1세에게 붙들렸다가 도망하여 소아시아에서 전도하였다. 로마에 가서 전도하다 박해를 견디다 못해 돌아오던 중 예수를 만나게 된다. 그가 "퀘바디스 도미네주여, 어디로 가시나이까?" 라고 하자 예수가 "나는 도망쳐 나온 네 대신 로마로 가노라." 라고 한다. 그의 말을 듣고 베드로는 다시 로마로 가서 순교한다. 베드로는 자기는 예수와 같이 위대한 사람이 아니므로 예수가 당한 것과 같은 자세로 처형을 당할 수 없다며, '머리가 거꾸로 향하는 십자가형' 을 자처하였다. 그는 후에 로마 초대 교황으로 추대되었다. 베드로 종鐘에는 그가 열쇠를 쥐고 있는데, 기독교와 기독교 교회를 정립했다는 것을 말해 주는 표시이다.

2. 안드레

안드레Andrew, 안드레아는 베드로의 동생으로서, 그와 같은 집에서 살았다. 그는 요한에게 처음으로 세례 받은 제자였는데, 예수를 처음 만났을 때 그의 형에게 메시아가 도래할 것이라고 말해준 사람이었다. 그는 매우 열정적인 금욕주의자였고, 빌립과 함께 예수를 뵙게 해달라는 그리스 사람들의 간청을 예수에게 전하였다. 설교 중에는 헬라인인 총독의 부인에게 남편이 크

리스천이 아니니 그를 떠나라고 이야기했다고 한다.

안드레는 그리스, 에피루스 등지에서 선교하다 70년경 그리스 파트라스에서 십자가의 죽임을 당하였다. 헬라인 총독은 안드레를 체포해서 그리스의 파트레에서 십자가형에 처했는데, 십자가에 못 박히지 않고 전통 방식으로 묶었다. 그는 X자 모양의 십자가에 묶인 상태에서도 3일 동안 목숨을 유지하며, 십자가 앞에 모인 사람들에게 끊임없이 예수에 대해 전파하였다고 한다. 이종의 상징은 안드레가 두루마리 성경을 들고 있는 것이지만, 보통은 X-자 십자가가 그의 상징이다. 그는 러시아와 스코틀랜드의 수호성인이다.

3. 세베대의 아들 '큰 야고보'

야고보James는 세베대의 아들이고 사도 요한의 형이다. 이들 형제와 베드로와 안드레 형제 네 사람은 이웃 동네에 살며 갈릴리호에서 어업에 종사하다가, 아우 요한과 함께 예수의 제자가 되었다. 복음 기록자들은 그가 먼저 선택된 야고보라고 믿었으므로, '큰 야고보'로 불린다. 그와 동생은 아주 야망이 큰 청년이었고, 이들의 어머니도 예수에게 자기 아들들이 한 자리씩 차지하도록 청탁을 넣을 정도였다. 베드로, 요한과 함께 스승

예수의 사랑을 많이 받은 측근의 사도로서, 중요한 일에 많이
입회하였다.

야고보는 사도 중 첫 번째 순교자였다. 예수가 십자가에 달린
후 정확히 12년 후 팔레스타인에서 순교하였다. 큰 야고보 종의
상징은 순례자의 지팡이인데, 그는 스페인 산티아고의 캄포스텔
라 성당에 매장되어 있다.

4. 요한

사도 요한John은 예수가 선택한 12제자 중 가장
젊은 사람이었다. 갈릴리아의 어부 세베대와 살로
메 사이에서 출생하고 큰 야고보의 동생이었다. 처
음에는 세례자 요한의 제자였으나 뒤에 예수의 부
름을 받고 그의 제자가 되었다. 그는 예수의 사랑
을 받은 매우 충성스러운 제자였으며 예수의 마지막 날까지 함
께 하였다. 성격이 격하여서 '천둥의 아들'로도 불리었다. 예수
가 매달린 십자가 발 아래의 여인이 야고보와 요한의 모친이었
다고 한다. 마가복음에는 그들 모친의 이름은 살로메인데 예수
의 어머니인 마리아와 자매 사이라고 쓰여 있다. 요한의 기록
은 확실하지는 않으나 평생 많은 사람들을 축복하며 오래 살았
다. 요한종의 상징은 펼쳐진 두루마리 성경과 펜이다. 요한 사

도에게 헌정된 느슨한 기록장이 있기 때문이다. 그의 또 다른 상징은 성배와 뱀이다.

5. 빌립

 빌립Philip, '말을 사랑하는 자'라는 뜻은 원래 세례자 요한의 제자이며, 세례자 요한과 예수가 만날 때에 함께 있었다. 예수의 제자들 가운데 가장 먼저 부름을 받은 그는 영적으로 우둔하여 실수도 많이 하였으나, 결국 자신의 생명을 바쳐 하늘나라의 한 초석이 되었다. 세례요한이 예수를 '하느님의 어린 양'이라고 지칭하던 소리를 직접 들은 사람이었다. 이 만남 이후 예수는 빌립을 다시 수소문하였고, 갈릴리로 돌아오는 길에 그를 제자로 초대하였다. 빌립은 그의 친한 벗인 바돌로메를 예수에게 데려와 같이 제자가 되었다. 성경에 나오는 예수가 보리빵 5개와 물고기 2마리로 수많은 군중을 먹였던 오병이어五甁二魚의 기적 때 큰 역할을 하였던 사람이 바로 빌립이었다. 이 종에서 빌립은 두루마리 성경을 잡고 있다. 이보다 더 친숙한 상징은 두 덩어리의 빵과 십자가를 들고 있는 모습이다. 빌립은 자연사했고 히에라폴리스에 묻혔다고 한다. 그는 자신의 신념을 강요하지 않았으며 사람들이 스스로 그것을 선택하도록 했다고 한다.

6. 바돌로메

예수의 가장 친한 친구 중의 한명인 바돌로메 Bartholomew의 첫 이름은 나다니엘이었다. 그는 아주 세련된 엘리트였다. 빌립과는 친구였고, 요한의 친구이기도 했다. 그는 제자로 사역을 시작하기 전에 이미 예수와 친밀한 사이였다. 바돌로메는 에디오피아, 인도, 페르시아 등지에서 선교 활동을 하였고, 아르메니아에서 선교하다가 순교하였다. 순교 시 산채로 칼로 피부가 벗겨지며 참수 당하였다고 하며, 미켈란젤로가 그린 '최후의 심판'에서 그는 벗겨진 피부를 드러내 놓고 있는 모습을 하고 있다.

이 종에서 바돌로메는 기도하는 숄 차림에 펼쳐진 필사본을 들고 있다. 그는 칼에 순교 당하였기에, 전통적으로 그의 상징은 3개의 단도이다.

7. 도마

도마Thomas는 '쌍둥이'라는 뜻이다. 당시 쌍둥이가 태어나면 첫째에게는 이름을 지어주고 둘째는 그냥 쌍둥이란 뜻의 '도마'라고 불렀다. 도마는 용기 있는 사람이었고 예수께 충성했으나 '보지 않고는 믿지 않는다.'라는 신념을 지녔으므로, '의심 많

은 도마'라고도 불려진다. 그는 아내가 이교도 남편을 떠날 수 있도록 결혼 제도를 폐지하기 위한 노력을 하였다. 이는 예수가 가나안 혼인 잔치에서 기적을 베풀었던 일과 '하느님이 한 곳에 묶은 것을 사람이 풀 수 없다'는 예수의 말을 망각한 것이다. 그는 카스피 해와 페르시아 만 사이에서 선교 활동을 하였고, 인도의 마드라스에서 순교를 당했다. 도마는 목수였기에, 기독교 예술에는 부활한 예수님을 직접 뵙고 확인하는 장면과, 목수의 자와 연장을 들고 있는 모습이 많다. 중세에는 건축가, 석공들의 성인으로 공경 받았다. 도마 종은 두 손을 가슴에 모은 모습이다.

8. 세리稅吏 마태

마태Matthew의 이름은 레위였다. 예수가 이름을 '하느님의 선물'이란 뜻의 마태로 바꿔주었다. 알패오의 아들로서, 작은 야고보와 다데오와 같이 삼형제이다. 마태가 예수의 부름을 받은 이야기는 싱겁기까지 하다. 호수 옆의 세무서에 앉아서 어부들에게 부과할 세금을 계산하고 있던 마태에게 다가간 예수가 '나를 따르라'고 하자, 마태는 즉시 따랐다고 한다. 당시 마태는 유명한 사람이었지만 세리였기에 존경받는 사람은 아니었다. 그는

읽고 쓰는데 능통하였다. 예수가 '나를 따르라' 한 후에 마태는 예수를 공경하는 뜻으로 다른 세리들과 신분이 천한 사람들을 초대하여 풍성한 식사를 대접하였다고 한다. 그는 12사도 중 처음으로 복음서를 기록했기에, 초기 크리스천들에게 신임을 받은 사람이었다. 예수의 승천 후 에티오피아에서 선교 활동을 하다 순교한 것으로 전해진다. 그는 구약과 신약을 서로 이어주는 연결고리인 신약성서 〈마태복음〉을 저술했다고 알려져 있지만, 이를 의심하는 성서 학자도 많다. 마태 종은 한 손에 한 개씩, 두 개의 술잔처럼 보이는 것을 들고 있다. 이것은 구약과 신약성경을 상징하는 것이다.

9. 작은 야고보

작은 야고보James the Minor는 알패오의 아들이고, 마태와 다데오와는 형제간이었다. 예수와 가장 가깝게 지냈던 사도 중 한 명이었다. 큰 야고보에 비하여 어느 면에서도 뒤지지 않은 사람이었지만, 키가 작아 '작은 야고보' 라고 불렸다는 주장도 있다. 그는 모든 사람이 기독교인이 될 수 있다고 믿었고, 초대 크리스천들은 그를 예루살렘의 첫 주교로 인식하였다. 예수가 죽은 지 얼마 지나지 않아 순교를 당했다. 이 종의 상징은 펜과 책이다.

10. 레비우스 다데오

다데오는 '큰 마음big hearted' 이란 뜻인데, '유다 다데오', '유다' 로도 불려졌다. 마태와 작은 야고보와 형제지간으로, 예수를 배반한 '가룟 유다' 와는 다른 인물이다. 다데오는 예수에게 신실하고 충성스러웠으나, 그의 사역을 확실하게 이해하지는 못하였다고 한다. 메소포타미아와 페르시아의 지방에서 설교를 하다가 돌에 맞아 순교했다. 그가 《유다의 편지》의 저자라는 설에 의문을 제기하는 학자도 있다. 다데오 종의 상징은 두 손을 모아 기도하는 모습이다.

11. 시몬

'가나안 사람, 시몬', '열심당원, 시몬' 으로 알려진 시몬 젤라테스는 잘 교육 받은 사람이었고 유대법에 정통하였다. 현실주의자였고 로마법에 불만을 가지고 있었는데, 크리스천 신앙이 사람들에게 진실로 다가가기를 기원한 사도였다. 그는 이집트에서 설교하며 지냈는데, 페르시아에 있던 다데오에게 가서 그와 협력하다가 그곳에서 순교당했다. 사도로 선정되기 전에는 바리새파 사람으로 열심당의 일원으로 유다 민족의 해방을 위해

싸웠으며, 전설에는 그 후 체포되어 톱으로 육신이 두 동강이 나며 순교했다고 한다. 그래서 기독교 회화에서는 시몬이 톱을 쥐고 있는 모습으로 묘사되고 있다. 시몬 종은 웨이퍼미사에서 나누어주는 얇은 과자를 든 모습이고, 또 다른 상징은 펼쳐진 책 위에 물고기가 누워 있는 모습이다.

12. 가롯 유다

가롯 유다Judas, 또는 유다는 유일한 유대 지방 사람이었다. 결국 예수를 배반한 사도였는데, 복음서에는 그가 지갑을 훔친 좀도둑이었으며 공금을 유용했다고 언급되어 있다. 열성적으로 예수를 따르면서 예수의 신정왕국의 출현을 기대하였으나 그 기대가 어긋나자, 실망하여 스승을 배신했다는 설도 있다. 그는 나약한 사람이었는데, 양심의 가책으로 오랫동안 괴로워했다. 대가로 받은 은화 서른 닢을 돌려줄 기회를 찾고 있다가 후회하며 자살했다고 전해진다. 유다 종의 상징은 손바닥을 밖으로 향한 채 위로 들고 있는 것이다. 유다가 죽은 뒤에 그의 자리는 예수의 사역에 강력하고 신실하게 헌신하였던 맛디아Matthias로 채워져, 다시 12사도가 되었다. 맛디아의 상징은 펼쳐진 성경과 황소인데, '12사도 주석 종 시리즈'에서는 그의 모습이 담긴 종은 없다.

오니와 도깨비

도깨비라고 하면 머리에 혹이 나있고, 얼룩덜룩한 무늬의 옷을 걸치고 울퉁불퉁한 쇠방망이를 든 무시무시한 모습을 우선 떠올리는데, 이것은 일본 도깨비인 '오니'의 모습이다. '오니鬼, おに'는 일본의 민담과 향토 신앙에 등장하는 무서운 요괴, 또는 악마의 모습을 한 귀신을 말한다. 오니는 불교에 등장하는 '야차夜叉'에서 유래되었다고 믿어지는데, 옥황상제의 심판의 받고 지옥으로 떨어진 망자들에게 벌을 가하는 옥졸인 괴물과 귀신들을 총칭하여 부르기도 한다. 지옥의 오니는 소머리牛頭, 말머리馬頭와 같이 동물의 머리를 하고 큰 체구를 가진 인간의 모습인데, 전통적인 일본의 오니도 큰 체구에 머리에는 뿔이

나 있고 날카롭고 긴 손톱을 가진 세 손가락과 전신에 빳빳한 털이 난 모습으로 그려진다. 머리에 뿔이 난 괴물이 호랑이 가죽을 몸에 둘렀으며, 돌기가 난 무거운 쇠몽둥이金棒를 든 모습인 것이다.

소뿔 모양의 뿔을 머리에 달고 호랑이 가죽을 입은 모습인 이유는 오니가 드나드는 출입문의 방향이 음양오행의 십이지十二支상 소에 해당하는 축丑과 호랑이에 해당하는 인寅의 위치인 북동쪽이기 때문이다. 그러므로 오니는 전신에 붉은 진흙이 뒤덮인 아카오니赤鬼가 대부분이나, 청색으로 칠해진 아오오니靑鬼, 외눈박이 오니 등과 같은 다양한 변형 오니도 있다.

쇠몽둥이를 들고 있는 오니(위키피디아 자료)와 오니 황동 종, 19세기 일본

오니는 지옥뿐만 아니라 마을에서 떨어진 산속의 동굴에 살다가 때로는 사람들이 사는 마을을 덮친다는 이야기도 있다. 일본에서는 술래잡기를 '오니 놀이'라고 부르는데, 이는 오니가 어린아이를 납치해 간다는 일본의 설화에서 유래되었다고 한다.

일본 사람들에게 오니는 불길하고 싫은 존재였다. 일본 사람들에게 '오니 같다'고 하면 화를 낸다. 그들은 자식의 모습이나 행동이 부모를 닮지 않으면 '오니의 자식'이라고 불렀는데, 자식들이 요괴와 같은 괴물이라는 뜻이겠지만 실제로는 부모의 말을 듣지 않거나 부모와는 다르게 행동하는 아이들은 '인간도 아니다'라는 뜻이 숨어 있다. 일본에는 집안에 오니가 들어오지 못하도록 하기 위한 여러 가지 주술적인 행동도 있다. 전통적으로 집에서 외출할 때는 원숭이를 뜻하는 '사루'라는 말을 외쳤다고 한다. 그 이유는 집안의 북동쪽인 축인丑寅 방향으로 오니가 들어오니, 그 반대 방향인 '신申'에 해당하는 동물인 원숭이는 오니에 대항하여 집을 지켜줄 능력이 있을 것이라 믿었다. 즉, '사루'라고 외치며 집을 떠나면 원숭이가 집을 지켜 준다고 생각한 것이다. 일본의 옛 장식품이나 종에는 원숭이를 형상화한 것이 많은데, 오니와 같은 악귀가 집에 들어오지 못하도록 원숭이 조각상을 집안에 곱게 모셔둔 것은 아닐까? 하는 생각이 든다.

오니에 대한 설화는 주로 일본의 헤이안 시대8~12세기의 기록에 많이 남아있는데, 당시 악명을 떨쳤던 산적들이나 흉악범을 오니로 묘사한 것으로 추측된다. 우락부락한 외모에 붉은 피부, 털이 많은 모습과 원시적인 복장으로 보아서, 북방 홋카이도 원주민 아이누족의 모습에서 모티브를 따 왔다는 설도 있다. 과거 일본인들은 아이누들과 격렬하게 싸웠고, 일본 본토 쪽에서는 그들을 호전적이며 매우 '악마' 같은 족속이라고 생각했다. 일본에서는 지금도 오니를 사악하거나 고약한 성격을 가진 사람을 욕할 때 쓰기도 한다.

오니에 대항하여
집을 지켜준다는 원숭이
'사루' 탁상종, 19세기 일본

그러나 무사들의 용감함을 나타내는 상징으로도 쓰였고, 과거 일본 전국시대의 유명한 장군들은 모두 오니라고 불리는 각자의 별명을 가지고 있었다고 한다. 일본 문헌이나 문학 작품을 한국어로 번역할 때, 우리나라 번역가들은 적절한 단어를 찾기가 어려워서 '귀신', '악마' 또는 '호랑이'로 번역한다고 한다.

오니라는 단어가 숨기고 가린다는 뜻의 '온요미穩'에서 유래되었다고 주장되기도 한다. 오니가 보이지 않은 혼과 같은 존재이고, 역병이나 재앙을 일으키는 귀신이기 때문이다. 사실 '귀鬼'는 형체가 없는 영혼과 같은 의미였다. 아직도 일본의 부락에서는 매년 봄이 시작되는 때에 동네에 들어온 오니를 쫓아내는 '세쓰분節分'이라는 축제 의식을 한다. 계절을 나눈다는 뜻의 세쓰분은 봄이 시작하는 전날 거행된다. 보통 봄축제春祭, 하루마쓰리의 일환으로 입춘인 매년 2월 3일에 열리는데, 과거에는 음력 정월 첫날의 전날 저녁에 마메마키豆撒き라는 의식과 함께 거행되었다. 마메마키는 전해에 들어온 악귀들을 씻어내고, 새해에는 역병을 일으키는 악령에서 벗어나도록 볶은 콩을 뿌리는 행사이다. 세쓰분은 8세기경 중국에서 도입되어 시작되었으나, 마메마키는 그 이후에 추가가 되었다. 보통 그 해의 12지신 상에 해당되는 띠의 소년이나 집안의 가장인 남성이 거행하는 행사이다.

일본의 오니 방울 종(좌)과 가면(중), 서양의 '가고일'을 닮은 오니 황동 종(우), 19세기

후쿠마메福豆라는 볶은 콩을 문밖이나 오니의 마스크를 한 사람에게 던지며, '귀신은 물러가고 복은 들어오너라!' 라고 외치는 것이다. 콩은 귀신을 물리치고 나쁜 건강을 쫓아낸다는 상징적인 의미가 있다고 믿었고, 볶은 콩을 먹는 습관도 있다. 한 사람의 복을 위하여 한 개씩을 먹거나, 일 년에 한 개씩 먹기도 한다. 아직도 많은 사람들이 집에서 이러한 풍습을 행하고 있으며, 때로는 신사나 사찰에서 열리는 세쓰분 축제에 참석하여 콩을 뿌리는 의식에 참석한다. 그러나 신사의 기념품 가게에는 오니의 모습을 한 토기나 금속 방울 종을 판매하고 있으니, 이제는 오니도 애완 귀신이 되어 박제화가 된 것 같기도 하다. 일본에는 '오니의 마을' 이라는 지역도 있는데, 오니가 관광객을 모으기 위한

마케팅 수단이 된 것이다.

많은 사람들은 우리나라의 도깨비를 일본의 오니와 같은 것으로 생각하고 있다. 그러나 도깨비는 오니와 여러 면에서 다르다. 모두 한자로 '鬼'라고 쓰지만, 일제강점기 시절에 일본의 오니가 잘못 소개되어 그 결과로 이 같은 오해가 생긴 것이다.

'금 나와라 뚝딱!' 하면 금덩어리가 와르르륵, '은 나와라 뚝딱!' 하면 은덩어리가 와르르륵.

어렸을 때 읽었던 전래동화 책에는 도깨비에 관한 이야기가 많았다. 그중에서 가장 널리 알려진 이야기는 혹부리 영감 이야기일 것이다. 턱에 달린 혹 때문에 고생하던 마음씨 착한 혹부리 영감은 나무하러 갔다가 산속에서 날이 저물어 숲속의 초가집으로 들어간다. 늦은 밤 홀로 신나게 노래를 부르던 영감에게 도깨비가 나타나서 노래를 어찌 그렇게 잘 부를 수 있느냐고 물었다. 영감은 도깨비에게 볼에 붙은 혹이 노래가 저장된 주머니라고 말하고 혹을 비싸게 판다. 혹도 떼고 부자도 된 것이다. 같은 동네에 살던 성질이 고약한 혹부리 영감은 이 이야기를 듣고 도깨비를 만나 똑같은 방법으로 혹을 팔려다 되레 혹을 붙이고 돌아온다는 권선징악적 이야기이다. 이 우화가 1915년 일제강점기의 소학교 독본에 처음 실렸는데, 여기에 뿔이 나고 무서운 돌기가

1941년 초등 국어 독본의 혹부리 영감 삽화와 귀면와

있는 쇠방망이를 든 도깨비가 삽화로 실렸다. 전신에 털이 나있고 뿔이 있으며 무거운 방망이를 든 전형적인 오니의 모습이다. 그 이후 여러 곳에서 비슷한 삽화가 사용되었기에, 우리는 도깨비를 오니의 이미지와 같이 생각하게 된 것이다.

　우리 민족은 전통적으로 귀신이나 도깨비와 같이 어둡고 칙칙한 대상은 형상으로 표현하지 않았다. 어떤 현상이 있다고 말할 뿐이지, 도깨비라는 정형도 없었고 온전한 귀신 그림도 남아 있지 않았던 것이다. 우리가 도깨비를 흉악한 모습으로 잘못 인식하게 한 또 하나의 원인으로는 귀면와鬼面瓦도 관련이 있다. 귀면와를 일반적으로 도깨비 기와라고 부르는데, 이것은 박물관 관계자나 문양 연구가들에 의해 빚어진 오류라고 한다. 귀면와는 중국과 동북아시아 전역에 흔한 것으로서, 우리의 독창적인 기와문양이 아니다. 그러므로 여기에 우리나라의 도깨비라는 이름을 여기에 붙인 것은 잘못되었다고 한다.

오니는 일본인들에게 무섭고 피하고 싶은 대상이나, 우리의 도깨비는 재미있고 가끔은 사람들에게 뜻하지 않게 횡재를 가져다주기도 하는 한번쯤 만나고 싶은 존재였다. 오니는 죽은 사람을 벌하는 공포의 대상으로 세상에 나타났으나, 우리의 도깨비는 외형뿐만 아니라 행동거지도 오니와는 완전히 다르다. 오니가 나쁜 일을 한 사람에게 벌을 주기 위한 무겁고 울퉁불퉁한 쇠방망이를 가지고 있다면, 도깨비는 한번 두드리면 원하는 것은 무엇이든 쏟아져 나오는 신기한 도깨비 방망이를 들고 다닌다. 뿔도 없다. 도깨비는 전통 바지저고리를 입었고 보통 사람보다 덩치가 조금 더 큰 정도였다. 사람 형태의 도깨비가 대부분이나 집안에 쓰는 빗자루 도깨비, 도깨비불과 같은 물건의 모습을 한 갖가지 도깨비가 있고, 외다리, 외눈, 각시 등 다양한 모습도 있다.

우리나라의 전통 설화에 나타난 도깨비는 노래를 좋아하고 장난을 치며, 사람들에게 가까이 다가가는 친근한 존재였다. 도깨비들은 해질 무렵 사람들 사이에 나타나 그들과 뒤섞여 한바탕 논 후 해가 뜨면 빗자루와 같은 물건으로 되돌아간다. 돼지머리와 개고기를 좋아했다. 도깨비는 맛있는 메밀묵을 주었던 사람에게 금은보화를 준 경우도 있었고, 멍청하게 행동하다가 가끔은 꾀 많은 사람들에게 거꾸로 봉변을 당하기도 한다. 도깨비는 때로는 어처구니가 없어 웃음을 주는 순진한 존재인 것이다. 어느 도깨비는 돈을 빌린 것은 알았으나 갚은 것은 몰라 계속 돈을 갚아 빌려준 사람을 부자로 만들었다고 한다. 또 다른 이야기도 있다. 어느 가난한 과부에게 도깨비가 나타나 일을 도와주었고 나중에는 도깨비와 과부는 정을 통하게 된다. 도깨비가 과부에게 계속 금은보화를 주자, 부자가 된 과부는 딴 생각을 한다. 도깨비가 가장 싫어하는것이 백말의 피라는 것을 알았고, 도깨비에게는 자신은 돈이 제일 무섭다고 말했다. 과부는 도깨비가 없는 사이에 백말의 피를 담장에 칠했다. 과부 집을 다시 찾았을 때 놀라고 화가 난 도깨비는 과부 집 마당에 돈을 가득 던져두고 갔다는 이야기이다. 씨름을 좋아하고 시루떡과 막걸리도 즐길 줄 아는 도깨비는 소박하고 재미있는 서민들의 모습이 반영되어 있다. 도깨비는 사람이 죽은 후에 생기는 것이 아니고 사람들이 일상생활의 용구로 쓰다가 버린 물체에서 생성된 것이다.

씨름하는 도깨비와 총각 도깨비, 한국콘텐츠진흥원 상상발전소 그림 자료
(윤완준, 동아일보 2007. 6. 29 기사)

　넉넉한 모습의 도깨비를 우리 삶 가까이에 두며 같이 살고자
했던 선조들의 해학은 점점 사라지고 있다. 불법적으로 외제품
을 팔던 도깨비 시장, 믿음을 주지 못하는 사람을 일컫는 도깨비
같은 사람. 우리의 도깨비는 모습뿐만 아니라 그가 주는 이미지
마저도 오니의 그것으로 변하고 있음이 아쉬울 따름이다.

위그노의 종교전쟁과 뮤직박스

관현악단 '오케스트라'는 '춤추다'라는 뜻의 그리스어 '오케스타이'에서 유래하였다. 유럽의 중세까지도 악기 연주자들에 대해 인식은 높지 않았다. 일정한 거처도 없이 궁정이나 축제, 결혼식, 장례식을 떠돌았던 떠돌이 악사들은 안정된 주거를 원하였다. 이들은 점차 권력과 재력을 지닌 궁정의 악사가 된다. 경제적인 지원과 신분을 보장받았으나, 영주나 귀족들이 원하는 음악을 제공하여야 했다. 산업혁명으로 상공업이 발달하자 오케스트라의 후원자는 정치 종교적 권력에서 상업적 권력으로 옮겨갔다. 부를 쌓은 부르주아들이 음악회나 무도회와 같은 그들이 동경하던 귀족들의 생활을 따라하려고 노력한다. 궁정의

악사들도 바깥으로 나와 연주할 수 있는 길이 열린 것이다. 연주
장소도 폐쇄된 궁정의 거실에서 벗어나 넓은 무대와 야외로 옮
겨갔다. 이때부터는 서민들도 직접 연주되는 생음악을 즐길 수
있었고, 음악을 사랑하는 청중들도 늘어갔다. 점차 그들의 집
에서 음악을 듣거나, 음악에 맞추어 춤도 추고 싶은 욕구가 생
겼다. 그러나 대부분은 악단을 부를 수 있는 경제적 능력이 없
었다.

일본 산교의 뮤직박스. 태엽을 감으면 음악과 함께
종을 든 소녀가 빙빙돌며 춤을 춘다

18세기 이후 급격하
게 발달한 기계 산업은
이러한 욕구를 부분적
으로 해결해 줄 수 있
는 기기를 만들어내었
다. 이것이 길이가 다
른 빗 모양의 강철판을
음계 순으로 달고, 회
전하는 실린더에 부착
된 바늘이 태엽의 힘으
로 회전하면서 소리를
내도록 하는 뮤직박스
music box이다. 공연자

없이 음악을 제공할 수 있고 하프나 핸드벨 연주자들이 만들어 내는 소리까지도 재현해 낸 것이다. 일본에서는 네덜란드어로 수동식 오르간을 오르겔orgel이라 불렀기에 여기에서 유래한 오르골이라 하며 한자로는 자명금自鳴琴이라 불리어진다.

뮤직박스는 종소리로 시간을 알려주는 교회의 시계탑에서 유래하였다. 시계 장인匠人들은 시계탑에서 종소리를 자동으로 내는 방법으로 음악 멜로디를 연주할 수 있는 기구를 만들려고 노력했다. 1796년 스위스의 안톤 파브르A. Favre가 뮤직박스를 처음 만들었다. 태엽을 감아 원통을 돌리면 가시가 촘촘하게 붙은 빗이 원통(실린더)에 붙을 때 바늘이 금속판을 튕겨서 공명하는 소리를 낸다. 처음에는 담배케이스, 콤팩트, 인형상자 등에 장치되었으나, 1820년 경부터는 상자에 넣은 지금의 형태로 제작되었다. 원통형 뮤직박스는 핀이 부딪치는 가시를 달리하면 여러 곡을 연주할 수 있어서 가정용 악기로 인기를 모았다.

1880년 경 원반의 돌기가 강철 빗살을 튕기는 방식인 원반(디스크) 형태의 뮤직박스가 고안되었다. 독일 칼리오페와 심포니온사의 원반형 뮤직박스는 쉽고 저렴하게 많은 곡을 추가할 수 있는 최고의 뮤직박스였다. 특히 빗에 종bell을 더하였고, 손잡이 옆에 위치한 스위치를 켬으로서 종소리를 다양하게 조절할 수

나비와 꽃이 장식된 3개의 종이 있는 원통형 마호가니 뮤직박스. 스위스

있었다. 독일의 폴리폰, 그라마폰, 미국의 레지나사가 명품의 원반형 뮤직박스를 제조하였다. 원반의 크기는 점차 확대되었고, 24인치 원반은 약 2분 정도 음악을 재생할 수 있었으므로 가정에도 많이 보급되었다. 그러나 1877년 에디슨이 축음기를 발명하고, 전쟁과 경제위기로 세상이 변화하자 점차 인기를 잃어갔다.

오늘날에는 뮤직박스가 달콤한 멜로디를 연주하는 탁상 위의 장식품이나 장난감처럼 인식되고 있다. 아직도 아기자기한 뮤직박스를 찾는 사람들이 많고, 스위스 후즈Reuge, 일본 산교Sankyo, 중국의 윤셍 등이 대표적인 생산 회사들이다. 나는 위의 사진처럼 태엽을 감아 작동시키면 원통과 원반에 새겨진 음악과 함께 종소리가 연주되는 뮤직박스들을 수집하였다. 한 세기 전, 유럽과 미국의 중산층들은 뮤직박스의 멜로디를 음미하며 하루를 보냈을 것이다.

오늘날의 스위스, 독일, 네덜란드가 군사 및 경제적 강국으로 자리하게 된 데는 프랑스에서 이주해 온 개신교도들인 위그노의 역할이 컸다. 특히 발전이 뒤져 있던 내륙도시 베를린을 부강하게 만든 주역들은 17세기 말 프랑스에서 망명한 3만여 명의 위그노들이었다.

18세기 초 프로이센 수도 베를린 인구의 1/3은 프랑스에서 온 위그노들이었는데, 이들은 경건한 청교도 정신으로 독일의 기업가 정신을 확립하였다고 한다. 중세 이후 계속 대립해 오던 독일의 성장에 프랑스인들의 역할이 컸다는 것은 아이러니하나, 그 바탕에는 종교개혁과 종교전쟁이 있다.

종교개혁가 마틴 루터 (1483~1546, 독일)와 장 칼뱅(1509~64, 프랑스)

유럽의 나라들이 근대 국민국가 체제로 전환되기 시작하면서 막강한 정치적 영향력을 행사하던 가톨릭의 영향력은 점차 쇠퇴하게 된다. 인간성 해방을 주창한 르네상스와 인쇄술의 발달로 사람들의 의식이 깨어지게 된다. 성경을 읽을 수 있게 되자, 부패한 교회와 교황권에 대한 시민들의 불만이 점차 커졌다. 가톨릭교회를 인본주의적인 방향으로 혁신하여야 한다는 '종교개혁'의 기운이 싹튼 것이다. 르네상스가 예술적이고 귀족적인 운동이라면, 종교개혁은 유럽을 지배하던 기독교를 혁신하여 민중의 생각과 정치, 경제, 사회 체제 모두를 변화시켰다.

성서에 바탕을 둔 신앙이나 윤리적인 쇄신을 주창한 선구자들은 이전에도 있었으나, 종교개혁은 독일의 신학자이자 수도승 마틴 루터에 의하여 본격적으로 시작되었다. 그 시발점은 교회의 면죄부 판매였다. 이 무렵, 교황청과 가톨릭교회는 적자에 허덕이고 있었다. 교황 레오 10세는 성베드로 대성당을 건축하기 위해 면죄부를 팔았다. 사제들은 "누구든지 회개하고 기부금을 내면 죄를 용서받을 수 있다. 당신들의 돈이 이 상자에 들어가는 순간, 영혼은 지옥의 불길 속에서 튀어 나온다."라고 설교를 하였다. 루터는 마인츠교회의 대주교 알브레히트가 교회 재정을 위해 판매하던 면죄부에 대해 신학적으로 문제를 삼았다. 1517년 10월 31일 비텐베르크대학의 교회 정문에 '면죄부에 관한 95

개조 의견서'를 게시함으로써 종교개혁이 시작된 것이다. 루터는 교회가 하느님과 인간 사이의 중재자 역할을 독점하는 것을 반대하였고, 누구나 예수의 이름하에 하느님을 볼 수 있으며 직접 대화를 할 수 있는 사제가 될 수 있다고 하였다. 사람이 만든 형식이나 권위는 구원과 무관하며, 오직 도덕적 회개를 통하여서만 하느님을 만날 수 있고 영생을 얻을 수 있다고 한 것이었다. 기독교의 진리는 사제들의 권위 보다는 하느님의 말씀에 있고 사람들은 이를 통하여 구원을 얻는다. 모든 사람은 신 앞에 평등하므로, 우리를 구속하는 모든 율법으로부터 자유로워져야 한다는 것이다. 그러나 기득권에 집착한 교황청은 귀를 기울이지 않았다. 종교개혁 운동의 열기는 순식간에 전 유럽으로 확산되어갔다. 프랑스에서는 장로교회를 창설한 복음주의 신학자 칼뱅Jean Calvin이 프로테스탄트 교회의 개혁주의 신앙을 열었다.

16세기 프랑스에서 종교 개혁에 참여한 프로테스탄트의 대부분은 칼뱅파였다. 종교개혁 시대에서 프랑스 혁명까지의 시기의 프랑스 내 칼뱅파 개신교도들을 '위그노'Huguenot : 친구, 동맹자, 서약을 지키는 자라 한다. 그들 대부분은 섬유방직 기술과 같은 첨단 기술을 가진 상공인들이었다. 1562년 당시 파리에 1,200개의 위그노 교회들이 있었고 칼뱅파 신자도 2백만에 이르렀다. 16세기 후반에서 17세기 후반에 걸쳐 전 유럽에는 신교와 구교의 갈등

성 바르톨로메우스 축일의 위그노 대학살 사건 삽화,
1572년 8월 24일, 위키피디아

으로 수 많은 종교전쟁이 일어났다.

이 시기 프랑스에서는 발루아 왕가의 앙리 2세 사후 즉위한 아들 샤를 9세가 죽자, 또 다른 아들인 앙리 3세가 즉위했다. 앙리 2세의 부인인 피렌체 출신의 카테리나 메디치1519~89왕후는 어린 아들을 왕으로 세우고 섭정을 하였다. 가톨릭인 그녀는 위그노인 나바르프랑스 남부지방의 왕 앙리를 자신의 딸 마르그리트 공주와 결혼시키기로 했다. 이 결혼으로 서로 대립하던 구교와 위그노를 화합시키고, 왕권 위에 군림하던 구교도 귀족 기즈가문을 약화시키고자 했다. 그러나 기즈 공작을 사랑하고 있던 공주는, 미남도 아니었던 위그노 앙리와의 결혼을 싫어했다. 앙리는 이 결혼을 위해 가톨릭으로 개종하여 귀족들도 무마시켜야 했다. 그러나 위그노로 키워졌던 그는 언젠가는 신교의 자유를 실현시켜야 한다는 결심은 지켰다고 한다. 결혼식을 위한 화합의 축제가 벌어지던 8월 24일 성 바르톨로메우스 축일 밤에, 기즈 공작은 앙리의 핵심 후원자인 위그노 지도자 콜리니 제독을 살해했다. 그는 핵심 위그노 몇 명 정도를 죽여 위세를 뽐내려고 했으나, 일단 유혈이 낭자해지자 흥분한 구교도들이 신교도들을 집단적으로 학살하기 시작하였다. 파리의 3천여 명을 포함하여 전국에서 수만 명의 위그노가 학살당하게 된다. 결혼식은 엉망이 되었고, 앙리도 체포되어 4년 동안 감옥에 갇혔다. 이후 앙리는 아내의 도움으

낭트칙령을 발표하여 신교를 인정한 앙리 4세, 1553~1610

로 극적으로 탈옥하여, 위그노의 수장이 되어 구교 세력에 본격적으로 대항하게 된다. 위그노들이 구교도에 격렬하게 저항하며 전쟁 상태가 된다. 탄압이 심해지자 거의 40만 명의 위그노들은 벨기에, 네덜란드, 독일, 스웨덴, 스위스, 오스트리아, 아일랜드, 영국, 미국 등지로 탈출한다. 그 결과, 프랑스에는 1,500명 이하의 위그노들만 남게 되었다고 한다. 이때 사건의 주역인 기즈 공

작은 앙리 3세에게 죽었고, 앙리 3세도 광적인 수도사에게 암살 당한다.

나바르의 왕 앙리는 어부지리로 프랑스 왕 앙리 4세가 되어 부르봉 왕조를 시작하였다. 그러나 가톨릭인 파리 귀족들은 왕이 된 앙리 4세를 인정하지 않았고, 프랑스는 큰 혼란에 빠져든다. 앙리 4세가 1593년 "파리는 종교를 바꾸어서라도 지켜야 할 가치가 충분하다"며 가톨릭으로 개종하자, 비로소 귀족들이 안도하게 되어 그 다음해에 대관식이 거행되었다. 그는 30년 이상 1562~98 지속된 내전을 종식시키기 위하여 낭트 칙령을 발표한다. 허용한 곳에서의 신앙의 자유와 재산상속을 인정하는 내용이었다. 이전에 제정된 구교 이외의 이단을 엄벌하며, 이를 밀고한 자에게 위그노들이 낸 벌금과 몰수재산의 1/4을 준다는 내용을 삭제한 것이다. 그는 마르그리트와 이혼을 한 후, 피폐해진 나라의 복구에 혼신의 노력을 다하였다. 국민들은 그를 위대한 '앙리대왕'이라 칭송하였으나, 그 역시 열혈 구교도에게 암살되고 만다.

다시 위그노에 대한 탄압이 시작되었다. 앙리 4세의 증손자 태양왕 루이 14세1636~1715는 가톨릭의 중흥을 위하여 낭트 칙령을 무효화하고 위그노들에게 엄청난 박해를 하였다. 수많은 위그노들이 다시 학살당하였다. 위그노 목사는 무조건 죽였고, 남자는 평생 거룻배의 노 젓는 일을 시켰는데, 노 한 개의 무게가 무려 130kg였다. 여자는 종신형에 처했고, 어린아이들은 수도원으로 보냈다. 프랑스의 위그노들은 또 다시 유럽 각국과 미국으로 떠났다. 박해는 시민혁명으로 왕정이 무너진 1798년까지 계속되었다. 200여 년의 기간 동안 프랑스 인구 1,700만 중 약 4백만이 고국을 떠났다. 첨단 산업의 기술자였던 위그노들의 망명은 프랑스의 산업 기반을 붕괴시켰다. 반면 영국으로 이주한 위그노들은 증기기관과 면방직 공업을 발전시키며 영국의 산업혁명을 주도하였다. 독일, 스위스로 간 위그노들은 중화학과 정밀기계 산업을 발전시켰다. 위그노에 의한 스위스 시계산업의 발전은 뮤직박스의 발명으로까지 이어진 것이다.

목숨을 바쳐가며 종교의 자유를 지키려했던 위그노의 행적은 세상을 바꾸었다. 강건하고 신실한 위그노는 유럽의 여러 도시들을 근면하고 부강한 도시로 변화시켰다. 21세기의 독일은 유럽연합의 최강국이 되었고, 스위스의 발전된 금융산업과 제약산업도 위그노들의 헌신이 큰 역할을 하였다. 대량 살상의 시대 21세기에도 망명의 길을 떠나야 하는 종교전쟁의 희생자들의 행렬이 끊어지지 않는다. 뮤직박스에서 울려나오는 평화의 멜로디에 숨어있는 위그노들의 희생과 열정을 생각해 본다.

미네르바의 부엉이는 황혼이 저물어야 그 날개를 편다
부엉이와 올빼미

어둠 속에서도 목표물을 정확하게 낚아채는 암흑 속의 포식자, 정성스레 키워준 새끼가 성장한 뒤에는 결국 어미를 잡아먹는 불효하는 새, 궁궐에 그 울음소리가 울려퍼지면 나라에 좋지 않은 일이 일어난다는 새. 농촌에서 병아리 등 가금류를 채어가는 '나르는 고양이' ···. 우리나라에서는 부엉이가 오랫동안 무서운 눈과 발톱을 지닌 불길하고 무서운 느낌을 주는 흉조凶鳥로 믿어졌다. '부엉이'와 '올빼미'는 구별되지 않고 쓰여왔는데, 이것이 들어간 단어에는 긍정적 이미지도 조금 있다. '부엉이살림'은 조금씩 열심히 저축하여 자기도 모르게 부쩍 커진 탄탄한 살림을 말한다. 부엉이가 사냥하여 먹잇감을 하나하나 저장해둔 고목 속의 부엉이 둥지를 생각하면 된다. 그러나 이 새는 어둠 속에 활동하는 음흉한 동물이며, 계산이 분명하지 않은 것을 뜻하는 부엉이셈처럼 부정적인 이미지가 많다. 늦게 일어나며 해가 지고서야 정신이 다시 맑아져서 활동하는 사람을 뜻하는 올빼미족도 한가롭고 평화롭게 보이지는 않는다. 부엉이 소리가 자주 들린다는 부엉이 고갯길이나 부엉이 바위도 왠지 긴장이 느껴지는 지명이 아닌가? 미국에서 지내던 어느 날, TV의 일기예보 시간에 예보자가 부엉이 분장으로 등장하여 다음 날의 날씨를 예보하는 모습을 인상적으로 보았다. 초등학교 아이들이 어려운 수학 문제를 잘 풀어내면 선생님이 공책에 부엉이 모습의 도장을 찍어주었다. 서양에서는 미래를 내다볼 수 있는 지혜의 상징으로 '미네르바의 부엉이'를 우선 생각하고, 해리포터와 마법사에 등장하는 올빼미도 지혜와 슬기의 상징이었다. 이들은 실생활에서도 다양한 모양의 부엉이 장식품과 생활용품을 곁에 두고 있다. 당연히 부엉이 모양의 종들도 많이 있다.

"'한 송이 국화꽃을 피우기 위해/ 봄부터 소쩍새는/ 그렇게 울었나 보다'(서정주 〈국화 옆에서〉)" "'접동/ 접동/ 아우래비 접동// 진두강 가람가에 살던 누나는/ 진두강 앞 마을에 와서 웁니다'(김소월 〈접동새〉)"

좌 : 다양한 종류의 부엉이 유리 종, 보이드 유리회사, 1980년경, 9cm
우 : 일기예보 하는 미네르바의 부엉이 냅킨꽃이, 도자기, 20세기

  소쩍새와 부엉이, 올빼미는 올빼미목, 올빼밋과에 속하는 올빼미 종류인 야행성 맹금류이다. 접동새는 소쩍새의 평안도 사투리이다. 올빼미목에 속하는 조류는 전 세계에 220종 이상이 있고 우리나라에도 10종류가 넘는다. 쥐, 작은 새, 토끼, 꿩, 곤충, 다람쥐 등이 이들의 주요한 먹이이다. 우리는 일상생활에서 부엉이와 올빼미를 제대로 구별하지 못하고 있으며, 어린이용 그림책에서도 정확하게 구별하지 않고 있다. 책을 출판할 때 영어의 owl을 임의로 부엉이나 올빼미로 번역하였기에, 구별이 더욱 어려워진 것이라 한다. 그러나 영어로는 종류에 따라 올빼미는 tawny owl, 수리부엉이는 eagle owl, 해리포터에 등장하는 흰올빼미는 snowy owl, 미네르바의 부엉이라 불리는 금눈 쇠올빼미는 little owl이라 한다. 그리고 소쩍새는 Eurasian Scops owl, 솔부엉이는 brown hawk owl이다. 부엉이와 올빼미를 구별하는

방법은 의외로 쉽다고 한다. 대부분의 부엉이는 머리 위에 귀모양의 뿔처럼 튀어나온 뿔 털이나 뿔깃이 있고, 올빼미는 귀 모양이 없이 뒤로 빗어 넘긴 머리 스타일이라 생각하면 된다. 솔부엉이를 제외한 부엉이는 머리 위에 귀 모양의 뿔깃이 있고, 올빼미는 귀가 없이 머리를 뒤로 빗어 넘긴 모습이라 생각하면 된다. 그러므로 그리스로마 신화에서 아테나(미네르바) 여신의 상징인 부엉이는 '미네르바의 올빼미'라 하는 것이 옳다. 소쩍새는 부엉이의 특징인 뿔깃이 있다.

부엉이

올빼미

부엉이는 절벽이나 벼랑 위 둥지에 알을 낳고, 새끼를 키우지만 올빼미는 오래 되고 큰 나무의 구멍에 둥지를 튼다. 알에서 깨어난 올빼미는 어미가 물어다주는 먹이로 성장하고, 100일 정도가 지나면 둥지를 벗어나 먹이 사냥을 한다. 중국에는 이때 새끼 올빼미가 갑자기 어미를 잡아먹는다는 이야기가 전해지고 있었기에, 올빼미는 불효의 상징이었다. 사람들은 올빼미를 잡을 경우 죽여서 나무에 매달아서, 불효에 대한 경각심을 주었다고 한다. 그러나 생태 방송은 수리부엉이는 새끼가

죽을 경우 어미가 먹어치우거나, 다른 새끼들에게 먹이는 것을 증명 해주었다. 이것은 야생동물의 생존을 위한 선택이고, 어미를 잡아먹는다는 이야기는 부엉이의 이런 습성이 잘못 알려진 것이라 한다. 한자로 올빼미 효梟는 나무에 매달려 있는 새라는 의미인데, 여기에는 '목을 베어 달다' 라는 뜻도 있다. 큰 범죄자의 목을 베어서 군중 앞에 높이 매달았던 효수梟首 또는 효시梟示도 여기에서 비롯되었다.

좌 : 아테나 여신 은 종, 19세기 프랑스, 11cm
우 : 아테나 여신 동상, 로마

지혜를 상징하는 '미네르바의 부엉이' 와 함께하는 미네르바는 로마의 여신이다. 그리스 신화에서는 지혜의 여신, 그리고 전쟁, 직물, 요리, 도기, 문명의 여신인 아테나가 해당된다. 아테나는 제우스와 그의 부인 메티스 사이의 딸이다. 대지의 여신 가이

아가 메티스의 자식이 태어나면 신들을 위협할 것이라 예언하자, 제우스는 아테나를 임신하고 있던 메티스를 삼켜버렸다. 몇 달이 지나자 제우스는 심한 두통을 겪는다. 제우스는 심한 통증으로 대장장이의 신 헤파이스토스에게 도끼로 자신의 머리를 쪼개라고 부탁한다. 제우스의 머리가 갈라지자 아테나가 튀어나왔다. 이미 다 자란 모습으로 갑옷을 입고 손에 창을 쥔 무장 상태에서 소리를 지르며 탄생하였다. 그러므로 아테나는 올림포스 산 정상에서 사는 그리스 판테온의 주인공인 올림포스 12신들 중 두 번째(자식) 세대에 속한다. 지혜를 상징하는 머리에서 태어났으므로 아테나는 지혜의 여신인 것이다. 투구, 갑옷, 창, 메두사의 머리가 달린 가죽 방패인 아이기스, 올빼미, 뱀이 아테나의 상징물이다. 그녀의 그림이나 조각품은 항상 완전 무장한 여전사의 모습이다. 아테나는 전쟁의 여신이기도 하다. 그녀는 전차 모는 방법과 병법도 개발하였고, 각종 무기들도 만들었다. 병사들을 위한 춤과 노래도 만들었다.

아테나는 바다의 신이자 제우스의 동생인 삼촌 포세이돈을 짝사랑하여 그의 아내가 되고자 갖은 노력을 하였으나 포세이돈은 그녀를 여자로 인정하지 않았다. 아테나는 포세이돈을 굴복시켜 남편으로 삼고자 하였으나, 그와 승부를 겨룰 기회가 없었다. 마침내 아테네 수호신의 위치를 두고 바다의 신 포세이돈과 경쟁하게 되었다. 승리하려면 월등한 신의 능력(신통력)을 보여주어야 했다. 포세이돈이 삼지창을 던져 땅을 가르고 바닷물을 뿜어올렸으나, 아테나는 척박한 석회질 땅에 올리브 나무를 자라게 하였다. 올리브나무는 평화와 풍요의 상징이었기에, 그녀는 아테네의 수호신으로 선택되었고 파르테논 신전에 모셔졌다. 포세이돈이 이를 복수하려고 홍수를 불러오자 인간들은 그 다음의 지배권을 주어 화를 풀게 하였다. 그러나 '메두사'라는 여자를 놓고 포세이돈과 싸웠을 때는 날개 달린 말 '페가수스'를 내세운 그에게 패하였다. 아테나는 복수하기 위해 메두사에게 저주를 내려 괴물로 만들어버렸다.

아테나는 아버지 제우스의 각별한 사랑을 받았다. 절대 무기인 번개와 무적의 방패 아이기스를 독점 사용할 권리가 주어질 정도로 제우스의 분신이라 할 수 있다. 그러나 그녀는 아버지를 두 번 거역했다. 한 번은 제우스를 권좌에서 몰아내기 위한 음모에 가담하였고, 한 번은 트로이 전쟁에서 제우스의 뜻에 반하며 적극적으로 그리스의 편을 들었다. 트로이를 함락시킨 목마도 아테나의 작품이고, 특히 그리스의 용감한 전사 아킬레스를 돌봐주었다. 오디세우스(율리시즈)가 이타카의 집을 찾아오는 오랜 세월 동안 그를 지켜주기도 했다.

전쟁의 신인 아레스(마르스)는 파괴적이고 부정적이었으나,

아테나는 총명하고 순결했으며 은혜를 베풀며 영웅들을 수호하였다. 아레스가 전쟁을 사랑하고 싸움을 즐겼다면, 아테나는 전쟁을 좋아하지는 않았으나 피하지도 않았다. 아테나는 각각 헤라클레스와 디오메데스를 도와 아레스를 두 번 공격하여 모두 승리하였고 마침내 그를 밀어내고 전쟁의 신이 되었다. 아레스는 상처를 입고 올림푸스 산으로 도망갔다. 아테나는 재판제도도 만들었다. 재판에서는 피고의 편을 잘 들어주었으나, 남녀평등보다는 남성가부장제를 선호했다고 한다. 직물의 신 아테나는 어느 날 유명한 수직공手織工 아라큰과 시합을 했다. 아테나는 그녀의 솜씨에 감탄했으나, 완성된 카펫이 아버지 제우스의 애정행각을 담은 것이었기 분노하였다. 아테나는 아라큰을 거미로 바꾸었고 영원히 실에 묶여서 실을 짜게 하였다. 제우스를 모독하고 가부장제를 부정하는 일은 용납하지 않았다. 그리스의 아테나 숭배가 로마로 들어와서 미네르바 숭배가 되었다. 미네르바는 선의 정원에서 악을 몰아내며 마르스를 대신하여 전쟁의 여신으로 숭배 받게 된 것이다. 폼페이우스는 동방 정복에서 얻은 전리품으로 전쟁의 여신 미네르바의 신전을 세웠다. 자신이 이 여신의 특별한 보호를 받는다던 도미티아누스 황제 때에 미네르바 숭배가 가장 성행했다.

지혜의 여신 미네르바(아테나)는 항상 부엉이(올빼미)와 함께 한다. 아폴론의 태양이 대지 저편으로 넘어가는 저녁이 다가오면 미네르바의 올빼미가 날아올랐다. 원래 미네르바의 신조神鳥는 까마귀였으나, 까마귀가 미네르바의 비밀을 누설한 죄를 지어서 부엉이로 바뀌게 되었다. 이 부엉이는 원래 레스보스 섬의 뉘티메네인데, 자신의 아버지와 통정한 죄를 범하여 부엉이가 되었다고 한다. 부엉이는 이를 부끄러워하여 사람의 눈이 있는 낮에는 웅크리고 앉아지내다가 밤이 되면 비로소 활동한다고 한다. 시신경이 발달하여 밤에도 세상의 모든 곳을 살펴볼 수 있었기 때문이다, 또한 신에게 세상의 일을 알려주고 또한 신의 메시지를 세상에 전할 수 있는 미네르바의 상징이자 사자使者가 된 것이다. 어둠 속에서도 멀리 내다볼 수 있고 밤에도 깨어있는 '미네르바의 부엉이' 는 지혜의 상징인 것이다.

좌 : 미네르바의 올빼미 종   우 : 부리를 누르면 따르릉 소리가 나는
                          기계식 부엉이 종

19세기 독일 철학자 헤겔은 저서 《법철학》의 서문에 "미네르바의 부엉이는 황혼이 저물어야 그 날개를 편다"라는 유명한 경구를 남겼다. 미네르바의 부엉이가 황혼이 저물어야 그 날개를 펴는 것처럼, 철학이나 지혜는 앞날을 예측하는 것이 아니라 하루가 지나고 저녁이 되어서야 비로소 그 하루를 돌이켜보기 시작한다는 말이다. 철학이란 한 시대가 지난 뒤 그 시대에 대해 평가하고 판단을 내릴 수는 있으나, 미래를 예측하고 적극적으로 대비하도록 해줄 수 있는 것은 아니었다는 것이다. 지금 알게 된 그 무엇은 그냥 얻어진 결과가 아니라, 당시의 실패 때문에 마침내 알 수 있게 된 것이라고 설명하기도 한다. 한편으로는 학문이나 철학은 미리 본질을 알고 예측-설명할 수 있어야 함에도 불구하고, 대부분은 사태가 끝난 뒤 사후 분석이나 주석을 붙이는 것에 머물러있다는 비판이 담겨져 있다.

인간에게 큰 해악을 끼친 적이 없는 부엉이는 우리나라에서는 음흉하고 패륜의 새라는 누명을 쓰고 있었다. 그러나 어둠 속에서도 세상을 속속들이 관찰하며 새끼들을 훌륭하게 키워내는 부엉이의 이미지는 '날개달린 지혜로운 고양이'가 더 잘 어울리는 것 같다.

황혼이 저물어야 날개를 펴는 미네르바의 부엉이는 절대로 가볍게 처신하지 않기 때문이다.

2

종소리, 세상을 밝히다

딸의 작전에 넘어가 맞이한 '그녀'

집에서 멀리 떨어진 대학에 진학하게 된 딸을 학교 기숙사로 데려다 준 몇 달 후 기숙사로 옮겨 주었던 짐이 다시 집으로 배달되어 왔다. 딸은 그 주말에 버스를 타고 내려왔고, 학원에 다니면서 다시 공부해서 희망하는 대학으로 진학하겠다고 하였다. 그렇게 딸아이의 '반수半修' 수험생 생활이 시작되었고, 다시 여름, 가을이 지나고 아이는 두 번째 수능시험을 쳤으나, 첫해와 비슷한 성적을 받았다. 문과와 이과 간의 교차 지원을 허락한 현 제도에서, 문과를 선택했던 녀석이 희망했던 의과대학에 진학하기 위해서는 월등한 성적을 얻어야 했다. 그해 얻은 수능 성적은 약간 올라갔으나 시험이 비교적 쉬워서 상위 수

험생들 간의 변별력이 낮았다. 의과대학은 경쟁이 치열하였기에 문과 시험에 응시하여 얻은 성적에서 10% 감점을 받고 지원한 몇 군데의 대학 입시에서 모두 고배를 마셨다. 한 대학에서는 후보 1번까지 올라가서 내심 기대를 하였으나, 더 이상의 행운은 없었다. 아이는 신학기에 다시 그 학교로 돌아가야만 했으므로 풀이 죽어 보였다.

12월 연말 어느 날, 퇴근을 하니 집사람이 아이가 너무 의기소침하고 의욕이 없어 보이니 아이가 원하는 애완동물을 한 마리 키우자고 넌지시 이야기하였다. 하루하루 바쁘게 출퇴근하며 살아가는 우리 집 형편에 동물까지 챙길 마음의 여유가 없기에 좀 더 생각해 보자고 하였다. 이번에는 고등학교 1학년인 둘째 녀석이 찰싹 달라붙어, 언니가 저렇게 정신적으로 힘든데 좀 도와주자고 보챘다. 다음 날 아침, 출근도 하기 전에 모녀가 이구동성으로 고양이 한 마리 키워보자고 다시 애원을 하였다. 고립무원의 상태에서 하는 수 없이, 아이가 활기차게 새 출발을 할 수 있는 계기가 된다면 한번 생각해 보자고 하고는 출근하였다. 사실 나는 고양이가 무척 싫었다. 항상 무언가를 빼앗기 위해 기회를 노리는 것 같은 무서운 눈매, 할퀴면 피가 나는 날카로운 발톱, 어둠 속에서 아기 울음소리를 내 섬뜩하게 여겨지는 동물이다. 거기에는 책이나 영화에 등장하는 마귀 할머니의 품이나 어깨에 음흉한 고양이 한 마리 앉아있던 기억도 보태졌다.

그 날도 하루 일과를 바쁘게 보내고 늦은 시간에 집에 왔다. 아니, 벌써 조그맣고 흰 고양이 한 마리가 거실에서 폴짝폴짝 뛰어다니고 있는 게 아닌가? 모든 식구들이 주위에 모여들어 공을 굴리거나 끝부분에 나비가 달린 막대기로 고양이를 어루만지고 달래며 희희낙락하고 있었다. 사실 딸은 몇 주 전에 이 암컷 고양이를 사서 친구의 집에 두고는 나의 눈치를 살피며 집으로 진입시킬 시기를 엿보고 있었던 것이다. 한 해가 바뀌기 전 어느 날을 D-데이로 잡았고, 집사람과 연합 상륙작전을 개시한 지 불과 하루 만에 성공적으로 임무를 완수하였던 것이다. 아비가 반대하더라도 자기 꿍꿍이대로 하고 싶은 일은 반드시 하는 녀석에게 또다시 패배하였다.

7번째 생일에 생일 케이크를 받은 개동이

고양이를 집에 들이고는 '나오Nao' 라는 영문식 이름까지 붙여두었고, 먼저 나서서 고양이는 자기들이 책임지고 키우겠으니 걱정을 말라고 하였다. 나는 이 녀석을 '개 같은 동물' 이라고 '개동' 이라고 부르기로 했다.

다음날 오후 고양이를 살펴보니, 3개월 된 어린 고양이 녀석이 자주 '그르렁' 소리를 내고 있었다. 열이 있거나 크게 심각해 보이지는 않으나, 저녁 시간이면 사람에게서는 상기도가 막히거나 가래를 뱉지 못해 토해내는 병적인 호흡음을 발산하는 것이었다. 하는 수 없이 동물병원에 데리고 갔더니 감기라며 주사를 주기에 그런가 하고 데리고 왔다. 그날 저녁에 또다시 그 소리를 반복하였다. 다음 날 아침에 또다시 동물병원에 데리고 가서 주사를 맞혔으나 나아지지가 않았다. 저녁에 인터넷 검색으로 찾아보았더니, 고양이는 편안하거나 기쁠 때 목구멍에서 작은 모터를 돌리는 진동 소리를 낸다는 것이었다. '아는 게 병' 이라고 내과 의사인 내가 나서서 없는 고양이 병을 만들었고, 그 와중에 돌팔이 수의사를 만나 돈 들고 고양이에게는 고생만 시켰다. 또한 입양한 지 2주가 지나니, 딸 아이들의 얼굴과 팔다리에 습진과 가려움증이 생기기 시작했고, 식구 모두는 피부과에서 고양이 곰팡이균 감염으로 진단되었다. 모두는 몇 주간 항진균 연고를 얼굴과 사지에 발라야했고, 고양이는 동물병원에 데리고 가서 치료를 하였다.

옛날부터 동물은 인간을 위해 존재한다는 믿음이 많았다. 아리스토텔레스는 "식물은 동물을 위해, 동물은 인간을 위해 존재한다. 가축은 노동과 양식을 제공하기 위해, 들짐승의 대부분은 양식이나 가죽과 기타 도구 등의 쓸모 있는 물건들을 얻기 위해 존재한다."고 했다. 오늘날 인간을 위해 존재하다는 명제에 가장 부합되는 동물은 반려동물일 것이다. 하지만 반려동물은 노동, 양식, 가죽을 제공하지 않는다. 반려동물은 효용보다는 즐거움을 위해 키우는 가축이다. 실제로 대부분의 미국인들은 반려동물의 필수 조건은 효용이 아니라 무용이라고 믿고 있다. 오로지 사람의 정서적 위안을 위해 존재하고, 오늘날 반려

도자기 고양이 종.
내부에 추가 있음. 좌측 16cm, 우측 11cm

동물은 종교 다음으로 사람에게 정서적 안정을 주는 존재로 부상했다. (박민영,《즐거움의 가치 사전》)

최소 12000년 전부터 가축화되었던 개와는 달리, 고양이와 인간과의 관계는 약 5000여 년 밖에 되지 않았고, 그 대부분의 기간도 인간의 주거 구역에서 창궐하는 쥐를 잡아먹어 인간에게 식량 조달을 쉽게 해주는 '공생'의 형태로 지내왔다. 재레드 다이아몬드의 《총銃·균菌·쇠鐵》에는 '인간과 함께 살아가기에 좋은 동물은 성격이 순하고 먹이가 까다롭지 않다. 또한 인간과 같이 지내도 불안함을 적게 느끼며 인간의 손에 번식이 잘 이루어지는 동물들이다'라고 하였다. 야생에서 무리를 짓는 특성을 가진 동물은 우두머리를 따르는 습성이 있어 인간을 쉽게 따르고, 초식이나 잡식성 동물은 기르는 데 비용이 적게 든다. 육식성 동물은 인간이 먹을 고기도 부족하니 먹이를 주며 기르기엔 좋을 리도 없고 성격도 흉포하다. 그러니 개보다 작은 몸집에 사냥 본능과 공격 본능이 있고 큰 귀, 날카로운 송곳니를 갖춘 완전한 육식성 동물인 고양이를 반려동물화하는 데는 많은 노력이 들었을 것이다.

고양이와 인간과의 관계는 가족의 개념이며, 수평적인 관계가 형성된다고 한다. 고양이는 별다른 교육 없이도 자신의 주인을 어미처럼 인식하거나, 아무리 낮더라도 같은 소속으로 취급하며 서로 상부상조하는 관계이다. 상하 복종 관계가 확실한 개와 반대되는 개념이다. 개는 품에 안고 있으면 대체로 꽤 오랜 시간

얌전히 있는 편이지만, 고양이는 몇 분을 버티지 못하고 빠져 나가려고 아등바등한다. 반면에 주인이 자기를 내버려두고 다른 일에 열중할 경우에는, 안절부절못하며 주인의 주의를 끌려고 필사적이 된다. 그러나 자주 보면서 먹을 것을 주고 귀찮게 하지 않으면 고양이는 애교 부리면서 같이 놀기를 좋아하고 쓰다듬어도 가만히 있다. (네이버 카페, '고양이 기르기')

집에 고양이를 입양시키며 책임지고 보살펴겠다던 두 딸은 수도권의 대학으로 진학 후 모두 집을 떠났고, 집에는 우리 부부와 고양이만 남게 되었다. 하루 종일 인적이 없는 아파트에서 주인 노릇을 하는 녀석은 우리가 저녁에 퇴근을 하면 아파트 문 입구로 나와 뒹굴며 온갖 애교를 떤다. 그러나 참치 통조림 한 조각을 얻어먹고 배가 그득해지거나 주변에서 다른 사람의 인기척이 들리면 순식간에 몸을 숨겨 버린다. 그리고 한참이 지나 잠자리에 들 때 쯤에는 슬그머니 나타나서는 머리를 나의 다리에 문지르거나 배를 긁어달라고 보채면서 다시 그르렁거린다. 집사람은 아이 키우듯이 고양이 집, 사료, 배설물 통, 장난감 등을 사다 날랐고 녀석의 비위를 맞추는데 정성을 다했다. 이렇게 우리 집의 유일한 어린이 겸 어른 역할을 하며 산 지 10년이 되었으니 인간의 수명과 비교해 보면 50대 후반으로 가는 나와 비슷한 것 같다.

이제 나도 개동이의 눈빛을 보고 그녀가 무엇을 원하는지 알게 된 수준에 도달했고, 개동이도 언제쯤 어떻게 행동하면 원하는 것을 쟁취할 수 있을 것이라는 확신을 가지고 있는 것 같다. 나와 그녀 사이에서는 가끔 신경전이 벌어지기도 하나, 서로 암묵적으로 통하는 눈짓도 있게 되었다. 그러는 사이에, 내가 수집한 종들 중에는 언제 구입한지도 모르는 고양이를 모티브로 한 종들도 어느새 20개가 넘은 것 같다.

쟁반 위에 든 종을 받치는 청동 고양이 종, 아래에 금속 추가 있음.
Dick Spiegel 조각, 1977년. 미국

채색한 나무 고양이 종, 인도네시아 발리

'땡' 시험의 추억, 의과대학의 탁상종

근대 서양의 생활이 묘사된 영화의 장면들을 천천히 기억해 보면 귀족의 서재, 은행 창구, 그리고 격조 높은 레스토랑의 식탁에는 탁상종call bell, desk bell, table bell, hotel bell이 놓여 있었다. 탁상종은 호텔, 학교, 가게, 식당, 은행뿐만 아니라 하인이나 집사를 두고 살던 큰 저택에서 누구를 호출하거나 도움을 청하기 위하여 울려진다. 탁상종을 누르는 것은 '내가 여기에 왔으니 관심을 보여주세요.' 또는 '나는 당신의 도움이 절실히 필요하다.' 는 의사를 나타내는 것이었다. 그러므로 같은 종소리에도 상황에 따라 다양한 감정이 실려 있는 것이다. 늦은 시간에 서재에서 울려나오는 지극하고 청아한 소리는 시상을 고뇌하던 시인이 잉크를 더 보충해달라고 요청하는 소리일 수도 있고, 가게에서 손바닥으로 세게 눌러 요란하고 오래 소리를 낸 손님은 거기에 짜증스럽고 유쾌하지 않은 감정도 담았을 것이다.

좌 : 꼭지를 눌러서 소리를 내는 방식의 탁상종 Tap-type
중 : 오른 쪽의 스프링 형식의 손잡이를 당겨 소리를 내는 flicker-type bell
우 : 손잡이를 돌려서 자전거 종과 같은 소리를 내는 불사조 모양의 twist type

탁상종은 황동이나 동, 철, 주석 등의 합금으로 종체body 부분을 만들고, 위쪽의 손잡이를 누르거나 옆에 붙은 스프링으로 연결된 추를 당겨 소리를 내는 것이 일반적인 형태이다. 대부분 윗부분의 꼭지를 눌러서 종소리를 내는 형태tap, 또는 push type이나, 옆의 손잡이를 당겨서 종을 치는 형flicker type, 위의 꼭지를 손으로 돌리면 따르릉 소리가 나는 형twist type의 탁상종도 많다. 19세기 이후에는 시계를 만들던 장인匠人들에 의하여 종이 만들어지면서 시계의 톱니바퀴들이 마주 돌면서 기계적인 종소리를 만들어 내는 방법이 도입되기 시작하였다. 그것들은 자전거 종과 같이 레버를 손으로 돌리는 방식, 좌우의 손잡이를 돌리면 종의 내부에서 추가 몸체를 치는 방식, 자명종 시계처럼 꼭지를 누르면 감아둔 태엽이 풀리면서 기계음을 내는 다양하고 실용적인 기계식 탁상종mechanical bell을 소개하였다. 또한 유럽의 공예 장인들은 탁상종에 아름다운 인형 형상을 붙이고 금, 은도금을 하거나, 대리석이나 나무 받침대에 다양한 꽃으로 장식한 형태, 금속이나 당시 세상에 처음 소개되기 시작한 플라스틱으로 만든 동물 모양의 기계적 탁상종을 만들어 인기를 끌었다. 사람들의 생활이 윤택해지며, 우리 생활 용품에도 탁상종이 장착되었고, 특히 잉크스탠드, 부인들의 화장 용기나 온도계, 식탁의 양념통과 스푼걸이에 더해진 탁상종, 각종 은제품 식기나 화병과 같은 생활 소품에 장치된 다목적 탁상종도 인기가 높은 생활 예술품이었다. 19세기에서 20세기 초반에 만들어진 다양한 형태의 탁상종을 제작하는 방법들과, 종소리가 맑고 오래 지속되도록 하는 기술들은 각각 그 시기에 미국과 유럽에 특허로 등록이 되어 있기도 하다.

좌 : 잉크스탠드, 펜대 걸이 탁상종, 19세기 프랑스
우 : 독일 마이센 도자기 인형으로 장식된 온도계 겸용 여성용 탁상종, 뒤에 보이는
손잡이를 들었다가 놓으면 소리가 난다. 19세기 프랑스

　나는 유신 시대인 1976년 대학에 입학하였으니 우리나라 현대
사의 격동기 6년 동안을 의과대학에 다녔다고 할 수 있다. 재일
교포와 화교 친구 6명을 더하여 126명이 의예과에 같이 입학하
였는데, 캠퍼스의 낭만에 취하고, 세월과 불화하여 성적 관리에
부주의하였던 친구들은 의예과에서 유급되었다. 1978년 3월 의
과대학 본과 1학년에 진입하여서는 150명 이상의 학생들이 좁은
교실에서 빡빡하게 수업을 받아야했다. 의과대학은 학년 학점제
를 채택하고 있어서 1학점이라도 F학점을 받거나 전체 평균이 C
학점에 미치지 못하면 다음 학년으로 진급할 수 없었으므로 많
은 학생들이 유급되어 1학년에 남아있었던 것이다. 그해 우리 동

기들도 1학년에서 다시 54명이 탈락되었고, 다음 해 2학년에 진급했을 때에는 10여 명의 선배들이 우리와 합류했음에도 불구하고 강의실이 한산해 보일 정도였다. 이후에도 박정희대통령의 암살과 5·18 민주화운동 등으로 계엄이 선포되고 휴교가 반복되는 등의 세상의 변화에 따라 필요한 임상과목의 수업을 제대로 받지 못하였으나, 최종적으로는 112명이 졸업하였다. 지금은 본인이 희망하는 대학에 입학하기 위하여 재수, 삼수는 기본이고 나이가 많아서 입학하는 학생들도 많으나, 입학 동기생 중에는 삼수생이 두 명 있었으나 그 이상의 장수생長修生은 없었다. 우여곡절을 겪으며 같이 졸업한 동기생 가운데는 입학 동기생은 70명 정도이고, 입학기수로는 9년 선배부터 다양한 연령이 분포하고 있다. 지금은 일본에서 유명한 의사가 된 4명의 재일교포 동기들은 미숙한 국어 실력으로 의대 6년 과정을 8~10년 정도는 다녔기에 나보다 상당히 연상이다.

의과대학에서 좋은 성적을 거두기 위해서는 꾸준하게 열심히 공부하는 것이 중요하나 순간적인 집중력과 순발력도 중요하다. 자주 치러야 하는 임시 시험에서는 엄청난 분량을 암기해야 하고, 특히 2~3주간 진행되는 중간고사나 기말고사 기간에는 세상살이 모든 것에 관심을 끄고 밤 새워가며 공부에 집중해야 한다.

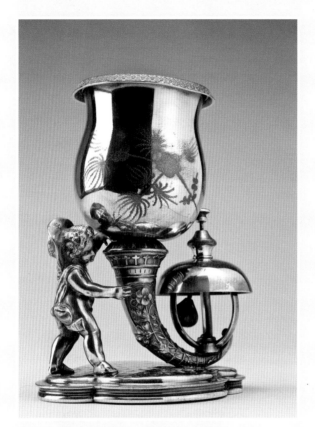

은도금한 황동 꽃병 탁상종, 19세기 미국 메리던사

그러므로 시험 기간 중 몸이 아프거나 실연의 아픔을 겪은 청춘들은 바로 혹독한 대가를 치러야 했다. 수학과 물리학에서 천재라고 불렸던 창의적인 친구들도 답답한 암기 위주의 시험과, 느긋하게 추리하고 탐구하는 과학과는 관계가 없는 이 무식한 의대 공부에 적응을 못하여 천재에서 의대의 낙제생으로 떨어지는 안타까운 일도 많았다.

낙제의 공포가 가장 극심하였던 의과대학 1~2학년에게 가장 힘들었던 과목인 해부학, 조직학, 병리학에는 소위 '땡' 시험이 있었다. 실습실에 놓인 여러 대의 현미경에는 인체의 미세구조나 대표적인 질병의 병리 소견을 보여주는 유리 슬라이드가 올려져 있어 현미경을 보고 진단과 적절한 소견을 쓰는 시험이었다. 또한 해부학 실습실의 사체에 실로 묶인 바늘 핀 끝이 가리키는 작은 구조물이나 근육, 혈관의 명칭과 기능을 기록하여야 했다. 이런 시험에서는 한 문제마다 30초~1분이 배당되고, 황동 탁상종의 '땡' 소리가 나면 다음 자리로 옮겨 다른 문제를 풀어야 한다. 그러므로 정신없이 시험을 치르고 나면 모두 얼굴이 붉게 상기되었고 시험장을 나올 때쯤에서야 못 맞춘 정답을 생각해 내고 땅을 치던 시험이었다. 일부 소심한 친구들은 현미경의 초점을 제대로 맞추지도 못 하고 당황해 하다가 답을 쓰지도 못한 채로 '땡' 소리에 떠밀려 다른 자리로 옮기는 것이 다반사였

1970~80년대에 경북의대 병리학
교실에서 사용하던 '땡' 시험용 탁상종

기에, '땡' 시험은 모든 의대 학생들을 좌절하게 하는 공포의 시험이었고, 교수 눈앞에 서서 답을 읊어야 했던 구술 시험과 더불어 두 번 다시 경험하고 싶지 않은 힘든 기억으로 남아 있다.

지금부터 거의 20년 전 어느 날, 병리학 교실 복도에서 받침대가 부러져 두 부분으로 분리된 채로 쓰레기통 옆에 던져진 황동 탁상종을 발견하였다. 수많은 학우들에게 재시와 낙제의 고통을 주었던 녀석이 거기에서 허리가 부러진 채로 최후를 맞이하고 있었던 것이다. 이른 아침 수업을 가던 중이었으나 낯익은 탁상종을 소중하게 챙겨 와서 용접을 했더니, 수십 년 전 우리를 그토록 안절부절못하게 만들던 강한 톤의 금속 종소리가 다시 울렸다. 내 기억의 창고에 보관된 이 종소리는 망치로 정수리를 내려칠 때 전해지는 두개골의 울림 정도로 아프게 기억되었는데, 이날 오랜만에 다시 들어본 탁상종 소리는 맑고 청아하였다. 종소리를 몇 번이나 반복해서 듣고 있으니, 어려웠던 학창

115

시절의 옛 추억이 떠올랐고 그 시절 나를 한없이 재촉하기만 하던 탁상종도 오랜 시간이 지나는 동안 나의 정겨운 친구로 바뀌어 있었음을 알았다. 그 이후 나의 연구실을 방문하는 대학 친구들에게 이 종소리를 들려주면 모두 슬그머니 자기만의 옛 기억을 하나 둘 회고하는 것이 아닌가? 힘들었지만 지나고 나니 보람되고 아름다운 추억에 관하여 이야기를 하였다. 오랜 시간이 지나면 자기에게 유리하고 즐거운 기억만 선택적으로 남기는 경향이 있다는데, 우리 뇌의 해마가 그 기능을 제대로 수행하고 있는 것 같다. 나도 이 황동 종을 보면서 새삼 추억은 모두 소중하고 아름다운 것이며 모든 것이 마음먹기에 달렸다—切唯心造 일체유심조는 것을 다시 깨닫고 있다. 세상에 변하지 않는 것은 아무 것도 없었던 것이다.

아르누보 탁상종. 막대로 치는 형식. 1800년대 후반. 유럽

산타클로스와 벨스니켈

크리스마스가 다가오면 어린이들은 루돌프 사슴이 끄는 썰매를 탄 산타클로스 할아버지가 평소에 갖고 싶던 선물을 주고 갈 것이라 믿고 있다. 나는 산타클로스의 선물을 받아본 적이 없다. 그러나 아이들을 키우면서 몇 번은 산타클로스의 역할을 하였던 것 같다. 미국에서 지내던 시절에는 이웃집 할머니로부터 산타클로스가 집에 다녀갔다는 표시를 남기는 기발한 방법을 배우기도 했다. 아파트 문 입구에서 거실의 크리스마스트리까지 들어오는 길에 밀가루를 곱게 뿌려, 밤새 산타클로스 할아버지가 오셔서 하얀 발자국을 남겼음을 보여 주는 것이다. 다음날 아침에 아이들은 선물을 받고, 산타클로스의 발자국을 보고, 고개를 갸우뚱하면서도 매우 행복해 했다. 그러나 아이들도 언제부터는 산타클로스의 존재를 믿지 않게 되었고, 나도 산타의 역할을 할 필요가 없어졌다.

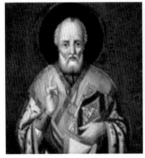
성 니콜라스의 초상화

돈주머니를 던져주는 니콜라우스, 마사치오 그림

산타Santa란 이탈리아어로 '성인Saint'을, 클로스Claus는 니콜라스Nicholas라는 이름을 뜻하며, 지금의 터키인 소아시아의 파타라 시에서 태어난 '성 니콜라스' 서기 270 ~ 314년로부터 유래되었다. 그는 어려서 부모를 잃었지만 굳건한 신앙인으로 성장하였고, 후일 미라 지방의 주교가 되었다. 그는 평생 남몰래 많은 선행을 베풀었다. 가난한 사람들에게 먹을 것을 주고, 어린이들에게 선물을 나누어 주었다. 해적에게 인질로 잡혀 있던 어린이와 뱃사람을 구하기 위해 교회와 자신의 재산을 모두 털어 인질들과 맞바꾸었다고 한다. 특히 돈이 없어서 결혼을 못하고 사창가로 팔려나갈 위기에 있던 세 처녀의 집에 결혼 지참금으로 세 자루의 황금을 넣어주기도 하였다. 그러나 그는 겸손하였으므로 자신이 가난한 사람들을 돕는 것을 알려지지 않게 하였다. 성 니콜라스의 이야기는 노르만족에 의해 유럽에 알려졌다. 교회에서 기념하는 성 니콜라스의 공식 축일은 12월 6일이다. 12세기 초부터 프랑스 플랑드르의 수녀들이 그 하루 전날인 12월 5일에 가난한 어린이들에게 선물을 주는 풍습이 생겨났다고 한다. 지금도 유럽에는 12월 6일이 되면 '니콜라스마스'라며 학교와 가정에서 초콜릿과 귤 등의 선물을 나눠준다고 한다. 이 풍습을 '신터클라스'라고 부르던 네덜란드인이 신대륙으로 건너가 정착한 후에도 계속하였기에 미국에서 '산타클로스'가 탄생한 것이다. 최종적으로는 미국인들이 오늘날의 산타클로스 이야기를 완성하였고, 지금의 '산타'로 재창조한 것이다.

산타클로스 청동 종
1989년 제리 발란타인 작, 미국

현재처럼 어린이들에게 선물을 전달하는 산타의 모습은 북유럽에서 구전되었다. 오딘과 토르의 전설이 미국의 산타클로스와 결합하면서 생겨난 것이다. 오딘과 토르는 말과 염소를 타고 선물을 나눠주는 바이킹 전설 속의 신이었다. 오딘은 긴 수염을 휘날리는 노인으로 여덟 개의 다리를 가진 말인 슬레이프니르를 타고 하늘을 가로지르며 전사들을 이끌고 다녔다. 북유럽의 아이들은 밤에 슬레이프니르를 위해 장화에 당근을 넣어 굴뚝이나 집 밖에 매달아 두었고, 오딘은 답례로 선물을 넣어주었다는 겨울 풍습이 있었다. 선량한 노인, 하늘을 나는 동물, 겨울밤에 선물을 주는 사람이라는 공통점이 성 니콜라스와 북유럽의 신 오딘이 섞여지며 기독교의 상징으로 된 것이다.

독일과 몇몇 나라에서는 성 니콜라스나 오딘이 어린이 훈육의 수단으로 이용되기도 하였다. 모두에게 따뜻한 선물을 주는 선행에 비하여, 착한 일을 하는 아이들에게 '상'을 준다는 생각을 넣은 것이다. 미국 초기의 산타 이야기에도 못된 아이에게는 아예 선물을 주지 않거나, 양말에 석탄이 들어 있었다는 내용도 있었다. 이러한 과업을 위해 산타클로스의 고상한 이미지는 유지하며, 나쁜 행동을 한 아이들에게는 벌을 주는 산타의 '검은 도우미'들이 만들어졌다. 독일의 '크람푸스Krampus'와 '벨스니켈Belsnickel'은 모습이 다른 두 캐릭터들이었다. 크람푸스는 염소뿔이 난 흉악한 얼굴에, 다리에는 검은 털이 숭숭 난 악마로 등장했다. 나쁜 짓을 한 아이들을 회초리로 때리고 자루나 소쿠리에 넣어 지옥으로 데리고 간다고 알려져 있다. 지금도 독일과 오스트리아에서는 크리스마스 시즌에 성 니콜라스와 함께 크람푸스로 분장한 청년들이 거리를 돌아다닌다. 그에 비하여 벨스니켈은 모피 옷으로 치장한 인간적인 모습이다. 벨스니켈은 독일어 pelzenbelzen, 작대기로 때리다과 Nickel니콜라우스의 애칭의 합성어이다. 그는 크리스마스 1~2주 전에 나타나며, 어린이들이 어떤 잘못을 했는지를 정확하게 알고 있다고 한다. 누더기 옷을 입은 누추한 모습을 하고 한 손에는 작은 회초리를 들고 있다. 아이들은 회초리를 든 벨스니켈을 보고는 먼저 도망갈 수 있으나, 그의 모습에 겁을 먹고는 착한 일을 하게 되는 것이다. 그 덕분에 크리스마스에는 산타로부터 선물을 받게 된다. 그러나 미국에서는 아이들을 혼내 주는 크람푸스나 벨스니켈은 사라지고 현재와 같이 산타만 남게 되었다.

카스턴 피터스가 촬영한 독일 바바리아의 성 니콜라스와 크람푸스 행렬. '벌 주는 산타클로스', 시바우치 블로그에서

원래 날렵하고 키가 큰 성 니콜라스가 통통한 볼에 뚱뚱한 모습의 산타클로스로 변한 것은 1860년대에 잡지에 성탄절 삽화를 그리던 만화가 토마스 내스트가 만든 것이다. 현재처럼 산타가 완전히 빨간 옷을 입게 된 것은 1931년에 산타가 코카콜라 선전에 등장되고 부터이다. 코카콜라사는 가을이면 급감하는 코카콜라의 판매량을 증가시키기 위하여 미국의 화가 선드볼럼에게 의뢰하여 이 광고를 만들었다고 한다. 코카콜라의 로고색인 빨간색의 옷과 콜라의 거품을 연상시키는 흰 수염의 상상 속 산타할아버지를 그린 것이다. 루돌프 사슴도 처음부터 산타와 같이 등장한 것은 아니다. 북유럽 신화에서 염소나 순록이 끄는 썰매에 선물을 가득 싣고 다니는 모습으로 변화되었다. 이 풍경은 1822년 미국 신학자 클레멘트 무어가 쓴 〈성 니콜라스의 방문〉이라는 시에서 처음 소개되었다. 선물을 배달하며 "메리 크리스마스!" 라고 즐겁게 외치는 산타클로스의 모습은 미국 작가 워싱턴 어빙의 작품에 처음 등장하였다고 한다.

1986년 아이를 키우기 위해 두 개의 직장을 왕복하며 힘든 생활을 하던 싱글맘 린다 린퀴스트 발드윈은 우연히 벼룩시장을 방문하게 된다. 거기에서 요양원으로 들어가기 전에 아끼던 물건들을 팔던 한 할머니로부터 오래된 독일의 벨스니켈Belsnickles 산타 공예품에 관한 책을 구입하게 된다. 그녀는 당시 야간 대학에 등록하며 예술을 배우던 중이었는데, 그 책에 감명을 받아서 오래된 신문지에 물, 그리고 아교를 넣어서 독일식 산타 인형들을 만들어 보기로 결심한다. 그것을 판매하여 가족 생계에 도움이 되었으면 하는 생각으로 다양한 산타클로스들을 만들기 시작한 것이다. 마침내, 그녀가 만든 산타에는 진짜 미국 동전인 '니켈(5센트 동전)'을 한 개씩 넣은 후, '벨스니켈 산타Belsnickle Santa'라는 이름을 붙였다. 독일의 벨스니켈 산타는 조금 다른 의미였으나, '니켈'을 넣은 종을 만들어 '니켈'과 '종bell'을 합했다는 의미로 같은 이름을 붙인 것이다. 1992년에 첫 번째로 완성된 산타는 조금은 엉성한 모습이었으나, 그 지방의 아트 전시회에 한 개에 6달러의 가격으로 출품하게 된다. 그녀의 작품은 인기를 끌어 단숨에 매진이 되었고 그 다음부터는 종과 함께 각종 산타 인형들도 제작하게 된다. 매년 그녀가 소개하는 산타는 성경의 '오병이어五餠二魚'를 연상시키는 물고기 두 마리를 낚은 산타와 같이 다양한 내용을 담고 있다. 실내 장식품 회사 에네스코는 1996년부터 그녀의 독특한 산타클로스 조각품들의 판매권을 구입하여 판매하기 시작하였고, 그녀는 전국적으로 유명해졌다. 그녀의 첫 산타 작품은 지금 6,000불 이상을 호가한다. 2002년부터는 '린다린퀴스트발드윈lindalindquistbaldwin' 이라는 회사를 설립하고 산타를 만들고 있고, 매년 수백만 달러의 매출을 기록하고 있다. 그녀가 만든 벨스니켈 산타 종에는 사진에서 보는 바와 같이 매년 독특한 분위기를 담았고, 방울 추가 달린 곳에는 니켈 동전이 붙어있다. 산타와 벨스니켈의 이야기를 바탕으로 자기만의 영역을 창조한 싱글맘이었던 린다의 이야기는 신선한 감동을 주고 있다.

린다린퀴스트발드윈의 산타클로스

미국과 소련의 냉전이 한창이던 1961년, 미국의 8세 소녀 미셸은 소련이 북극에서 핵실험을 한다는 뉴스를 보았다. 즉시 케네디 대통령에게 "북극의 산타가 위험하니 핵실험을 막아주세요."라는 편지를 보냈다. 대통령은 "미셸, 산타를 위태롭게 하는 핵실험을 막으려는 네 편지를 받고 기뻤다. 어제 산타와 전화 통화를 했는데 그 분은 무사하단다. 곧 크리스마스 선물을 나누어주러 오실 거야."라는 편지를 보냈다는 기사를 보았다. 누군가는 '인생은 산타클로스의 존재를 철석같이 믿다가, 그 다음은 그의 존재를 도저히 믿을 수 없는 시기로 지낸다. 그러다가 스스로가 그가 되는 것이다' 라고 하였다. 오늘 밤에도 기꺼이 산타클로스가 되고자 하는 부모들의 웃음이 곳곳에 넘쳐나고 있다.

　"메리 크리스마스!"

술주정꾼의 망토

동서양을 막론하고 상습적인 주취자酒醉者는 예로부터 큰 골칫거리였다. 우리나라는 범법자라도 주취 상태에서 한 일이라고 호소하면, 자신을 조절할 수 없는 상태에서 한 행동이라 하여 관대하다. 남자라면 어느 정도 술을 마셔야 호연지기를 지닌 것이라 판단했고, 주취 상태에서 한 행동을 처벌하는 것은 인정미가 없다고 생각하였다. 반복되는 주취의 원인도 불가항력의 힘이 지배하는 사회구조 때문에 어쩔 수 없다고 자신을 변명한다. 현진건의 소설 〈술 권하는 사회〉는 일제강점기 조선의 지식 청년이 절망으로 인하여 술을 벗 삼게 되어 주정꾼으로 전락하게 되고 그 책임은 울분을 이기려면 술이라도 마셔야 하는 사회에 있다고 한 내용이었다.

'술주정꾼의 망토 Drunkard's Cloak Man' 라고 불리는 황동 종은 19세기 후반 영국에서 만들어진 높이 13cm, 직경 6.5cm, 무게 1kg의 묵직한 금속 종이다. '주정꾼의 망토' 는 술을 마시고 고주망태가 되어 난동을 부리는 사람들에 대한 영국의 징벌 도구였다. 주정꾼을 나무 술통에 넣고 팔다리와 머리 부분만을 밖으로 낸 모습으로 마을을 행진하도록 하였다. 동네 사람들은 주정꾼에게 야유를 퍼부었고, 동네 아이들은 죽은 고양이나 썩은 음식물을 던지며 주정꾼을 경멸하였다고 한다. 실제로 이 종의 몸체에는 죽은 고양이와 음식물 찌꺼기가 조각되어 있다.

'술주정꾼의 망토' 종. 높이 13cm, 무게 1kg, 19세기, 영국 제작

그리스 로마시대에는 고통을 주는 형벌이나 고문은 오직 노예들에게만 허용이 되었다. 그 이후부터는 정보를 얻거나 범죄 자백을 받을 때, 범죄자를 처벌할 때, 그리고 공포를 주기 위하여 또는 개인적인 증오심을 채우기 위하여 광범위하게 행하여졌다. 중세 유럽에서는 자백을 받기 위하여 법정에서도 고문을 하였고, 교회에서도 고문이 거행된 경우가 많았다. 신에 대한 불경죄나 왕에 대한 모반죄에는 항상 고문이 자행되었다고 한다. 그 결과, 재판에서 판결이 나기도 전에 고문으로 목숨을 잃는 사람들도 많아졌다. 기원전 3세기 스파르타의 폭군 나비스는 그를 반대하는 사람들을 고문하면서 "나는 그대를 설득할 만한 재능은 없으나, 나의 고문 도구는 그대를 설득시킬 것이다"라고 하였다.

잔인한 처벌이나 고문 방법들을 보면, 인간이 저렇게 잔인할 수 있을까? 하는 의문이 들만큼 상상을 초월하는 방법들이 많다. 인간의 영리함과 악마성이 합해져서 만든 잔혹한 방법들이었다. 서양에도 우리나라의 '능지처참형' 이상의 잔인한 형벌들이 많았다. 프랑스의 '수레바퀴 파열형'은 죄인을 X-자의 십자가에 눕히고 팔다리를 네 개의 기둥에 묶었다. 집행인은 철봉으로 죄인의 팔다리에 일격을 가하여, 손발을 부스러지게 한다. 그 후 죄수의 육체를 수레바퀴에 옮겨 구경꾼들이 잘 볼 수 있도록 차축으로 회전시켰다. 살아있는 사람에게 사용한 '사지 절단 톱'

은 도끼보다 서서히 사지를 절단하므로 통증도 더 심하고 굉장한 공포를 주던 형벌이었다.

　종교적 이단자는 화형이 일반적인 처단 방법이었으나, 아래의 그림에 보이는 '유다의 의자'라는 기구가 사용되기도 하였다. 예수를 배반한 유다 만큼이나 잔인한 형벌을 주는 것이다. 공중에서 줄에 묶인 죄수는 항문에 뾰족한 부분이 찔린 채로 목숨을 잃어간다. 부녀자들의 종교재판에서는 '거미'라는 도구가 이용되었다. 손톱 모양으로 굽어진 긴 쇠못이 붙어 있는 두 철봉이 거미발처럼 생긴 것이며, 이것으로 유방을 바깥에서부터 짜듯이 찢는 참혹한 기구였다. '두개골 분쇄기'는 원추형으로 금속 프레스 기기와 유사하게 생겼다. 이것을 머리에 쓰고 턱밑에 끼워 넣어 철판과 연결시킨 다음 강하게 죄면 턱에서 이가 빠져 나올 정도로 압박이 가해진다. '쇠 국자'라는 도구는 끓는 납이나 아스팔트를 목으로 퍼붓는 기구였다.

유다의 의자(Juda's chair)
위키피디아 자료

창피를 주는 것이 목적인 인도적인 형벌 도구들도 있었다. 반복적으로 술에 취하여 행패를 부리는 사람을 처벌하기 위하여 고안된 '주정꾼의 망토'가 대표적인 것이었다. 이 기구는 16세기 영국 엘리자베스 1세 때부터 19세기까지 사용된 나무 술통 도구였다. 술통에 구멍을 뚫어 사람의 머리와 양쪽 팔은 바깥으로 나오게 하였다. 주정꾼은 이 통을 뒤집어쓰고 하루 종일 마을을 돌아다니도록 하였다. 마을 사람들은 그에게 치욕적인 말이나 행동을 하였다. 통 속에 갇혀 본 자는 부끄러움으로 더 이상 술을 마실 수 없었다고 한다.

영국에서는 1551년 '선술집 법alehouse act'에 의하여 '주취'가 공공범죄로 지정되었다. 올리버 클롬웰의 공화정 시절에는 왕당파 지역에 많았던 영국식 맥주집을 탄압했는데, 이것은 그 시절 주취자에 대한 처벌 기구였다. 1655년 랄프 가드너는 '영국의 슬픔'을 읊으면서 이러한 처벌을 받는 술주정꾼의 모습을 처음 기록하였고, 후일 그림으로도 소개되었다. 영국에서는 뉴캐슬 지방에만 국한되었지만 유럽에도 전파되어 '술통 칼barrel pillory: 죄인의 목에 씌우는 칼, 뉴캐슬의 망토, 스페인 망토'라고도 불려졌다. 영국 외의 다른 나라에서는 다른 죄를 범한 죄수에게도 가끔 사용되었다. 네덜란드의 델프트시의 상원은 한꺼번에 두 명의 남편을 거느렸던 대범한 여성에게 이와 유사한 '나무로 만든 버터

좌 : 주취자의 망토가 묘사된 18세기 삽화. 중 : 밀납 인형. 우 : 미국의 주취자 표지 'D'

통'을 씌운 뒤에 마을에서 행진하게 하여 그녀의 불륜을 속죄하
게 하였다는 기록이 있다.

'주정꾼의 망토'는 미국으로도 전해졌고, 남북전쟁 중에는 범
법자를 놀리는 처벌 방법으로 사용되었다. 범법자를 한쪽을 잘
라낸 오크나무 술통에 넣고 머리를 위쪽으로 내어놓은 상태로
쪼그리게 하면, 그 모습이 계란에서 반쪽만 부화된 병아리의 모
습과 같았다고 조소를 보냈다고 한다. 이 징벌은 20세기 들어서
도 미국의 몇몇 감옥에서 행하여졌다. 위의 사진은 1932년 플로
리다 주의 선빔 감옥소에서 사용된 '주취자의 망토'를 밀랍으로
재현한 것이다. 한편 1800년대 후반 미국에서도 늘어나는 주취
자들의 행패가 사회적으로 문제가 되었는데, 단속된 주취자에게
는 상습적인 술주정꾼임을 뜻하는 영어의 첫 자인 "D"drunkard라
는 큰 글씨를 목에 걸고 다니게 하였다.

이와 같지는 않았으나, 독일에는 13세기부터 '치욕의 통 Schandmantel, 치욕의 망토'이란 도구가 사용되고 있었다. 나무통에 금속판을 대어서 만든 도구로써 죄인은 이 통을 몸에 걸치고 거리를 행진하였다. 주로, 밀렵꾼들이나 창녀들을 처벌하는 도구였는데, 동네 사람들은 행진하는 범법자를 경멸하며 썩은 야채나 음식물 찌꺼기를 던졌다고 한다. 일부 지방에서는 창피를 주는 목적에 육체적인 고통을 더하기 위하여, '치욕의 통'을 쓴 죄수의 목에 돌 원판을 씌워 중량을 더하기도 하였다. 또 다른 유사 처벌인 '스톡stock'은, 지금의 광고판을 맨 '샌드위치 맨'처럼 범법자의 앞뒤로 두꺼운 나무판을 씌우고 다리를 쇠사슬로 묶은 형태였다. 우리나라의 옛날 감옥에서 죄수들이 차던 목칼과 같은 도구도 있었다. 목칼을 채우고 손을 묶은 상태에서 공공장소의 기둥에 오랜 시간 묶어 두었다고 한다.

여성을 대상으로 한 '브랭크brank'도 비슷한 개념이었다. 말을 함부로 하거나, 남을 험담하는 여자를 처벌하는 도구였다. 쇠 창틀 속에 범법자의 머리를 넣고 입에는 뾰족한 금속 재갈로 혀를 찌르게 한 도구이다. 브랭크는 줄로 연결되어 있어서 뒤에서 호송하여 동네를 걷게 되는데, 어느 일정한 장소에 도달하면 기둥에 묶어 두어서 그녀에게 모멸스런 말을 들은 사람들이 그녀에게 분풀이를 할 기회를 주었다.

영국은 1689년 가장 먼저, 잔인하고 비정상적인 방법으로 고문하는 것을 금지하는 법령을 공표하였다. 그러나 교황은 1816년에서야 고문 금지 명령을 내렸고, 프랑스에서는 1870년까지도 고문이 자행되었다. 1948년 유엔은 인권선언을 통하여 유엔 가입국의 고문을 금지하였다. 현대 문명사회에는 과거에 행하여지던 잔인한 체벌들은 사라지고 있다. 개인적으로 형벌을 가하는 것이 금지되었고, 사소한 범죄로 사형에 처하는 것도 없어졌다. 마구간에 죄인을 넣는 대신 일정한 시설이 갖추어진 감옥에 가두어 두고, 간수들도 훨씬 인도적이 되었다.

그러나 '술주정꾼의 망토'를 경험하지 못한 우리나라에서는 술을 잘 마시지 못하는 것이 출세의 장애가 된다고 생각하는 사람들이 여전히 많다.

좌 : 치욕의 통. 우 : 여성을 처벌하던 브랭크

서울, 서울, 서울 5000년 역사를 바꾼 그 날

　　오천 년 역사 상, 우리나라의 존재감을 전 세계에 가장 뚜렷하게 남긴 단일 사건으로 1988년 서울올림픽이라는 데 모두가 동의를 할 것이다. '88 서울올림픽' 은 우리나라의 이미지를 '전쟁으로 폐허된 가난한 나라', '분단국가', '군사 독재 국가' 에서 '경제 발전과 민주화를 모두 이룬 나라' 로 긍정적인 면을 부각시켜 준 역사적인 사건이었다. 올림픽을 계기로 경기장뿐만 아니라 동네(송파구 오륜동)가 건설되었으며, 한강이 정비되어 강을 따라 올림픽대로가 개통되는 등 서울은 국제도시의 면모를 갖추었다. 전 세계의 시청자는 TV화면으로 올림픽 스타디움에서 펼쳐지는 화려한 부채춤의 향연을 보며 한강의 기적을 처음으로 목격하였다고 한다.

우리나라 역사상 최대의 축제를 준비하기 위하여, 정부와 민간, 기업 모든 분야가 총력을 기울였다. 나는 88 올림픽과 86 아시안 게임이 있었던 3년 동안에 군복무를 하였는데, 군에서도 큰 변화가 있었다. 강원도 비무장지대에서 군의관으로 생활하던 시절에는 한 주씩 밤낮을 바꾸어 생활하는 '주야간 적응 훈련'을 몇 차례 하였던 기억도 있다. 연유는 모르겠으나, 밤이 되면 불빛이 새어나가지 않게 차양막을 치고 일했고 한밤중에 점심 식사를 하였다. 그러나 해가 뜬 이후에도 차양막을 내린 상태에서 억지로 잠을 청하나, 잠은 오지 않고 누워있으니 배에서 '꼬르륵' 거리는 소리가 났다. 여름에 일과를 한 시간 일찍 시작하는 '서머 타임제'도 이때 처음 시작되었다. 올림픽을 앞두고 폭탄 테러나 국적 항공기 피격 사건도 있었지만, 휴전선에는 남북 공히 확성기 방송을 통한 심리전도 활발하였다. 당시 휴전선의 북쪽 확성기는 몇 차례나 김일성이 사망하였다는 소식을 전하였다. 덕분에 완전 군장 차림으로 비상근무에 들어갔다가 심리전이라고 결론이 나면 다시 일상으로 복귀하곤 하였다. 김일성은 올림픽이 끝난 6년 뒤에 사망하였다. 올림픽 전에는 민주화의 열풍으로 인한 정치적 혼란을 이유로 올림픽 개최권이 반환된다는 이야기도 있었으나, 6.29 선언으로 마무리되면서 1988년 서울에

GAMES OF THE XXIVTH OLYMPIAD SEOUL 1988

88 올림픽 휘장과 마스코트 호돌이, 그리고 켈로그사의 캐릭터 토니

서 올림픽이 개최된 것이다.

　'서울올림픽'과 '아시안 게임'의 공식 마스코트는 귀여운 한국 호랑이를 모델로 한 '호돌이'였고, 여성 호랑이 '호순이'도 만들어졌다. 디자이너 김현의 작품이었고, 상모를 한 농악대 차림인 호돌이의 상모 끈은 'S'자 모양을 하고 있는데 서울의 영문 첫 자를 표현한 것이다. 디자이너가 처음 제출한 그림이 마스코트로 확정되어 각종 상품에 캐릭터로 등장하였다. 올림픽 정식 종목과 시범 종목을 망라한 모두 28종목의 호돌이 또는 호순이 마스코트가 제작되었다. 호돌이가 공식적으로 사용되기 전에 예기치 않은 시련을 겪기도 했다. 미국의 시리얼 제조사 켈로그는 호돌이가 자사의 광고 캐릭터인 '토니'와 유사하다는 소송을 제기하였다. 결국 서울 올림픽조직위원회가 한국에 판매되는 타사의 시리얼 푸드에는 호돌이를 사용하지 않겠다고 약속을 하고서

야 소송이 마무리되었다. 우리 정부는 올림픽 개최 전 매월 15일을 '호돌이의 날'로 지정해 여러 문화 행사와 시민 참여 캠페인 등을 열었다.

여기에 소개하는 것은 서울올림픽 공식 기념품인 호돌이, 호순이를 주제로 한 다섯 종류의 에나멜 금속 종이다. 곰방대를 문 호돌이 영감과 신부 호순이, 부채춤 추는 호순이, 금메달리스트 호돌이가 금속 종의 손잡이로 만들어졌는데, 다른 나라의 종들과도 비교하여도 손색이 없는 앙증맞고 예쁜 종이다. 우리나라에서 만든 올림픽 공식 기념품이나 이 종은 미국 LA의 수집가로부터 구입하였다. 우리의 일상생활에서 종이 사용되지 않으므로, 대부분 수출이나 외국인에게 판매용으로 제작된 것이다. 그러므로 가끔은 우리나라에서 만든 종들을 외국에서 역수입하는 경우도 있다.

88 서울올림픽 공식 마스코트 호돌이 종

88 서울올림픽은 1979년 9월 서울시장의 올림픽 유치 기자회견으로 시작되었으나, 박정희 대통령의 사망 후 관련 인사들이 사라지며 잊혀진다. 그러나 제5공화국이 국민들의 마음을 얻으려고 스포츠를 장려하면서, 올림픽 유치 계획은 다시 살아나게 된다. 경쟁 상대였던 일본 나고야는 1977년부터 올림픽 유치를 준비해 왔기에 서울로서는 승산이 없다고 예측되었고, 남덕우 국무총리와 서울시는 과도한 예산 부담을 이유로 반대하고 나섰다. 88년 올림픽 유치에 실패하여 나고야가 개최 도시가 된다면, 대륙 간 안배 원칙으로 가까운 시기에는 아시아에서 다시 올림픽이 열리기는 어려웠다. 또한 20세기가 지나면 중국이 부상할 것이므로 우리나라의 개최는 더욱 어려워질 것이라고 예측되었기에 정부는 유치에 온 힘을 다하기로 결정하였다. 정부는 노태우 정무장관과 정주영 현대회장을 앞세우며 본격적으로 유치전에 뛰어들었다. 느긋하게 준비하며 승리를 자신하던 일본에 비하여 엄청난 노력을 하였다.

마침내 1981년 9월 30일 서독의 바덴바덴에서 열린 IOC 총회에서 서울은 일본의 나고야를 52대 27로 물리치고 88년 올림픽의 개최지로 결정되었다. 당시 급성장하는 일본을 경계한 서방 국가들과 비동맹 제3세계 국가들의 지지로 압도적인 결과가 나왔다고 분석되었다. 또한 일본의 표밭이었던 유럽 국가의 공략

서울올림픽 잠실 주경기장

올림픽 개막식

은 독일의 스포츠 용품회사인 아디다스의 역할이 컸다. 아디다스는 독자적인 브랜드가 많은 일본보다 한국을 선호하였고, 덕분에 88 올림픽에서 많은 혜택을 받았다고 한다.

제24회 서울올림픽은 88년 9월 17일부터 15일 동안 '화합과 전진'의 슬로건 아래 역대 최대인 160개국에서 8,391명이 참가하여 263개의 금메달을 놓고 승부를 펼쳤다. IOC 회원국 대부분이 참가한 역대 최대 규모의 올림픽이었다. 1976년 몬트리올 올림픽은 남아프리카 공화국의 인종차별 문제로 아프리카 국가들이 참가하지 않았다. 80년 모스크바 올림픽과 84년 LA 올림픽에서도 소련의 아프가니스탄 침공을 놓고 서방과 공산 진영이 각각 불참하면서 반쪽 대회가 되었었다. 물론 우리나라도 모스크바 대회에 참가하지 않았다.

88 올림픽에서 공산 진영의 참가는 매우 중요하고 민감한 문제였다. 당시 우리나라는 대부분의 공산국가들과 외교 관계를 수립하지 못한 상태였는데, 공산국가들의 올림픽 참가를 유도하기 위하여 많은 노력을 하였다. 마침내, 84년 LA 올림픽에도 참가하였던 중국과 2회 연속 올림픽 불참이 어려웠던 스포츠 강국 동독이 참가를 선언하게 된다. 그러나 소련의 참가 여부가 불투명하여 동유럽 국가들과 다른 친소 국가들의 참가 결정은 쉽지

않았다. 조직위원회는 소련의 설득에 최대의 노력을 하였다. 마침내 소련이 참가 선언을 하자 헝가리, 폴란드, 체코, 몽골, 라오스, 베트남과 친북 성향의 아프리카 국가들도 참가하기로 결정하게 된다. 그러나 많은 노력에도 불구하고 북한이 최종적으로 불참하였고, 쿠바, 알바니아, 마다가스카르 등의 공산국가도 동조해 불참하였다. 에티오피아, 니카라과, 캄보디아는 자국의 사정으로 참가하지 않았고, 인종 차별 정책으로 IOC에서 축출된 남아공화국은 참가할 수 없었다.

개막식 입장은 한글 'ㄱㄴㄷ' 순대로 진행되었으며, 올림픽의 기원이 된 그리스에 이어 가나가 2번째, 홍콩이 159번째, 그리고 마지막에 개최국 대한민국이 입장하였다. 개막 행사 중에는 윤태웅 소년이 홀로 굴렁쇠를 굴리며 운동장 한가운데로 들어와서 관중들에게 손을 흔드는 퍼포먼스가 강한 인상을 남겼다. 이는 전쟁의 잔상이 강했던 한국에 대하여 평화의 이미지를 강조시켜주고 동서양의 화합과 평화를 소망한다는 의미에서 기획되었다고 한다.

모든 언론은 일장기 말소 사건의 주인공인 손기정이 올림픽 성화의 최종 점화자라고 예상하였으나, 그는 최종 봉송 주자였다. 점화는 노태우 정부의 슬로건인 '위대한 보통 사람들의 시대'에 맞춰 평범한 서울 시민들이 선발되었다. 88올림픽의 성화

개막식의 굴렁쇠 소년 윤태웅과 최종 성화 봉송 주자 손기정

는 사상 최초로 계단이 아닌 엘리베이터로 운송된 후 성화대에
점화되었다. 점화한 불꽃이 갑자기 강하게 솟아오르는 바람에
성화대에 앉았던 비둘기들이 '통구이'가 되었다는 후일담도 있
다. 88 올림픽에서 한국은 금메달 12개를 획득하여, 소련, 동독,
미국에 이어 메달 순위 4위에 올랐다. 유도, 레슬링, 권투에서 많
은 메달을 획득했고, 양궁의 김수녕은 우리나라의 첫 2관왕이 되
었다. 여자 핸드볼 팀은 한국의 구기 종목 사상 처음으로 금메달
을 획득하였다.

88 올림픽의 최다 금메달리스트는 남자 수영 5관왕인 미국의
맷 비욘디와 여자 수영 6관왕인 동독의 크리스틴 오토였다. 역도
55kg급에서는 터키의 나임 술레이마놀루가 우승했다. 오랫동안
인간은 자기 몸무게의 3배 이상은 들 수 없다고 믿어져왔으나,
그는 용상에서 자기 몸무게의 3.18배(190kg)를 들어서 세상을

놀라게 했다. 캐나다의 벤 존슨은 100m 달리기에서 세계 신기록을 세우며 우승했으나, 도핑 테스트에서 금지 약물인 단백동화 스테로이드가 검출되어 실격 당하였다. 대신 미국의 칼 루이스가 LA 올림픽에 이어 2회 연속 금메달을 땄다. 미국의 그레그 루가니스는 남자 다이빙 경기 중 뒤로 돌기를 하다가 스프링보드에 머리를 부딪치며 피를 흘리는 사고를 당하고도 2종목 모두에서 금메달을 획득하여 감동을 주었다. 그러나 훗날 그는 자신이 AIDS에 감염되었다고 고백하였는데, 그와 같이 경기한 많은 선수들은 감염에 대하여 걱정하였고 사회적으로도 논란이 되었다. 88 올림픽에서는 탁구가 처음으로 정식종목이 되었고, 태권도가 처음으로 시범종목으로 채택되었다. 테니스는 64년 만에 다시 정식종목이 되었는데, 독일의 스테피 그라프가 여자 단식에서 우승하였다.

당시 편파 판정이 문제가 되기도 했는데, 한국의 박시헌이 출전한 복싱 미들급의 결승전은 많은 논란을 일으켰다. 미국의 로이 존스 주니어에게 일방적으로 밀린 경기를 하고도 승리의 판정을 받은 것이다. 박 선수 본인도 "조국이 나의 은메달을 뺏어갔다."며 자신의 패배를 시인했다는 이야기가 있을 정도로 최악의 판정 중의 하나로 꼽혔다. 존스는 강하게 항의했으나 번복되지 않았고, 그는 프로로 전향하여 세계 챔피언이 되어 명예를 회

최초로 자기 몸무게의 3배 이상을 들어 올린 술레이마놀루, 신장 150cm

복하였다. 88 서울올림픽으로 우리 국민들의 나라에 대한 자긍
심이 높아졌고, 해외여행도 자유로워졌다. 자가용을 소유한 중
산층이 증가하였고, 국민들은 점차 레저에 관심을 두게 되었다.
그러나 급속한 경제 성장의 후유증을 대비하지 못하여 IMF 사태
의 시발이 되었다는 지적도 있다.

어제 같았던 88년 올림픽과 호돌이에 대한 추억도 이제는 가
물가물해지고 있다. 한밤에 휴전선 철책을 따라 순찰을 나섰던
순간들도 나의 기억 창고에 30년 전의 어느 한 순간으로 박제화
가 되어 있다.

스코틀랜드의 영웅 '롭 로이'와
나의 친구 '로베르 롸'

미국에서 가장 신뢰받지 못하는 직종은 중고 자동차 딜러와 골동품 판매상이라는 이야기가 있다. 그러니 현장 확인이 어려운 사이버 거래에서 진품인 물건을 합리적인 가격으로 구입하기란 쉬운 일이 아니다. 때로는 선량한 판매자들을 우선 의심해 보아야 하는 불편함도 있는 것이다. 그러나 종을 수집하며 만나게 된 멋진 외국 친구들도 많다. 이들은 전자우편과 인터넷의 사용이 활발해진 후, 미국의 종 수집가 모임에 참여한 이후에 알게 된 분들이다. 대부분 나이가 많고, 다양한 인생경험을 가진 사람들이다. 나는 이들에게서 종에 관한 지식뿐만 아니라, 서양의 문화, 예술, 역사, 문학 등 다양한 분야에서 많은 것을 배웠다. 때로는 그들의 소소한 일상생활 이야기나, 집안에서 기르던 애완동물의 사망 소식도 전해 듣는다. 가끔은 내가 한국에 살고 있다는 것을 알게 되면, 우리나라에 관한 여러 종류의 질문을 보내온다. 특히 한국전쟁에 참전하였던 노병老兵들이나, 오래 전에 미국으로 이민을 간 한국 사람을 만나면 종 이야기는 아예 뒷전이고, 그들의 인생살이와 우리나라와 얽힌 사연들을 듣는데 몰두하게 된다. 낙동강 전투 사진들을 찾아 보내주었다고 감사의 카드를 받기도 하였다.

스코틀랜드의 영웅 롭 로이(Rob Roy) 탁상종, 높이 21cm

나의 종 수집에서 가장 중요한 멘토mentor, 스승는 캐나다 토론
토에 살고 있는 롭 로이Rob Roy라는 사람이다. 그는 종 수집가이
지만 때로는 수집품 중 일부를 경매로 판매하기도 한다. 그가 판
매하는 종들은 하나같이 아름답고 유래가 있는 명품이어서, 많
은 사람들이 경매에서 그의 종을 구하기 위하여 밤잠을 설친다.
오랜 기다림 끝에 구입한 종이 도착했을 때 느끼는 감정은 한 번
도 나의 기대를 저버리지 않은 오랜 친구가 보내준 선물을 받는
느낌이다. 나는 지금도 궁금한 것이 있으면 메일을 보내 문의하
고 있으며, 그는 지난 15년 동안 언제나 친절하고 성실하게 답을
해 주었다. 전직 화학 교사인 그는 60년대에 캐나다 해군에 복무
하며 홍콩에서 생활한 적은 있으나, 한국은 방문하지 못하였다
고 한다. 그의 집으로 초청을 받기도 했으나, 아직 그를 직접 만
나지는 못하였다.

어느 날 경매 사이트를 살피다가 '롭 로이 종Rob Roy Bell' 이라
는 이름의 청동 인물 종을 발견하였다. 왼손에 방패, 오른손에
창을 든 스코틀랜드 전통 복장 차림의 병사가 조각된 25cm 높이
의 청동 탁상종인데, 그 이름이 우선 눈에 익었기에 구입을 하였
다. 그리고는 캐나다의 롭 로이에게 '오늘 청동 조각상의 이름이
당신과 같아 종을 구입하였는데, 혹시 당신들의 조상과 관련된
종이 아니냐?'고 메일을 보냈다. 바로 답이 왔다. 그의 가족은

프랑스 이민 혈통이며 프랑스어를 쓰는 캐나다의 퀘벡에 오랫동안 살다가, 50년 전에 토론토로 이사를 왔단다. 그의 원래 이름도 프랑스어로 '로베르 롸Robert Roi'인데, 불어권에서 영어권으로 생활 터전을 옮기면서 주변과 어울리기 위하여 이름을 로버트 로이Robert Roy라는 영어식으로 바꾸었다 한다. 그 후, 영어식 애칭인 '롭 로이'로 불린다고 했다. 원래 이름과는 달라진 이 영어식 이름이 싫다고 하며, 종의 인물은 자기와는 전혀 무관한 스코틀랜드의 영웅인 '롭 로이'라고 알려주었다. 그는 50년 전에 잃어버린 프랑스 이름을 그리워하는 것 같았다.

스코틀랜드 지도와 〈애니 로리〉 악보

'옛날 거닐던 강가에 이슬 젖은 풀잎, 그리워라 애니 로리 언제나 오려나. 그대와 만나던 세월 흘렀어도 그리워라 애니 로리 꿈속에 보이네.'

〈애니 로리Annie Laurie〉는 아름답고 애잔한 스코틀랜드의 노래이다. 가사는 17세기 말 윌리엄 더글러스가 사랑했으나 결혼하지 못했던 귀족의 딸 '안나 로리'를 그리워하며 쓴 시이고, 1825년에 존 스콧이 멜로디를 붙였다. 크림전쟁에 참여한 스코틀랜드 군인들이 고향의 여인들을 그리며 불러 세계로 전파되었다고 한다. 안나의 아버지는 딸을 사모하던 윌리엄이 '재커바이트 Jacobite'이므로 끝까지 결혼을 허락하지 않았다고 한다. 재커바이트는 명예혁명 후 스코틀랜드로 망명한 스튜어트 왕가의 제임스 2세와 그 자손을 정통 영국 왕으로 지지한 가톨릭교도가 중심이 된 사람들이었다. 이들은 영국과 개신교를 신봉하는 스코틀랜드의 왕족들로부터 많은 핍박을 받았다. 이렇듯이 잉글랜드와 오랫동안 투쟁을 하였던 스코틀랜드에는 피와 눈물이 담긴 복잡하고 슬픈 역사가 있다.

스코틀랜드와 웨일즈는 잉글랜드에 들어온 앵글로 색슨족에 밀려난 원주민인 켈트족이 브리튼 섬의 북쪽에 건설한 왕국이었다. 앵글로 색슨족도 1066년 노르만의 윌리엄에게 정복되어 잉글랜드 왕국이 탄생한 것이다. 13세기 중반 잉글랜드의 왕 에드워드 1세는 웨일즈를 합병하고, 1296년에는 스코틀랜드를 침공하여 존 1세 왕을 폐위시켰다. 이에 대항하여 스코틀랜드의 윌리엄 월리스와 앤드루 머레이가 거병하였고, 스털링 다리 전투에서 잉글랜드 군을 격파하게 된다. 이후 짧은 기간 동안 윌리엄은 존 1세의 근위대장이 되어 스코틀랜드를 통치하나, 1298년 잉글랜드왕 에드워드 1세가 다시 스코틀랜드를 침공하여 윌리스의 군대를 격파한다. 윌리스는 탈주하고, 존 코민과 로버트 브루스가 윌리스의 자리를 계승하여 잉글랜드에 대항한다. 윌리스는 1305년 잉글랜드 군에 체포되어 잔인한 방법으로 처형당했다. 그는 "자유는 고생스럽고 가혹한 현실이다. 짐승처럼 노예로 굴하는 것보다는 행복하게 죽음을 택하는 것이 바로 사람다운 것이다"라는 유언을 남겼다. 윌리스의 영웅적인 행동과 스코틀랜드인들의 불굴의 투쟁을 그린 영화가 1995년 상영된 멜 깁슨 주연의 〈브레이브 하트Brave Heart〉이다.

로버트 브루스는 1306년 스코틀랜드 왕 로버트 1세가 되었고, 이후에도 잉글랜드와 스코틀랜드는 승패를 번갈아가며 싸운다. 1314년 잉글랜드의 에드워드 2세는 대병력을 이끌고 스코틀랜드를 침공하였으나, 배녹번 전투에서 로버트 1세의 스코틀랜드 군대가 대승을 거두었다. 지금도 스코틀랜드인은 이 전투를 스코틀랜드 독립정신의 상징으로 생각하고 있다.

이후 1320년 교황의 중재로 양국의 전쟁은 종결되었고, 스코틀랜드 왕국은 수백 년 동안 잉글랜드와 전쟁과 협상을 계속하며 독립을 유지해 왔다. 이후 두 나라는 왕족간의 결혼으로 연결되었고, 스코틀랜드 왕이 잉글랜드의 왕이 되거나 두 나라의 왕을 겸하기도 하였다. 그러나 프랑스와 동맹을 맺은 스코틀랜드가 복종하지 않아 수많은 전쟁이 일어났다. 특히 왕위 계승 갈등과 종교개혁은 스코틀랜드에 큰 영향을 끼쳤다. 잉글랜드의 헨리 8세는 가톨릭에 대항하여 성공회를 독립시키고 스스로 수장이 되었다. 그는 조카였던 스코틀랜드의 왕 제임스 5세에게 성공회를 강요하였으나 거절당한다. 전쟁이 이어지고 가톨릭 신자들인 '재커바이트'들이 격렬하게 저항하였으나 스코틀랜드 군은 궤멸되었다. 결국은 1707년 연합법으로 두 나라는 통합되었고, 오늘날의 그레이트브리튼 왕국이 되었다.

롭 로이Rob Roy라 불려지는 로버트 로이 맥그리거Robert Roy MacGregor, 1671~1734는 오랫동안 '스코틀랜드의 무법자'였으나, 사망한 뒤 오랜 시간

좌 : 롭 로이의 초상화, 1820경.
우 : 리암 니슨이 주연한 영화 《롭 로이》의 포스터

이 지나서는 '스코틀랜드의 로빈 후드', '진정한 스코틀랜드의 영웅'이 된 역사 속의 인물이다.

그는 1671년 스코틀랜드의 맥그리거 씨족 클랜, clan의 막내로 하이랜드Highland, 고지대의 글렌가일에서 태어났다. 18세에 하일랜드의 많은 부족과 같이 던디 자작이 이끄는 재커바이트에 참여하였다. 처음에는 몇 차례 승리하기도 했으나, 던디 자작이 전투에서 패하며 죽는다. 전투에 참여하였던 그의 아버지는 투옥되었고, 롭 로이는 클랜의 대표가 된다. 그 클랜은 양떼 목축을 하며 살았는데, 그는 클랜을 엄격하게 이끌며 존경받는 목동이자 지도자가 되었다.

41세인 1712년 롭 로이는 클랜의 생활을 개선하기 위하여, 몬트로스 백작으로부터 1천 기니를 빌린다. 신임하던 목동 대장에게 돈을 주어 소를 사오도록 하였으나, 그가 갑자기 사라졌다. 클랜과 롭 로이는 돈과 소를 잃고 엄청난 부채를 짊어지게 된다. 그는 범법자가 되었고 체포당할 상황이 되자 북쪽으로 도피한다. 그의 부인과 가족들도 가택에서 추방되고 집은 불태워졌다. 결국 몬트로스 백작이 그들의 땅을 차지하게 되자, 분노한 롭 로이는 백작과 영국에 선전포고를 하고 복수의 투쟁을 시작한다. 그러나 전투에서 승리하지 못하였다. 1719년 그의 스코틀랜드 재커바이트와 연합한 스페인의 가톨릭 원정군은 영국과 스코틀랜드왕국 연합군과의 전투에서 패하며 심한 부상을 입었다. 이어진 전투에서도 패하며 3번이나 생포되었지만 그때마다 탈출에 성공하여 끊임없이 싸웠다. 1725년 마지막으로 생포되어 투

달콤하고 강렬한 스카치 위스키
칵테일인 롭 로이, 위키피디아

옥되었을 때는 그의 투쟁의 결과로 공식적으로는 채무를 완전히 면제받았다. 2년 뒤 최종적으로 사면이 되었고, 이후 가족과 지내다가 63세에 세상을 떠났다.

그는 임종하기 직전 병석으로 적군이었던 사람이 찾아오자, 완전 무장한 전투복을 입혀 달라고 하며 "롭 로이는 무장이 없는 무방비 상태를 적에게 보여줄 수 없다."라고 말한다. 그 사람이 떠나가자, 〈우리는 더 이상 돌아오지 않는다〉라는 백 파이프 음악 연주를 부탁하였고, 음악이 끝나자 운명했다고 한다.

영국인들이나 스코틀랜드 지배층은 그를 '범법자, 무뢰한' 으로 치부했으나, 스코틀랜드 사람들에게 그는 평생 용감하게 잉글랜드와 투쟁한 전설적인 영웅이었다. 점차적으로 그의 생애는 영국에서도 전설이 되어갔다. 18세기에는 그에 관한 소설 《하이랜드의 무뢰한》이 출간되었다. 《아이반호》의 작가 월터 스콧의 《롭 로이》가 출판되면서 그는 더욱 유명한 인물이 되었다. 작곡가 베를리오즈는 〈롭 로이 서주prelude〉를 작곡하였고, 계관시인 윌리엄 워즈워스도 스코틀랜드를 방문하여 〈롭 로이의 무덤〉이란 시를 남겼다. '롭 로이' 영화도 여러 편 만들어졌는데, 1995년에 리암 니슨이 주연한 이 영화는 우리나라에서도 절찬리에 상영되었다. 1894년 뉴욕의 월드로프 호텔의 바텐더는 스카치위스키를 기본으로 주황색을 띈 강렬한 색에 체리를 넣은 칵테일을 만들어 '롭 로이'에게 헌정하였다.

20세기 중 후반 북해의 유전 개발과 금융의 발전으로 스코틀랜드의 산업과 문화가 부흥하며, 영국으로부터 독립을 열망하는 분위기가 다시 되살아났다. 합병으로 소멸되었던 스코틀랜드 의회가 1998년 부활하면서 자치권 운동도 일어났다. 마침내 2014년 9월에는 독립에 대한 찬반을 묻는 국민투표가 시행되었으나, 55%의 반대로 독립 안은 부결되었다. 2014년은 스코틀랜드 자존심의 상징인 배녹번 승전이 있은 지 700년이 되던 해였다.

나에게는 불굴의 영웅 '롭 로이'와 평생 성실하고 잔잔한 삶을 살고 있는 캐나다의 노신사 '로베르 롸', 이 두 사람 인생 모두가 멋져 보인다.

델라와 스쿠르지

크리스마스에는 모두의 마음이 따뜻해진다. 구세군 냄비에 정성을 보태고, 사랑하는 사람들과 축하 카드와 선물을 나눈다. 아이들은 전날 밤에 굴뚝으로 들어온 산타클로즈 할아버지가 평소에 갖고 싶었던 선물을 가득 넣어주고 갈 것이라는 행복한 상상을 한다. 썰매에 매달린 방울 종을 징글벨jingle bell이라 하는데, 크리스마스 장식품과 카드에는 산타클로즈의 징글벨이 빠지지 않는다. 1857년 미국의 제임스 피어폰트가 작곡한 캐롤인 '징글벨'이 소개된 뒤, 징글벨은 크리스마스의 상징이 되었다.

크리스마스에 선물을 교환하는 풍습은 언제부터 시작되었을까? 다신교를 숭배하던 로마 시대에는 일 년 중 낮이 짧고 밤이 가장 긴 12월 17일에서 23일 사이인 동지 근처에 로마의 신神 새 턴Saturn을 섬기는 축제가 열렸다. '새터나리아Saturnalia'라 불리던 이 날은 모두가 흥겹게 술을 마시고 환락적인 축제를 벌였다. 이어진 12월 25일에는 '정복할 수 없는 태양의 생일' 축제가 시작되는데, 이날은 동지 동안 죽어있던 태양이 다시 하늘로 떠오르는 날이며 정의의 태양이자 빛의 신인 미트라의 생일로 믿어졌다. 로마인들은 이때에는 집안을 상록수 넝쿨과 촛불로 장식하고 어린이와 가난한 사람과 노예들에게 선물을 주었다. 이러한 전통은 AD 4세기까지도 계속되었다. 375년 줄리어스 1세 황제의 로마 교회는 예수의 생일이 12월 25일로 밝혀졌다고 공표하였고, 이후 이날은 예수의 생일인 크리스마스로 결정되었다. 몇몇 고위 성직자들이 새터나리아 축제와 미트라의 생일 근처를 예수의 탄생일로 결정한 것이라고 반대하였으나, 로마 교회에 이어 결국 440년경 예루살렘 교회도 이를 수용하였다. 기독교가 공인된 후에도 이러한 선물을 주는 풍습이 계속된 것이다. 한편으로는 동방박사가 아기예수를 찾아와 황금, 유향, 몰약(약제)을 선물로 드린 것을 되새기며 사랑하는 사람들에게 선물을 교환하는 전통이 생겼을 것으로도 추측된다.

좌 : 징글벨이 있는 크리스마스 카드, 1950년대, 우 : 왈레스 사의 은빛 징글벨, 1975년

2015년 대한민국 인구 중 대학 졸업자 수가 1500만 명을 넘었다고 한다. 그러나 청년 실업은 우리사회의 또 다른 아픔이 되었다. 현자들은 행복하기 위해서는 돈 보다는 사랑이 더 중요하다고 말하지만, 크리스마스를 맞는 청년들은 가슴 뿌듯한 설렘보다는 현실적인 부담감으로 가슴앓이를 하고 있을지도 모르겠다. 소박한 젊은 연인들의 애틋한 크리스마스를 생각하면, 고등학교 시절 교과서에서 만났던 오 헨리O. Henry, 1862~1910, 본명은 윌리엄 시드니 포터의 단편 소설 《크리스마스 선물》이 먼저 떠오른다. 저자는 이 소설을 마태복음 2장의 '동방박사들이 아기 예수께 드린 선물'을 모티브로 쓴 작품이라 하였고, 원 제목은 '동방박사의

선물The Gift of the Magi' 이다. 글의 끝부분에 "이들 부부의 선물은 동방박사들이 예수께 드린 선물만큼이나 값진 것이었다."라는 설명이 붙어있다.

어깨 넘어 앞가슴으로 흘러내리는 긴 머리의 이 여인은 '델라 Della' 이다. 델라는 소설 '크리스마스 선물'의 젊은 여주인공이다. 제리 발랜타인이 주조한 청동 종의 몸체에는 그녀가 오랫동안 가지고 싶어 했던 꽃장식이 된 머리빗이 새겨져있다.

소설은 "1달러 87센트, 이것이 나의 전 재산이었다. 게다가 그중 60센트는 1센트짜리 동전이다."라고 시작된다. 델라와 남편 짐은 19세기 미국 도시에 사는 젊은 부부이다. 서로를 아끼고 사랑하는 평범한 연인인데, 이들은 모두 열심히 일하였으나 형편은 매우 어려웠다. 주 8달러의 가구 딸린 아파트에서 가난하고 불편한 삶을 살고 있다. 그러나 두 사람은 각자에게 매우 소중한 보물을 한 가지씩 지니고 있었다. 델라에게는 모든 사람이 부러워하는 긴 금발을 늘 소중하게 손질하는 기쁨이 있었다. 짐에게는 할아버지 때부터 물려받은 오래된 금시계가 있었으나, 시곗줄이 없었기에 차고 다닐 수는 없었다. 그 해 크리스마스가 다가오자, 델라는 사랑하는 남편에게 선물을 해 주고 싶었으나, 그녀가 가진 돈은 1달러 87센트가 전부였다. 그 녀는 고심 끝에 아끼던 자신의 금발을 잘랐고, 머리카락을 팔아 받은 돈으로 짐의 금시계에 어울리는 멋진 시곗줄을 준비했다.

　저녁에 집으로 돌아온 짐은 델라의 출렁이던 금빛 머리카락이 잘려진 것을 보고 깜짝 놀란다. 델라가 뿌듯한 표정으로 '오늘 머리카락을 팔아, 당신에게 드릴 선물로 시곗줄을 샀어요.' 라고 말하였다. 짐도 고개를 푹 숙이며, 안주머니에서 포장지에 싼 선물을 꺼내 놓았다. 아주 값비싼 머리빗 세트였다. 델라의 긴 금발을 가꾸기 위하여 자기가 지닌 유일하게 값나가는 물품이자 아버지의 유산인 금시계를 팔아서 마련한 선물이었다. 그들은 사랑하는 서로에게 주기 위하여, 자신에게 가장 소중한 보물을 팔아서 선물을 마련한 것이다.

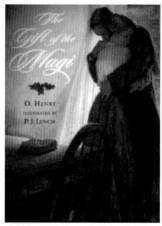

좌 : 델라Della 청동 종, 발랜타인 작품,
우 : 크리스마스 선물의 원작《The Gift of Magi》

델라는 말한다. "걱정마세요. 나의 출렁거리는 머리는 곧 다시 자랄 거예요." 짐은 "이 선물들이 쓸모없다고요? 이 시곗줄이 없었다면 당신이 나를 이렇게까지 사랑한다는 것을 내가 어떻게 알 수 있었고, 이 빗이 없었다면 내가 이렇게나 당신을 사랑하고 있다는 것을 어떻게 보여줄 수 있었을까요. 즐겁고 행복한 크리스마스예요. 오늘은 우리 둘 만을 위한 작은 크리스마스 파티를 해요."라고 위로한다.

조각가 발랜타인은 1년에 1~2개씩 인물을 주제로 한 청동 종을 제작하여 평생 동안 41명의 다양한 문학과 역사 속의 사람들을 새겨 두었다. 그 청동 종의 주인공 중에서 나에게 가장 낯선 인물 중의 한 사람이 '델라'였다. 나는 아마도 일반적인 미국인의 마음속에 진하게 기억되어 있는 옛 향수를 자극하는 인물이 델라일 것이라는 생각을 했다. 오 헨리는 48세에 사망하기 전까지 10년 동안에 300편에 가까운 단편소설을 남겼다. 그는 어려서 부모를 잃고 정규교육을 거의 받지 못하고, 카우보이, 점원, 공장의 직공 등을 전전하였다. 그러다가 일하던 은행의 돈을 횡령하여 3년 3개월 동안 감옥생활을 하였는데, 이 기간 동안 글쓰기를 시작하였다. 이후 뉴욕으로 가서 본격적인 작가가 되었고, 감옥에서의 체험은 그의 문학 세계를 일군 원천이 되었다. 그의 작품 대부분은 평범한 미국인의 소박한 생활을 그린 단편 소설이었는데, 특히 마지막 부분에서 독자들의 상상을 뒤엎는 마무리는 그의 문학작품들의 특징이다. 19세기 말은 자본주의의 욕망이 분출하던 시기이지만, 델라와 짐은 미국인이 사랑하는 유머와 애수를 지닌 따뜻한 인간미가 넘치는 소시민들이었다. 오 헨리의《크리스마스 선물》은 소중한 사람에게 주는 선물의 값어치는 금전적으로 결정되는 것이 아니라, 거기에 담겨진 사랑만으로 평가받을 수 있다고 말하고 있는 것이다.

좌 : 짐 캐리가 7개의 캐릭터를 맡아 연기했던 디즈니 애니메이션 크리스마스 캐롤, 2009, 우 : 스크루지 중, 영국, 2000년, 13cm

가장 멋진 반전을 보여주는 또 하나의 크리스마스 문학 작품은 영국 작가 찰스 디킨슨의《크리스마스 캐럴》(1842년)일 것이다. 우리나라에는 '스크루지'로 제목을 기억하고 있는 사람들이 많다. 디킨스는 이 소설에서 크리스마스 밤을 지나는 한 사람의 처절한 반성을 통해 진정한 삶의 의미가 무엇인지를 보여준다. 주인공 에베네저 스크루지Scrooge는 '구두쇠Screw'와 '사기꾼 Gouge'를 섞어 작명한 것 같은 심술궂은 이름이다. 영국 포츠머스에서 하급관리의 둘째 아들로 태어난 디킨스는 12세 때에 런던의 구두약 공장에서 하루 10시간씩 일하였을 정도로 어렵게 성장하였다. 그는 어릴 때의 경험을 바탕으로 '올리버 트위스트'나 이 소설처럼 어려운 사람들의 모습을 잘 묘사할 수 있었다고 한다.

5장으로 구성된 소설의 첫 장은 스크루지의 동료였던 제콥 말리가 사망한 7년 뒤인 춥고 음습한 런던의 크리스마스이브에 시작된다. 나이든 수전노 스크루지를 묘사한 문장을 살펴보면 그가 어떤 사람이었던 가를 완벽하게 상상하게 해 준다.

크라칫의 집과 디킨스의 소설에 나오는 마을의 집 종, 에네스코 사. 1980년대, 미국

"맷돌을 꽉 움켜진 것 같은 단단한 손, 찌그러지고 비뚤어진데다 욕심으로 가득 찬 상처투성이인 사람, 그리고 욕망을 꽉 움켜지고 있는 죄인 같은 모습의 사람. 어떤 강력한 돌이라 해도 온화한 불꽃을 튀길 수가 없을 만큼 단단한 부싯돌 같은 사람, 비밀스럽고, 자기 자신에만 함몰되어있으며 굴 껍질 속에 소외된 것처럼 사는 사람이다. 그의 냉혹함은 얼굴 표정을 얼어붙게 하였고 오직 코만 바깥으로 끄집어낸 듯하다. 이런 것으로 인하여 그의 눈을 충혈되고 입술은 푸르며 뺨은 쪼글쪼글해졌고, 걷는 모습도 딱딱하게 굳어졌다. 그는 항상 으르렁거리는 쇳소리에 빠른 속도로 소리를 질렀다"라고 기술되어있다.

스크루지는 돈만 밝히는 구두쇠였다. 아무리 추운 겨울이라도 석탄을 때지 않는 사무실에서 지냈고, 직원 밥 크라칫에게 냉혹하게 대하였다. 조카가 찾아와서 매년 크리스마스이브에는 함께 저녁을 보내자고 요청하지만, 돈이 생기지 않는 쓸모없는 일이라며 차갑게 거절한다. 기부를 권하는 단체의 사람들에게는 감옥과 빈민구제법이 제대로 돌아가고 있다면, 자신이 별도로 기부할 필요를 전혀 느끼지 못한다고 말했다. 스크루지는 스스로를 사람들과 격리시키며 외롭게 살고 있었다. 그에게는 크리스마스에 모두가 파티를 열고 소중한 사람을 찾아가거나, 가난한 이웃에게 자선을 베푸는 일은 인생을 낭비하는 시간일 뿐이었다. 심지어는 크리스마스도 사기꾼들이 꾸며낸 일이라고 했다.

여느 때와 같이 크리스마스이브를 홀로 보내는 스크루지에게 오래 전에 사망한 동료였던 말리가 사슬을 칭칭 감은 유령이 되어 찾아온다. "이 사슬들은 내가 사는 동안 만들어진 쇠사슬이네. 그런데 자네의 쇠사슬은 내 것보다 훨씬 길고 무거워. 하지만 아직 기회가 남아있네. 자네에게 세 명의 유령이 찾아올 테니 그들을 피하지 말게"라고 말하고 떠난다. 세 명의 유령은 스크루지에게 그의 과거와 현재, 그리고 미래를 보여준다. 과거의 스크루지는 아직 세파에 찌들지 않은 순수한 모습이다. 그러나 가족과 불화했고 친구들과 어울리지 못해 늘 외톨이였고, 사랑을 주는 데도 익숙하지 않았다. 그러다 점차 돈만 밝히더니, 마침내는 사랑하는 아내마저 돈 때문에 떠나보낸다. 그는 지나간 어린 시절을 보며 마음이 흔들린다.

스크루지를 찾아온 말리의 유령, 소설의 삽화

현재의 유령은 직원인 밥 크라칫의 가정을 보여준다. 가난하지만 행복하게 서로를 아끼고 위로해 주는 아름다운 가족이다. 심한 장애가 있는 어린 아들 팀의 모습은 스크루지에게 깊은 연민의 정을 느끼게 한다. 미래의 유령은 어느 무덤으로 스크루지를 데리고 간다. 12월 25일 한 남자가 죽었으나, 그의 죽음을 슬퍼하는 사람은 아무도 없다. 죽은 자의 이름이 스크루지였다. 유령들이 모두 떠나간 후 덩그러니 혼자 남은 스크루지는 경악하였고, 그의 일생이 이렇게 초라할 것임을 알고는 그 동안의 삶을 참회하기 시작한다. 그리고 아직은 기회가 있다는데 몹시 감사한다. 앞으로는 하루를 살더라도 선행을 베풀고 살기로 결심한다.

크리스마스 날이 밝자, 연락을 끊고 지내던 죽은 여동생의 아들 프레드(조카)의 파티에 커다란 칠면조를 배달시킨다. 심부름을 한 아이에게도 푸짐한 용돈을 준다. 출근길에는 아이처럼 마차의 뒤를 잡고 미끄럼을 타다가 엉덩방아를 찧는다. 자선기관에다 돈을 기부하고는, 거리에서 캐롤을 부르는 사람들에게 자신의 목소리를 보탠다. 아침에 지각한 직원 밥에게는 엄포를 놓는다. 밥은 바짝 긴장한다. "이런 자네를 그냥 둘 수는 없네. 자네의 급료를 인상하겠네."

아래의 도자기 인형들은 영국 홀 마크회사에서 1990년에서 93년까지 1개씩 소개한 크리스마스 장식품 종이다. 디킨슨의 소설의 마지막 부분에 나오는 길거리에서 크리스마스 캐롤을 부르는 4명의 남녀아쉬본씨, 보몬트부인, 채드윅경, 다른 여사들이다. 스크루지는 이들 사이에 끼어들어 같이 캐롤을 따라 부르는 따뜻한 모습으로 소설이 마무리 되는 것이다.

세상은 각박해지고 있고, 모두는 소외받고 가난한 이웃에게 더욱 무관심해지고 있다. 19세기 미국과 영국의 두 문학가가 그 당시의 세상에 전해주고자 했던 메시지는 오늘의 우리에게도 같은 감동을 준다. 문득 '델라'와 '스크루지'는 이들 문학가들이 우리에게 크리스마스 선물로 보내준 천사라는 생각이 든다.

메리 크리스마스!

'크리스마스 캐롤을 부르는 사람' 도자기 종, 높이 각각 11.5cm
("Mr. Ashbourne" '90 "Mrs. Beaumont" '91 "Lord Chadwick"
'92, Lady Daphne 1993)

슬픔과 디아스포라의 여객선
아사마 마루와 함부르크 - 아메리카 라인

언니는 시집을 일찍 갔다. 처녀들은 일본 군인들에게 붙들려 간다는 소문이 돌자 아버지가 서둘러 결혼을 시켰다. 김화자 할머니가명, 90세, 당시 16세는 7남매 중 둘째였다. 아래로는 남동생만 다섯이었다. 경주 안강읍의 '안경쟁이 김 씨'는 유명한 일본 사람 앞잡이였다. 가마니를 짜고 있는데 안경쟁이 김 씨가 일본 사람과 함께 집으로 왔다. "일본 군인 옷 만드는 데 가서 미싱도 배우고 하면 돈벌이도 좋고, 가마니 짜는 것보다 낫다고 카데. 돈으로 부쳐주냐고 물었지. '물론이지. 매달 월급 받으면 집으로 부쳐준다'고 그라데." 할머니에게는 선택권이 없었다. 전장이 커지는데 여자들도 나서서 도와야 한다고 했다. "전부 일본 사람의 권리뿐이고, 조선 사람은 똥태 망태라." 일본인이 조선인 한 명을 죽여도 말도 못하던 시절이었다. 안경쟁이 김 씨를 따라 부산에 가서 '아사마 마루'라는 배를 탔다. 아사마 마루는 할머니를 미싱 공장 대신 타이완에 있는 위안소 '가게츠'로 실어 날랐다. 할머니는 어머니가 챙겨준 요깃거리를 기억했다. "갈 때는 봄이었다. 공출 다 줬으니 쌀도 없었고. 엄마가 작은 백설기를 서너 덩어리 쪄서주며 가다가 배고프면 먹으라고 했다. 까만 콩을 삶아서 설탕하고 섞어서도 줬는데 한 이틀 밤을 잤던가? 먹으라고 하니 약간 쉬었더라. 그때가 생각나지." ("김화자의 증언. 끝났다. 뉘 말하는가?" 시사인 2016. 1. 18)

우연하게 여기에 등장하는 아사마 마루라고 새겨진 작은 청동 종을 만났다. 어느 일본군 위안부 할머니가 증언한 슬픈 기억 속의 배 아사마 마루淺間丸는 일본과 중국, 동남아시아, 그리고 태평양을 횡단하여 미국으로 항해하던 기선이었다. 아래의 사진에서 볼 수 있듯이 영국 여객선의 외관을 닮았고, 일본의 NYK선박회사NYK Line, Nippon Yusen Kaisha, 日本郵船會社가 당시로서는 엄청난 금액인 100만 영국 파운드를 들여 건조한 17,000톤 규모의 큰 배였다. 1929년 10월 아사마 마루호는 미국으로의 첫 항해를 출발하며, 청동제 기념 종을 제작하였다. 이 작은 청동 종은 일본

요코하마와 미국을 오가는 탑승객에게 주거나 해양 관련 기념품 수집가들에게 판매하였을 것으로 짐작된다.

아사마 마루는 일본에서 홍콩, 상하이, 요코하마, 호놀룰루, 로스앤젤레스, 샌프란시스코로 운항하였다. 관련 자료를 검색해도 조선의 부산에 정박했다는 기록을 찾을 수는 없었다. 대동아 전쟁이 한창이던 1941년 이후 이 배는 일본군에 징발되어 전쟁에 투입되었으니 할머니의 기억대로 부산항에서 학병, 정신대 여성, 징용자와 전쟁 군수품을 중국, 대만, 동남아로 실어 날랐거나, 아마 다른 나라의 항구에서 이 배로 탑승시켰을 것이다.

여객선 아사마 마루호는 1929년 10월 7일 일본 고베에서 요코하마로 이동한 후, 호놀룰루를 거쳐 샌프란시스코로 가는 첫 항해를 시작한다.

아사마 마루호와 첫 항해기념 청동 종. 6.5 x 6.5cm. 1929. 10. NYK Line

일본에서는 디젤엔진을 가진 첫 여객선이었고, 요코하마에서 샌프란시스코까지는 15일이 소요되었다. 요금은 1등석 미화 315달러, 2등석 190달러였다. 이 배는 오랫동안 태평양 횡단하는데 가장 빠른 기록을 보유하였고, 요코하마에서 샌프란시스코까지 12일 7시간에 주파하기도 했다. 1년 동안 홍콩과 미국 사이를 46회 왕복한 기록이 남아있다. NYK사는 아사마 마루의 성공에 힘

선상에서 미국 승객이 보낸 1934년 그림엽서

입어, 1930년 두 척의 자매선을 더 건조하여 일본에서 중국과 동남아시아, 런던, 남아메리카, 캐나다까지도 항해에 나섰다. 1937년 9월 홍콩에 엄청난 크기의 태풍이 몰아쳤을 때, 이 배는 홍콩 항에 정박 중이었다. 배는 큰 파도와 바람으로 해변으로 밀려났고, 바위에 부딪치고 마침내는 바위 위에 올려지는 손상을 입었다. 당시로서는 워낙 큰 배여서 구조 활동이 신속하게 이루어지지 못하였다. 배는 6개월이 지나서야 부양되었고, 나가사키로 옮겨서 수리된 후 다음해 9월이 되어서야 미국으로 다시 취항하였다. 전쟁

으로 자카르타와 싱가포르에 고립된 유럽인들을 대피시키거나, 소련에서 탈출한 폴란드 유대인 수백 명을 미국으로 이송하기도 하였다.

1940년 1월 아사마 마루는 샌프란시스코에서 요코하마로 향하고 있었다. 배가 지바현 노지마 자키 35마일 바깥 공해에 도달했을 때 영국 순양함 리버풀호로부터 정지명령을 받는다. 리버풀호는 대포로 위협하였고, 13명의 무장 해군이 아사마 마루에 승선하였다. 선장의 항의에도 불구하고 배에 타고 있던 50명의 독일 승객에 대한 심문이 이루어졌고, 그중 21명을 리버풀호로 호송하였다. 아사마 마루는 이들을 하선하킨 후 요코하마 항에 도착하였고 리버풀호는 이들을 데리고 홍콩으로 갔다. 영국은 하선된 독일인들이 지상 레이더와 잠수함 기술자들로서 태평양에서의 작전을 위하여 일본으로 파송되었다고 주장하였으나, 이들은 스탠다드 오일사의 유조선에 근무하던 독일 노동자로서 휴가를 받아 독일로 가던 길이었다. 당시 미국은 2차 세계대전에 공식적으로 참전하기 전이었으나, 많은 수의 독일 선원이나 여객선 승무원들을 미국에 억류하고 있었다. 일본정부는 1909년 체결된 런던협약에 어긋난다고 강력하게 항의하였으나, 영국은 전쟁 중에는 공해상에서 승객이나 승무원 중 적국의 18~50세 사이의 남성은 전쟁포로로 잡을 수 있다는 논리로 반박하였다. 결국 일본정부는 영국과 미국과의 관계를 유지하고자 이에 굴복하였고, 일본 여객선에는 더 이상 젊은 독일승객을 태울 수 없었다. 그러나 영국 승객은 계속 승선할 수 있었다. '아사마 마루호 사건'은 전쟁 중 공해에서 일어날 수 있는 중요한 법적인 사건으로 각인되어 있다.

영국 군함에 의한 아사마 마루 사건의 신문보도(1940)와 평화의 소녀상(2015)

1941년 7월 일본이 인도차이나를 침공하자 미국의 루스벨트 대통령은 자국 내의 모든 일본 자산을 동결하고 일본과의 무역을 금지시켰다. 영국과 네덜란드 동인도 회사도 여기에 동조하자, 일본은 엄청난 해외 자산을 잃게 되었다. 당시 호놀룰루를 경유하여 샌프란시스코로 향하던 아사마 마루는 다시 요코하마로 귀환하여야 했다. 이후 배는 싱가포르, 마닐라를 운행하며 주로 일본인들을 실어 날랐다. 그러나 제재를 피하기 위하여 선체에 검은 색을 칠하고 갑판의 일본 국기도 페인트 칠로 가렸다.

그해 11월 아사마 마루는 일본 해군과 항전대에 귀속되어 군인과 화물을 싣고 태평양의 사이판을 왕래하였다. 진주만 공격 이후에는 일본과 대만, 필리핀, 보르네오, 자카르타, 싱가포르 및 태평양의 작은 섬들을 왕복하며 임무를 수행하였다. 미군 선박의 공격으로 심각한 손상을 입기도 했다. 연합군 포로들을 싱가포르에서 일본으로 실어 나르는 임무도 수행하였는데, 시설이 열악하고 위생 상태가 나빴으므로 '지옥선' 이라는 악명을 얻었다.

배는 1944년 10월 8일 일본 모지에서 상하이로 가는 마지막 항해를 나섰다. 5,000명의 병사와 탄환, 군수품을 실은 수송 선단은 미국 잠수함의 공격을 받았으나, 어렵게 마닐라에 도착하였다. 29일 마닐라를 다시 출발한 배는 미군 정찰기에 노출되었고, 이어서 집중적인 잠수함 공격을 받게 되었다. 필사적인 도주를 시도하였으나, 결국 11월 2일 새벽 여러 발의 어뢰가 명중되었다. 배는 1,874명의 승무원과 포병, 그리고 많은 화물과 함께 침몰하였다. 김화자 할머니를 싣고 대만으로 날랐다던 그 기억 속의 배는 474명의 젊은 수병들을 안고 태평양 푸른 바닷속으로 영원히 사라진 것이다.

여기 함부르크 아메리카Hamburg Amerika와 하팍HAPAG 글씨와 갈매기가 나는 바다를 항해하는 여객선 그림이 새겨진 또 하나의 황동 종이 있다. 이 종은 HAL여객선사의 탑승객이나 수집가들에게 판매한 기념 종으로, 1910년경 제작된 높이 12cm의 묵직한 종이다. HAPAG은 1847년 설립된 함부르크-아메리카 선박회사Hamburg-Amerika Line, HAL 旅客船社의 독일이름이며, 독일 함부르크에 기반을 둔 선박회사였다. HAPAG은 1차 세계대전이 발발한 1914년 전까지는 세계에서 가장 큰 여객선 회사였다. 독일, 스칸디나비아 반도, 동유럽을 떠나던 수많은 이민자들과 승객들을 주로 미국, 캐나다, 남아메리카로 운송하였다.

엘베 강의 하구에 위치한 함부르크는 북해와 대서양으로 연결되고, 동쪽과 남쪽 내륙으로는 철도가 연결되어 있었다. 교통의 장점으로 인하여 이 도시는 이미 19세기 말에 인접한 브레멘보다 더 큰 항구가 되었다. 여기에는 독일인과 스칸디나비아인, 당시 극심해진 러시아 차르파들의 박해를 피해 망명을 하던 러시아와 폴란드의 유대인들이 몰려들었다. 함부르크를 출발한 배는 영국 사우스햄턴을 거쳐 뉴욕에 도착한다. 이민자들은 뉴욕에서 배를 갈아타고 미국의 여러 동부와 남부의 도시, 그리고 캐나다의 동부 도시로 이동하였다.

1914년 1차 대전으로 운항이 갑자기 중단될 때 HAPAG사에는 175척의 배가 있었는데, 큰 배는 1,000명 이상을 수송할 수 있었다. 1912년 이 회사의 아메리카호는 첫 항해 중이던 타이타닉호에 빙산을 조심하라는 최초의 경고를 한 배였다. 항해 노선은 5

대륙으로 확대되었고, 2만 명의 종업원이 근무하였다. 큰 증기기
관선이 북대서양을 횡단하는데 1주일 정도가 소요되었다. 북아
메리카로 향하던 이민자들은 값싼 3등실을 차지했고, 이곳은 침
상이 다닥다닥 붙은 곳이었다. 그러나 좁고 혼잡한 것 외에는 비
교적 편안하였고 하루에 세끼의 식사가 제공되었다. 성인용 3등
석 요금은 처음 미화 20달러 정도였으나, 승객이 많아지면서 조
금 인하되었다. 선박은 뉴욕 입구인 뉴저지의 호보켄 부두에 정
박했고, 이민 수속을 위해 보트를 타고 1891년까지는 캐슬 가든,
이후에는 자유의 여신상이 있는 엘리스 섬으로 이동하였다.

　'인종의 용광로' 미국은 전 세계에서 몰려든 수많은 이민자들
과 그들의 후손들이 건설한 나라이다. 1820년부터 2000년까지
6,600만 명 이상의 이민자들이 미국에 왔다고 한다.

HAL선사의 여객선 아메리카(1910)와 탑승기념 황동 종, 8x12cm

이민자들은 일자리를 찾아서 또는 그 나라에서 발생한 격변이나 재난을 피하여 미국 땅으로 몰려들었다. 특히 1880년부터 50년간 미국으로 들어온 2,700만 명의 이민자 대부분은 유럽에서 왔다. 이들 중 수백만은 다시 고국으로 돌아갔다. 이민자의 90% 이상은 배를 타고 왔고, 500만 명 이상이 HAPAG선박으로 왔다. 배는 점점 커졌고 보다 안전하게 만들어졌다. 수많은 사람들로 채워졌던 기선에 사업이나 관광을 목적으로 배를 탔던 사람들은 드물었다. 독일 이민자는 부족한 땅과 종교적 및 정치적인 압박을 피하기 위하여 떠나온 사람들이었다.

회사의 유대계 독일인 사장 앨버트 발린Albert Ballin은 1890년대에는 동유럽으로 영업을 확대했다. 함부르크 항에는 승객들이 일시적으로 숙박할 수 있는 건물이 마련되었다. 숙박시설은 이민자들을 소독하는 역할도 하였다. 당시 미국의 항구에서는 이민자들을 검역하였고, 전염병이 발견되면 유럽으로 귀환시켰다. 거기에 소요되는 모든 경비는 선박회사가 부담하여야 했다. 선박회사는 손해를 보지 않기 위하여 유럽을 떠나기 전에 전염병이나 중한 질병의 검진에 힘을 쏟았다. 신대륙으로 떠나는 이민자들의 수가 많아지자, 엘베 강 하구의 베텔 섬에 '이민자의 홀Auswandererhallen'이라는 마을도 건설되었다. 최대 5,000명을 수용할 수 있는 이 마을에는 유대인을 위한 예배당도 있었고 유대

교식 식사도 제공하였다. 검역에서 병이 발견된 사람을 격리하고 관찰하는 시설도 마련되었다. 이 마을에 머물던 이민자들은 쿡스하벤 부두로 이동하여 배에 올랐는데, 이곳의 HAL 부두는 1969년 문 닫기 전까지 유럽의 이민자들이 가장 많이 붐비던 곳이었다.

발린 사장은 빠르게 운항하는 것보다 배의 안전, 크기, 안락감, 그리고 고급 설비가 더 중요하다고 생각했다. 그는 '황제', '조국', '비스마르크호'로 명명한 당시로서는 가장 큰 규모의 배를 건조하였고, 두 척은 1차 대전 발발 전에 운행하고 있었다.

1917년 미국 여객선이 스페인 인근에서 독일 잠수함의 어뢰 공격으로 인명 피해를 입은 후 미국이 독일에 선전포고를 한다. '조국'은 뉴저지 호보켄 앞바다에서 미국 군함에 나포되었고, 새 이름을 달고 연합국 함선으로 전쟁에 참전하였다. 전쟁 후에는 전쟁배상금의 명목으로 미국에 법적 귀속되었다. '황제'와 '비스마르크'도 같은 이유로 영국에 압류되어 민간 선박회사로 판매되었다, 그러나 영업을 재개한 HAPAG회사는 또다시 2차 세계대전의 전화에 휩쓸리게 된다. 1940년에는 화물선 시애틀호가 독일전함과 노르웨이 포병 간의 포격전 도중 대포를 맞았고, 승무원들은 포로가 된 경우도 있었다. 전쟁 중 나치정부는 유대인 앨버트 발린의 이름과 그의 공적을 모든 기록에서 지웠다. 결국 HAPAG은 1차와 2차 세계대전에서 두 차례나 대부분의 선박을 잃었다.

1970년 HAPAG사는 경쟁사였던 브레멘의 북독일 로이드사와 합병하여 '하팍-로이드 물류회사'가 되었고, 발린의 명예도 다시 회복되었다. 초기의 이민자들은 온갖 고난과 역경을 넘어 마침내 뉴욕 항에서 '자유의 여신상'을 보았을 때 기쁨의 눈물을 흘렸다. 현대에는 독일이민 혈통 5,000만 명, 유대인 500만 명은 재건축된 베텔 섬의 이민자의 마을을 방문하였고, 그들 조상들의 이름을 찾아보며 눈물을 흘린다고 한다.

동서양의 20세기의 새 역사를 열었던 초대형 여객선 아사마마루와 HAL 여객선은 웅장한 문명의 이기였던 것만은 아니었다. 갑판과 선실 곳곳에는 그 시대를 살아간 사람들이 남긴 흔적들이 묻어있다. 깊은 바다로 사라진 그 배에는 일본군 위안부로 보내졌던 어느 소녀의 슬픔과 고국을 떠나야만 했던 이민자들의 디아스포라의 아픔이 숨어있는 것이다.

2016년 4월 16일. 세월호 침몰 2주기 비 오는 밤에 어린 영혼들을 애도하며…

3

종소리, 세상을 깨우다

이탈리아 카프리 섬, 성 미첼레 행운의 종

지중해의 푸른 바다와 대리석 절벽, 그리고 바닷물이 넘나들어 멀리서 보면 반짝반짝 빛나는 푸른 대리석 동굴 Grotta Azzurra, blue grotto로 유명한 이탈리아 나폴리만 남쪽에 위치한 카프리capri 섬은 로마 시대 이래로 유명한 휴양지였다. 카프리의 어원은 고대 그리스 언어인 야생 돼지boar, 라틴어의 염소 goat에서 유래되었다고 믿어진다.

천혜의 아름다운 섬 카프리는 오래 전에 로마의 영토로 복속되었는데, 서로마가 멸망한 후에는 나폴리 왕국의 부속 도서로 남게 되었다. 카프리 섬은 근대에는 제2의 지브롤터로 불릴 정도로 지정학적으로 지중해 방어의 관문 역할을 하는 중요한 곳에 위치하고 있다. 그러므로 이곳은 해적들의 침범과 약탈을 많이 겪었으며, 몇 차례에 걸쳐 열강의 침략에 의해 함락되었다. 1806년에서 15년까지는 나폴레옹 1세의 프랑스 지배를 받았고, 이후에는 영국에게 점령당하기도 했는데, 이때부터는 따뜻하고 아름다운 휴양지로 유럽에 이름이 많이 알려지게 되었다. 19세기 후반기부터는 유럽 예술가들이 즐겨 찾던 휴양지로서 많은 문학작품에도 언급되었다. 1826년 독일 작가 아우구스트 코피시가 쓴 〈카프리 섬 푸른 동굴(그로토)의 발견〉에는 그의 카프리 여행 기록이 자세하게 남아 있다. 이곳의 아름다움을 동경한 많은 예술가들은 카프리 섬에 거주하기를 소망하였고, 러시아 작가 막심 고르키를 비롯한 예술가들이 카프리 섬에 살았었다. 1908년 러시아의 혁명가 레닌도 고르키의 초청으로 카프리 섬을 방문한 적이 있다고 한다.

산타 세라피나 쪽에서
바라본 카프리,
Johann Wilhelm
Schirmer작, 1840년

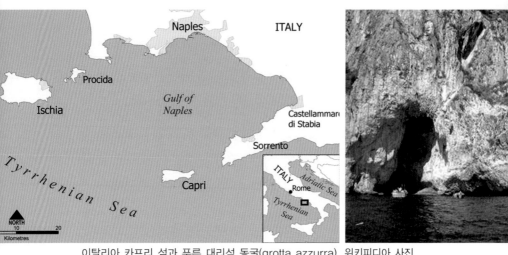

이탈리아 카프리 섬과 푸른 대리석 동굴(grotta azzurra), 위키피디아 사진

오늘은 이탈리아 카프리 섬의 유명한 '미첼레 성인의 행운의 종'을 소개한다. 소렌토와 카프리 섬에서는 이 작고 앙증맞은 은 종을 지니게 되면 위험한 상황에서 항상 안전할 수 있다는 속설 이 전해지고 있었다.

카프리 섬의 행운의 종에는 오래전부터 두 가지 전설이 전해 지고 있다.

그 첫 번째 이야기는 소년 목동에 관한 것이다. 15세기 카프리 섬의 높은 산동네 아나카프리에는 어린 양치기 소년이 살았는 데, 그는 그 동네에서 가장 가난하였다. 그는 과부인 어머니와 솔라로 산 기슭의 조그만 오두막에 살면서 작은 양 한 마리를 키

다양한 카프리 행운의 종, 체인을 제외한 종 높이 3cm, 넓이 1.5cm, 무게 70gm.

우며 지내고 있었다. 양은 그의 유일한 친구이자 동료이기도 했다. 어느 날 소년은 산기슭의 꽃을 꺾느라 우물쭈물하다 보니 이미 해가 어둑어둑해지는 저녁이 되어 집으로 가기 위해 양을 불렀으나 양이 나타나지 않았다. 소년은 양이 절벽에서 떨어져서 바다에 빠진 것이 아닌지 걱정이 되어 마음이 아팠고, 앞으로는 혼자서 어떻게 살아가야 할지 불안해지기 시작하였다. 양을 찾으려 맨발로 자갈밭의 컴컴한 산을 헤매고 있는데, 멀리서 작은 종소리가 들렸기에 소년은 그 방향을 향하여 달리기 시작하였다. 저 바다 쪽 끝까지 달려갔을 때 갑자기 소년의 앞에 섬광이 번쩍 빛나서 발길을 멈추었다. 거기에는 황금빛 불빛에 둘러싸인 흰 말을 탄 미첼레 성인이 있었다. 성인은 그의 목에 걸려 있던 작은 종을 벗어 소년에게 주며, "이 종을 가지거라. 이 종을 가슴에 지니면 종소리가 너를 항상 위험에서 지켜 줄 것이다." 라고 말하고는 사라졌다. 소년은 그 종을 받은 후 양을 찾을 수 있었고 이후 소년의 집에는 행복하고 좋은 일들이 계속 일어나고 가족이 원하는 모든 일들이 이루어졌다고 한다. 이후에도 카프리 섬의 양들에게 역병이 돌았을 때, 행운의 종을 목에 걸고 있던 양들은 모두 생존할 수 있었다고 한다. 그날 성인이 나타났던 장소에는 성 미첼레 성당이 세워졌고, 목동에게 주었던 종은 행운과 성공의 상징으로 복제되어 널리 퍼지게 되었다.

Vaccaro에 의해 1698년부터 1727년에 걸쳐 건축된
카프리의 성 미첼레 성당, 위키피디아 사진

두 번째 이야기는 바다에서 고기를 잡던 어부들 사이에서 전해온다. 달빛이 밝은 어느 밤 카프리 섬 피콜라 부두에서 4km 이상이나 떨어진 앞 바다에서 고기를 잡던 사내들은 물 건너편 육지에서 전해오는 짤랑짤랑하는 종소리를 듣고 순간 놀라지 않을 수 없었다. 그들이 고기를 잡던 바다에서 멀리 떨어진 육지의 성 미첼레 성당의 작은 종에서 나는 종소리는 거리가 멀어 들을 수가 없다는 것을 알기에 심장이 뛰었다. 어부들은 카프리 섬에 무서운 일이 일어났음이 틀림없다고 생각하여 그 즉시 해변으로 배를 돌렸다. 해변에 가까이 오니 그 종소리가 점점 커지는 것이 아닌가? 피콜라 부두에 도착하니, 많은 사람들이 모여 있었고 그들은 성 미첼레 성당의 종은 사람의 손이 닿지 않았고, 바람도 불지 않았음에도 불구하고 이리저리 흔들리며 소리를 내기 시작했다고 말했다. 그런데 어부들이 모두 배에서 내리고 나니 갑자기 종소리가 멈추었고, 폭풍우가 섬 전체로 몰아치기 시작하였다. 그리고 바로 전에 어부들이 고기를 잡기 위해 그물을 던졌던 바다에는 그 섬의 가장 높은 산 봉우리보다 더 큰 파도가 연이어 두 개씩이나 덮치는 것을 보았다. 어부들은 성 미첼레의 종소리 덕분에 무사히 가족의 품으로 돌아올 수 있었다고 생각했고, 성 미첼레의 종 앞에 무릎을 꿇고 진정으로 감사의 기도를 드렸다.

파도가 잠잠해진 후 어부들이 해변으로 나가 보니, 거기에는 수없이 많은 고기들이 밀려나와 있었고 폭풍우에 휘말렸던 물고기들이 하늘에서 계속 떨어지고 있었다. 이후 오랜 세월 동안 그때의 기적처럼 엄청난 물고기를 잡은 일은 더 이상 일어나지 않았다. 그날 이후, 사람들은 성 미첼레 성당의 종을 작게 복제하여 사랑하는 사람들에게 행운을 가져다주는 마스코트로 선물하게 되었다고 한다. 그날에 일어난 기적적인 일은 1793년에 기록된 문서에도 남겨져있다고 한다.

1944년 인쇄된 카프리 섬
미첼레 성인의 행운의 종에 관한 팸플릿

1차 및 2차 세계대전에 참전하기 위해 마을을 떠났던 남부 이탈리아의 젊은이는 안녕과 행운을 빌기 위하여 행운의 종을 지니고 있었다. 이 사연은 1944년 2차 세계대전 승전국으로 이탈리아에 주둔하였던 미군 조종사들에게도 알려졌고, 이들은 행운의 종을 가슴에 지니고 전투에 출격하기 시작하였다. 그리고 전쟁이 끝난 후 귀국할 때에는 그들의 친구와 애인에게 행운을 가져다주는 선물로 가져갔다. 이때 이탈리아에서 만들어졌던 행운의 은종에는 'La Campanella della Fortuna San Michele 미첼레 성인의 행운을 가져다주는 종' 이라는 글과 함께 네 잎 클로버가 조각되어 있는데, '한 잎은 명성fame, 한 잎은 부귀wealth, 한 잎은 신실한 애인faithful lover을 위하여, 그리고 마지막 한 잎은 당신에게 은혜로운 건강glorious health을 가져다줄 것이다.' 라는 뜻을 담고 있다.

2차 세계대전 말 유럽 전투에 참전한 미 347 전투비행단 Sam Trave 대위. 조종사의 A2 자켓 좌측 칼라에 행운의 은 종이 달려 있다.
2012년 Collectorsweekly.com의 사진

나는 종을 수집하며 카프리 섬 행운의 종에 얽힌 사연을 알게 되었고, 수집용 외에도 경매에서 특별히 두 개를 더 구입하여 림프암으로 투병 중이던 동료 교수와, 나의 클리닉에 오시는 갑상선 암을 투병 중인 한 분에게 완쾌를 기원하며 증정하였다. 직장의 동료 교수는 이제 완치가 되었으니, 다른 한 분에게도 미첼레 성인의 염원이 함께하리라 믿는다.

한 번도 울리지 못한 세계에서 가장 큰 종

현재 세상에 존재하는 가장 무거운 종. 그러나 종루에 걸리기도 전에 깨어져서 한 번도 종소리를 들을 수 없었던 비운의 종.

모스크바 크렘린 광장의 석재 받침대 위에 전시되어 있는 차르 대종차르 콜로콜 : 차르는 러시아 황제, 콜로콜은 鐘, 또는 콜로콜-III로도 불림은 높이 6.4m, 직경 6.6m, 두께 61cm, 무게 201톤으로 세계에서 가장 큰 청동 종이다. 차르 종은 모스크바의 이반대제 종탑과 크렘린 장벽 사이에 위치하고 있다. 깨어져서 파편으로 떨어져 나온 부분을 앞쪽에 그대로 두었는데 그 무게만 하여도 11.5톤에 달한다. 이 종이 콜로콜-III이라고 불리는 이유는 러시아 황제들의 차르의 큰 종 가운데 세 번째로 만들어진 것이기 때문이다. 러시아는 10세기부터 큰 종들을 주조하였다고 한다. 그러나 종은 러시아 정교회에서 미사를 알리기 위한 종교적인 목적보다는 오히려 중요한 예식이나 행사, 화재 그리고 적군의 침입에 대한 경보 목적으로 사용되었다. 15세기에 주조가 시작되어 1600년에 완성된 차르 종은 무게가 18톤이어서 추를 들어 종소리를 내는데 24명의 남성들이 동원되었다. 첫 번째 차르 종은 지금도 많은 관광객이 찾는 명소인 모스크바의 이반대제의 종탑에 걸려있었는데, 17세기 중반에 발생한 화재로 인하여 종이 바닥에 떨어지며 산산조각이 났다. 두 번째 차르 종은 화재로 파괴된 첫 번째 차르 종의 잔재들을 모으고 청동을 더 부어 1655년 100톤의 크기로 주조하였으나, 이 종 역시 1701년에 발생한 화재로 또 다시 파괴되었다. 그러므로 현재 크렘린 광장에 놓여진 이 종을 3세대 차르 종 콜로콜-III이라고도 부른다.

현재의 러시아 지도에 나타난 국경과 비슷할 정도로 러시아 영토를 확정하여 러시아인의 존경을 받는 사람은 표도르 황제이다. 그의 조카인 안나 이바노브나 여제1730~40는 황제로 취임한 후, 칙령을 내려 화재로 소실된 차르의 종을 더 크게 복구하도록 하였다. 완성된 종에는 바로크풍의 천사와 식물, 그리고 기독교 성인들의 인물, 메달 등의 부조와 함께, 종을 주조하도록 명령한

안나 여제와 차르 알렉세이의 얼굴을 실물 크기로 넣어 황실의
권위를 나타내고자 하였다.

러시아 모스크바 크렘린 광장의
차르 종. 높이 6.4m, 무게 201톤

　종으로서의 역할은 한 번도 하지 못한 채로 250년 이상 이 자
리를 지키고 있는 차르 대종의 건축에 관한 사연들은 잘 알려져
있다. 1730년에 러시아의 황제로 대관된 안나 이바노브나는
1655년에 주조된 2세대 차르 종인 그리고레브종의 불타 버린 조
각들에 수백 톤의 청동을 더 보태어 새 종을 주조하라는 명령을
내렸다. 안나 여제는 러시아 군대 대장군의 아들을 독일 뮌헨으
로 보내어 종을 만드는 선진 기술을 배워 오라고 하였으나, 독일

에서도 이 정도 크기의 종이 만들어진 적이 없었으므로 사절단들이 단기간에 큰 종을 만드는 기술을 익히는 것은 불가능한 일이었다. 결국 국내 기술자들이 모여 종을 만들기로 하고, 러시아의 청동 대포를 만들던 장인 페드로비치 모토린 부자에게 그 임무가 맡겨졌다. 그는 이 정도의 종을 주조하는 것은 매우 어려운 일일 뿐만 아니라, 만들어진다 하여도 종을 매다는 일에도 엄청난 고난이 따를 것이라는 점을 이미 알고 있었다. 종을 주조하기 위하여 모스크바 광장 근처에 10m 깊이의 구덩이를 파고 진흙으로 무너지지 않게 막음 공사를 하였다. 주물 작업을 위하여 전체를 덮을 정도의 크기로 참나무 거푸집을 만들고 벽돌과 쇠막대 봉으로 무너지지 않도록 고정하였다. 모토린은 종의 주조에는 고품질의 영국산 주석과 페르시아 산 구리만을 사용하여야 한다고 주장했으나, 상트페테르부르크의 관리들은 종의 부조 조각에만 그와 같은 고급 재료를 쓸 수 있도록 승인하였다. 그래서 이 종에는 구리, 주석뿐만 아니라 525kg의 은과 금 72kg가 같이 섞여졌다고 한다. 1732년 초에는 청동을 녹이기 위한 4개의 화로가 건설되었으나, 공사는 여제의 기대와는 다르게 빨리 진행되지 못하였다. 큰 종을 주조하고 종탑을 건설하기 위해서는 주철 장인, 건물 건축가, 목수, 석공, 대장장이, 금형공, 황토공, 운반공 등 수많은 전문가가 투입되어야 했으나, 1733년 초가 되어서도 겨우 85명의 노동자만이 이 일에 투입되었다. 그해 연말이 되어서야 189명의 노동자가 투입되었다. 1734년 11월 마침내 첫 번째 주물 작업이 이루어졌으나 성공적이지 못하였다. 큰 종을 만드는 일에는 수많은 난관이 있었는데, 특히 2년 이상이나 공사에 투입된 장인들에게 봉급이 지급되지 않았다. 공사 책임자였던 아버지 모토린은 1730년 8월부터 1735년 1월까지 봉급도 받지 못하여 친구들에게 돈을 빌려가며 어렵게 생활하다가 1735년 8월 주종 작업의 완공을 보지 못하고 사망한다. 이후 그의 아들인 미하일 모토린이 이 일을 계승했으나 그 또한 금전적인 어려움으로 생활이 어려웠다. 종의 주조와 건축에는 총 공사비는 62,008루블이 소요되었다고 기록되어 있는데 전체 예산이 어디에 어떻게 쓴 것인지에 대한 자세한 언급은 없다.

1735년 11월 26일 마침내 기초 공사가 마무리되어, 정부 대표단이 참석한 가운데 모스크바 정교회 주교가 성공적인 마무리를 위한 축도를 시행한 뒤, 1분에 6톤 미만의 속도로 용해된 청동 주물이 별 문제없이 조형물 내부로 처음 부어졌다. 이후 청종 쇳물이 거푸집 내로 들어가고 주변 공사를 시행하는 작업에서 별다른 이상이 없었고, 모두 성공적인 주조 작업을 축하하는 분위기였다. 그러나 6개월이 지난 성삼 축제주일Feast of the Holy Trinity이던 1737년 5월 29일, 종을 들어 올리는 작업이 끝나지 않아 거푸집에서 들어내지 못한 상태에서 공사 중이던 거푸집 나무에서 화재가 발생하였다. 소방관들이 물을 뿌려 화재를 진압하였고, 도중 위쪽에 나와 있던 청동 주입구로 물을 부었다. 그 순간 종의 몸체가 갈라지며 12톤 크기의 조각이 완전히 떨어져 나왔고, 두 사람이 드나들 수 있는 2.1m의 크기의 큰 틈이 생겼다. 종은 거푸집에 분리되어 땅 아래의 구덩이 속으로 떨어졌다. 나중에 조사를 해 보니 6.7톤 정도의 무게로 설계되었던 추는 발견이 되지 않았는데, 아마도 처음부터 추는 주조되지 않았던 것 같다고 전해진다.

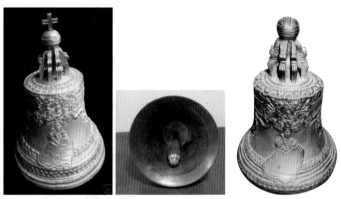

차르 대종을 축소 복제한 두 종류의 청동 종, 높이 15cm 1900년 전후

비록 종이 깨어져서 소리를 낼 수는 없으나 이후 종을 다른 곳으로 옮기거나 종각에 설치하려는 시도가 계속되었다. 그러나 결국 이 종은 한 번도 종루에 설치되지 못했다. 1812년 잠시 모

스크바를 정복하였던 프랑스의 나폴레옹 1세는 러시아 원정 승리를 기념하기 위하여 차르 종을 파리로 옮기려고 했다. 그들은 크렘린 지하에 매몰된 종의 아래에 지뢰를 묻어 폭발시키면, 종을 들어 올릴 수 있을 것으로 생각했다. 그러나 폭파 후에도 종 아랫부분에 조각만 생길 정도로 육중하고 굳건하여 전혀 움직일 수 없었다고 한다. 결국 프랑스 군대의 노력은 실패로 돌아갔고, 이 종은 이후 한 세기 동안 구덩이에 매몰되어 있었다. 이후에도 많은 사람들이 동원되어 종을 들어 올리려고 했다. 1792년과 1819년 두 차례에 걸쳐 종을 들어 올리려는 시도가 있었으나, 일시적으로 약간 움직이는 정도 밖에 성공하지 못하였다. 1836년 여름, 마침내 프랑스 건축가 오거스트 드 몽페랑드Auguste de Montferrand는 차르 종을 들어 올려 돌 받침대 위에 놓았다. 인양하면서 측정을 해보니, 깨어진 파편의 크기만 하여도 당시 360도 회전하며 소리 내는 유럽 스타일의 종 가운데 가장 큰 종인 영국 리버풀 성당의 테너종보다 세배나 더 컸다.

땅위로 올라온 차르 대종은 1849년부터 1932년 10월 혁명 전까지는 종 자체가 작은 성당으로 사용되었다. 종체의 균열로 만들어진 부분은 출입구가 되었다. 내부에는 러시아 정교회 십자가가 걸렸고 주기적으로 미사가 거행되었다. 러시아 혁명 후 일체의 종교적 행사는 중지되었고, 이 종은 러시아의 상징물로 남게 되었다. 러시아에서는 19세기부터 모스크바의 차르 종을 작게 복제한 청동 기념 종을 만들었으며, 크렘린 광장이나 차르 종을 방문하는 관광객들은 이 종을 구입하였다. 차르 종의 위용을 조각한 문진이나 잉크 데스크 세트와 같은 문방구들도 기념품 가게에서 판매하고 있다.

역사상 가장 무거웠던 종은 1484년 불교의 나라 버마왕국 다마제디 왕Dhammazedi에 의하여 주조되어 양곤의 쉐다곤 탑에 걸

모스크바 관광 기념품 차르 종 잉크병. 높이 10cm, 폭 6.5cm, 앞뒤 12cm, 20C 중후반

렸던 종이라고 한다. 높이가 6.3m 정도이나 무게는 무려 300톤에 달했다. 1602년 포르투갈 군대의 용병대장 필립 드 브리토는 양곤을 점령한 후, 쉐다곤 탑에 있던 이 종을 떼어내어 반출하려 하였으나 종을 실은 배가 양곤강에 침몰하여 실패하였다. 이 종은 지금까지도 양곤 강 바닥 뻘 밑 7.6m 지점에 묻혀 있다. 이후 몇 차례에 걸쳐 인양이 시도되었으나, 현재까지도 성공하지 못하고 있다. 앞으로 이 종이 인양된다면 세계에서

가장 크고, 특히 종소리가 울리는 살아있는 종으로 기네스북에 등재가 될 것이 확실하다. 현재 타종이 되고 있는 종 가운데 세계에서 가장 큰 것은 2000년에 주조된 중국 허난河南성 핑딩산平頂山시 포콴사普光寺의 '행운의 종Bell of Good Luck'인데, 높이가 8.2m, 무게는 116톤이다. 참고로 에밀레종이라 불리는 성덕대왕 신종은 높이 3.4m, 두께 2.4cm, 무게는 19톤이니 모스크바 차르 종 무게의 1/10에 미치지 못한다. 2016년 현재 우리나라에서 가장 무거운 종은 분단국가나 분쟁 중인 60개국에서 보내온 탄피 1만관을 녹여서 무형문화재 원광식 선생이 주조하고 2008년 만든 강원도 화천군 평화의 댐 입구에 조성된 세계 평화 공원에 설치되어진 '세계평화의 종'으로서 높이 5m, 무게 31톤이다.

현재 우리나라에서 가장 큰 강원도 화천 세계평화 공원의 종, 31톤

루리스탄 청동기와
골동품이고 싶은 청동 종

종이 인류의 역사와 인간의 삶에 중요한 역할을 맡게 된 것은 미신이나 종교 활동과 관련이 있다. 고대 중국과 잉카 문명에서는 사악한 기운을 물리치기 위하여 종을 울렸다고 전해진다. 미국의 할아버지 종 수집가는 나에게, 성서의 〈출애급기〉 28장 33~34절에는 '대제사장의 가운 깃에 황금종을 달았고, 성전을 출입할 때마다 종을 울림으로써 악령으로부터 그들을 보호하고자 하였다' 라고 쓰여 있다고 하였다. 종소리는 종교 의식 중에서 죄를 정화하는 효과가 있다고 믿어졌으며, 동아시아에서는 종의 여운이 영적으로 중요하므로 영혼과의 직접적인 소통을 위하여 종을 울렸다. 서양의 큰 종들은 대부분 기독교와 밀접한 관계를 가지며, 가톨릭교에서 종소리는 천국과 하느님의 목소리를 상징한다고 보아왔다.

종의 주조에 관하여 처음으로 기술한 곳은 중국이었다. 중국의 역사서에는 전설적인 고대의 3황 5제 시대에서 황제黃帝의 공인인 수垂와 염제炎帝의 손자인 고연鼓延이 처음으로 종을 주조했다는 기록이 있다. 그러나 현존하는 중국의 종들 중에서 가장 오랜 역사를 지닌 것은 기원전 1600~770년 전의 은殷, 주周나라 시대의 종들이다. 서양과 중동지방에서는 3000년 전의 메소포타미아의 바빌론 시대와 로마시대의 종들이 남아있는데, 특히 19세기 말에서 20세기 초에 페르시아의 루리스탄 지방에서 발견된 유적에는 많은 수의 청동 종들이 발견되어 전해지고 있다.

루리스탄 청동 종 좌 : 열린 방울 모양이며 추가 내부에 있음.
우 : 일반적인 형태의 작은 종

나는 종을 수집하면서 책을 통하여 루리스탄 청동 유물을 처음 알게 되었고, 이후 몇 년의 간격을 두고 뉴욕 메트로폴리탄 박물관이 진품임을 보증했다는 두 개의 청동 종을 수집하였다. 한 개는 열린 격자 모양open frame work의 방울 종이고, 다른 것은 보통 모양의 자그마한 청동 종으로 모두 동물에 사용된 것이라 생각된다. 또한 비슷한 시기에 중국 주나라, 한나라 시대의 푸른 녹이 슨 청동 종이라는 것을 뉴욕의 상인에게서 구입하였다. 내가 약 2000년~2500년 전의 종을 여러 점 가지고 있다고 하면, 매우 값이 비쌀 것이므로 그것만으로도 나를 상당한 부자라고 지레짐작하는 사람들도 있다. 그러나 종도 다른 골동품과 마찬가지로 연대가 오래되었다고 반드시 비싼 것은 아니다. 신라 토기가 청자나 조선 백자보다 저렴한 것과 유사하다.

중동의 시아파 이슬람 국가 이란은, 오랫동안 페르시아제국으로 알려져 왔다. 페르시아라는 명칭의 기원은 고대 그리스인들이 이란 남서부 해안 지역에 사는 사람들을 파르스Fars라고 부른 데서 비롯되었다. 이것이 라틴어화하여 페르시아Persia로 변화되었다. 그 후로도 1935년 팔레비 왕조가 공식적인 국가명을 이란으로 바꿀 때까지 오랫동안 페르시아라 불려졌다. 알렉산더 대왕의 원정으로 수도 페르세폴리스가 불타버린 후 2천 년이 넘도록 그리스인들의 기록이나 전설과 신화 속에서만 존재하던 페르시아제국은 20세기에 들어서 다양한 유적이 발굴 조사되고, 곳곳에 남은 쐐기문자의 비문들이 해석되면서 많은 사실들이 새롭게 알려지고 있다. 루리스탄 또는 로레스탄 Lorestan은 아랍, 페르시아 및 그 밖의 종족으로 혼혈된 토착민인 '루르Lurs족의 땅'이라는 뜻이며 이라크 국경에 가까운 서부 이란 지방을 말한다. 많은 산맥이 북서쪽에서 남동쪽으로 뻗은 지역이며, 평야와 유목지뿐만 아니라 근대에 개발된 유전도 있다.

이란 서부의 루리스탄 지방

루리스탄 지방은 고대부터 오랫동안 독자적으로 작은 왕조가 지배하던 곳으로, 20세기 초에 항아리와 말 장식품 등 고도의 기술을 보이는 유물과 청동기가 다수 출토되어 유명해졌다. '루리스탄 청동기'라고 하는 이 청동기 유물들은 시기적으로는 초기 철기시대의 청동기에 해당되는데, 1920년대 후반부터 유럽과 미국의 골동품 시장에 나돌면서 세상의 주목을 받았다. 루리스탄 지방은 예로부터 유목 기마민족의 근거지였기 때문에 루리스탄 청동기와 채색무늬 토기는 이 지방 유목 기마민족 분묘에서 발견된다. 토착민의 도굴로 출현된 것이 대부분이고, 출토품의 대부분은 돌로 된 수혈분묘竪穴墳墓에서 나온 것으로써, 무덤에는 큰 돌로 된 뚜껑이 있고 둘레에 석책이 있었다고 전해질 뿐이었다. 루리스탄 청동기는 도굴로 출품된 것이기 때문에 유물의 발굴에 대한 정확한 기록이 없고 유물의 정확한 연대도 결정하기는 어렵지만 B.C 1300년경에서 B.C 400년 사이, 특히 대부분은 기원전 4~7세기의 유물로 추정된다. 그 종류는 칼, 도끼, 창 등의 무기와 재갈, 말고삐, 방울 등의 마차 부속품 및 마구, 팔찌, 혁대, 거울 등의 장신구, 신상神像과 제사용품 등의 제기용구, 각종 작은 생활 용기 등 다양하다. 그중에서도 단검의 손잡이 장식, 말고삐 등에 부착된 말, 염소, 노루, 산돼지, 새, 스핑크스 등의 동물 모양이 특징적이다. 또한 그들이 신봉하던 신들과 반인반수상도 발견되었으므로, 그들 문화의 바탕이 되었던 종교를 엿볼 수도 있다.

　루리스탄 청동기는 도굴이 되어 메소포타미아 지방을 거쳐서 유럽으로 반입되었으므로 처음에는 메소포타미아 청동기로 알려졌다. 메소포타미아는 그리스어로 '강 사이' 라는 뜻이다. 보

통은 현재의 이라크인 유프라테스 강과 티그리스 강 사이의 지
역과 그 주변부를 말한다. 메소포타미아 문명은 수메르문명, 아
시리아문명, 바빌로니아문명, 히타이트문명, 페르시아문명 등이
속해 있다. 그러나 이 지방에서 발굴된 기원전 4~7세기 경 루리
스탄 청동기들은 수메르 문화로 대표되는 기원전 2900년~1250
년의 메소포타미아 고대 유물과는 구별이 된다.

개방형 동물 장식 종,
기원전 7~9세기

좌 : 루리스탄 청동기 장식품. 중 : 단검. 우 : 발걸이용 마구, 기원전 8세기, 위키피디아 자료

영국의 대영박물관이 루리스탄 청동기 유물을 처음 획득한 것은 1854년이었고, 1920년대 후반 이후 미국과 유럽의 박물관이 다량의 루리스탄 청동기 유물을 확보하였다. 이후 도굴된 루리스탄 청동기 유물들이 이란과 유럽의 골동품 시장에 많이 나타나기 시작했다. 그러나 1938년이 되어서야 고고학자들에 의해 루리스탄 돌무덤 터에 대한 과학적인 발굴이 이루어졌다. 유물들의 대부분은 지역의 도굴꾼이나 국제 암시장에 유통이 되었고, 1980년대까지도 밀거래가 성행하였다. 이 청동기 유물들은 오직 일부분만이 발굴된 기록이 남아 있다. 전체의 고고학적 기록이나 역사적 의미는 영원히 미궁으로 남을 수도 있다. 현존하는 루리스탄 청동기 유물의 전체 개수가 얼마나 되는지는 아무도 모른다. 이 중에는 근대에 만들어진 것들이 시장에 같이 섞여 있을 수 있다고 한다. 많은 수의 청동기들이 무덤이나 고대인들의 주술적인 종교적 장소에서 발견된 것으로 보아 유물들이 매장된 것은 확실하다. 그러나 루리스탄의 지리적 문화적 경계가 어디까지인지 알 수 없다. 말 장식품과 마구가 많이 발굴된 것으로 보아 말과 마차가 이 시대에 중요한 역할을 했을 것이다. 청동 무기도 많이 발굴되어 전쟁이 생활에서 다반사였을 것으로 생각된다. 또한 영적, 주술적인 목적으로도 사용되었을 것으로 추측하고 있다.

온라인 경매에 나온 중국 청동 종, 편종에 사용되는 것으로써 최근 제작된 모조품이다.

나는 오랫동안 종을 모으면서, 가짜 또는 복제품을 구입하여 낭패를 당한 경우도 제법 있다. 복제품과 가짜 예술품은 수요가 많고 일반적으로 호응을 받는 품목들을 대상으로 만들어지니, 내가 수집하는 종에는 가짜가 많은 편이 아니다. 그러나 카리브 해의 난파된 배에서 건져 올렸다는 철기 종은 1950년대에 멕시코에서 대량으로 만들어진 종이었고, 고색창연한 중국의 고대 종들도 대부분 근대에 사기를 치기 위해 급조한 물품이었다.

2000년대 초에 이라크에서 흥미로운 고고학적 발굴이 있었다. 그것은 1000여 년 전에 만들어진 위조 골동품인데, 이 골동품들은 이집트의 것으로 위조된 가짜 예술품으로 당시 가짜 예술품을 팔았던 아시리아 계통의 골동품 상점이 발굴됨으로써 세상에 얼굴을 내어 놓은 것이다. 천 년 전의 골동품 사기꾼들은 외국의 오래된 유물을 사려고 하는 부유층 고객들의 심리를 이용하여 가짜 예술품들을 속여서 판매한 것이다. 중국 당나라의 역사서에도 그 시절 수도였던 장안에는 가짜 골동품이 많이 나돌아서,

중국 한나라 시대의 청동 종과 화살촉

많은 사람들이 속았다는 기록이 있다고 한다. 가짜 골동품이나 예술품을 제작하는 것은 유사 이래 계속된 사기 행각이라 할 수 있다. 그 수법은 날로 과학화, 지능화되어 가니 가짜를 분별하기는 점점 더 어려워질 것이다.

위의 사진은 1990년대에 구입한 중국 한나라 시대의 청동기 물품들이다. 푸른 녹이 슬고 부분적으로 파손이 되어 아주 오래되어 보이는 몇 개의 작은 청동 종과 화살촉을 미국과 중국에서 구입하였다. 나는 이것을 최근에 복제된 가짜 골동품일 것이라 생각하고 구입하였기에 가짜라고 하여도 속은 것은 아니다. 그러나 판매자들은 여전히 한나라 시대의 진품 청동기라고 버젓하게 소개하며 한 점에 불과 2~3만 원씩에 판매하고 있다.

종과 같은 금속 공예품은 유난히 가짜가 많다. 금속 공예품을 감정할 때는 그 물품을 들어보고 만져보며 진품을 판정한다고 한다. 오래된 금속은 골다공증이 있는 뼈처럼 탄소화가 진행이 되어 금속의 무게가 가벼워지기 때문이다. 감정가들은 경험을 바탕으로 감각적인 방법으로 냄새를 맡거나, 자기의 혀를 대어 본다고 한다. 진짜 오래된 물건들은 아무런 맛이 나지 않으나, 약품 처리하여 녹을 만든 가짜는 아직 산화가 끝나지 않아서 역한 맛이 난다. 나도 중국에서 구입한 종에서 풍겨나던 역한 금속 부식용 약품 냄새를 기억하고 있다.

일본 골동품 상인들은 어지간하면 물건을 보며, 가짜라고 잘라 말하는 법이 없다고 한다. 그 대신 "소중한 물건이니 고이 간직하라."고 말한다. 만약 진짜를 가짜로 잘못 판별한다면, 그 순간 소중한 문화재 하나가 사라지는 셈이기 때문이란다. 설사 가짜라 하더라도 오랜 시간이 지나면 또 다른 멋진 골동품이 될 수도 있으니 잘 간직하라는 뜻이기도 하고.

수집을 하다 보면, 터무니없는 물품을 비싸게 사거나, 가짜를 구입할 때도 있다. 이런 경우에는 경제적인 손실 뿐만아니라, 정신적 충격도 비교적 오래간다. 도자기를 수집하던 지인은 몇 차례에 걸쳐 중국에서 들여온 가짜 도자기를 비싸게 구입한 후, 수집을 아예 포기했다. 나도 시행착오를 몇 차례 겪으면서 많이 단련되었다. 그러나 아마추어 수집가가 세계의 무궁무진한 고수 사기꾼들을 감당하기는 여전히 벅차기만 하다. 세상은 넓고 고수는 곳곳에 많기 때문이다.

모래와 재로 만든 청아한 소리, 유리 종

유리는 '모래와 재로 만든 불사조'라고 불릴 만큼 인류 최고의 발명품 중 하나이다. 매끄럽고 투명한 고체인 유리는 항상 매력적인 물건이었다. 일상생활에 사용하는 유리는 모래(석영)의 주성분인 산화규소를 탄산나트륨과 탄산칼슘(석회석)과 섞어 높은 온도로 가열한 후, 급냉각함으로써 만들어진다. 유리 속에 어떤 종류의 원소를 용해시키면 원하는 특수한 색의 유리를 만들 수 있어 창문, 병, 안경, 식기, 생활 용기, 장식품 등으로 사용되어 왔으나, 잘 깨어져서 보관하기 어렵다는 단점이 있었다.

고대 로마의 플리니우스의 《박물지》는 모래사장에서 자주 요리를 하여야 했던 페니키아 상인이 모래가 녹아내리며 만들어진 유리를 처음 발명했다고 기록하였다. 그러나 약 6000년 전의 고고학적 발굴에서 유리구슬이 발견되었으므로 이 기록도 정확하지 않다. 이 시기에 만들어진 유리는 모두 불투명한 색유리이며, 투명한 유리는 기원전 2000년경에 처음 제조되었으리라 추측된다. 우리나라에서도 거의 2000년 전인 신라 미추왕릉에서 인물 모습을 넣은 유리구슬이 발견되었다. 인도네시아 자바섬의 유리 공방에서 만든 유리구슬이 해양 실크로드를 통해 한반도에 전해졌다고 한다. 일반 서민이 유리를 처음 이용하게 된 것은 산업혁명 이후이며, 19세기 이후 다양한 용도로 일상생활에 널리 보급되었다.

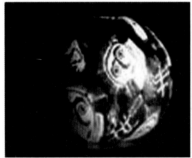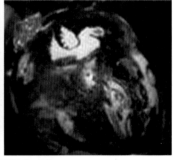

미추왕릉에서 발견된 사람 얼굴 모습의 유리구슬, 1.8cm,
3세기 신라, 경주박물관 소장

　19세기 영국의 전성기를 구가한 엘리자베스 여왕은 결혼식을 올리는 신랑 신부에게 유리종을 선물하였다고 한다. 이것이 널리 알려지며 영국 사회에는 결혼식의 선물로 높이 30cm 정도의 큰 유리종을 선물하는 풍습이 유행하였는데, 이를 '영국 결혼식 종English Wedding Bell' 이라 한다. 다양한 색상의 결혼식 선물용 종은 손잡이를 여러 가닥의 물방울 모양으로 매듭지었고, 특별히 파리에서 수입한 접착제를 사용하여 몸체와 붙였다. 그러나 오랜 시간이 지나면서 큰 유리종은 보관하기가 어려웠고, 특히 유리 추는 깨어지거나 소실된 것들이 많아 오늘날까지 전해지는 것은 많지 않다. 이 풍습은 이민자에 의하여 미국으로 전파되었는데, 당시 큰 유리종을 구입하는 데는 상당한 금액을 지불하여야 했다. 미국의 필그림 회사는 가격을 낮추고, 크기가 조금 작으나 견고하고 명쾌한 소리의 선물용 크리스털 종을 만들었는데, 이 종은 '가난한 자의 결혼식 종Poor man' s wedding bell' 이라 불려졌다.

영국 결혼식 선물 종 English Wedding Bell, 30cm, 19세기

우리가 원하는 반짝이는 광채와 투명함, 무겁고 튼튼한 유리, 즉 투명하고 빛이 나는 유리인 크리스털을 만들려면 24% 이상의 산화납이 첨가되어야 한다. 크리스털 유리crystal glass 는 두드리면 경쾌한 소리가 나고 맑고 투명하기가 수정과 같다고 해서 '크리스털'로 불리기도 한다. 크리스털은 일반 유리와는 다르게 산화납과 탄산칼륨을 배합하여 만든다. 유리의 착색 원인이 되는 불순물(산화철 등)이 적게 함유된 칼륨석회 유리를 사용하여, 두께가 증가하여도 투명도가 높아진다. 보통 빛의 굴절률이 큰 유리일수록 반사율도 크고 빛의 산란도도 커지는데, 산화납을 함유하여 굴절률을 높임으로써 아름다운 광택을 지니게 하였다. 크리스털은 유리보다 가공하기가 쉬우므로 직선으로 컷 세공하여 굴절률을 더욱 증가시킬 수 있어 맑은 소리가 나는 것이다. 또한 쉽게 깨어지지 않으므로 공예용 유리나 와인 잔과 같은 고급 식기용 재료로 사용될 수 있었다.

크리스털 유리는 1676년 영국의 조지 레이븐즈 크로프트가 새로 개발한 제조법으로 생산한 유리였는데, 이로써 영국은 일약 세계적인 유리 생산국이 되었다. 크로프트가 만든 최초의 투명 크리스털은 부싯돌 태운 것을 주성분으로 사용했기 때문에 플린트 유리Flint glass, 부싯돌 유리라고 했다. 이것은 일정한 시간이 지나면 검게 부식했는데, 이 결함은 산화납을 첨가함으로써 극복되었다. 지금은 부싯돌이 유리의 성분으로 사용되고 있지 않지만, 여전히 크리스털과 비슷한 의미로 '플린트 유리' 라는 용어가 사용되기도 한다. 영국 상인들의 단체인 '워십풀 유리 판매인 조합' 은 그 당시에 유명했던 이탈리아 베네치아에서 만든 유리의 질에 오랫동안 불만을 품고 있었다. 때문에 크로프트의 크리스털 유리 개발을 적극 지원하였다고 한다.

크리스털도 만드는 회사마다 생산 방법이 다르기 때문에, 크리스털의 내열성이나 잘 깨어지지 않는 정도를 표준화된 수치로 표현하는 것은 불가능하다. 오늘날 오스트리아의 스와로브스키, 프랑스의 바카라, 네덜란드의 로얄 리담, 미국의 스튜반, 아일랜드의 워터포드, 일본의 미카사 등은 잘 알려진 명품 크리스털 회사이다.

'가난한 자의 결혼식 크리스털 종' 15~20cm, 미국 필그림사, 20세기

'유리종glass bell'의 기원은 알 수가 없다. 그러나 유리종에 대한 기록은 1890년 헤일EE Hale이 쓴《그의 편지와 기록물로 본 크리스토퍼 콜럼버스의 일생》에 처음 나타나 있다. 콜럼버스가 남긴 기록에는 1392년 10월 11~12일에 북중미의 라스 카라스섬에 도착하여, 원주민에게 붉은 모자와 유리종 등을 선물하며 이들과 친해졌다는 사실을 남겼다고 한다. 유럽에서는 16세기에 벨기에, 네덜란드, 독일에서 만든 유리종들이 알려지기 시작하였고, 16~17세기부터는 지금의 체코인 보헤미아와 이탈리아 베네치아 무라노 유리종들이 유명해졌다. 오늘날 수집가들에게 많이 알려진 유리종들은 대부분 유럽 국가와 미국에서 18세기 중반부터 현대까지 만들어진 것들이다. 유리종은 19세기 후반까지는 하인을 부르는 목적으로 사용되었으나, 이후에는 축하용, 관광 기념품, 행사 기념품, 상업적 광고용으로 만들어져서 광범위하게 유통되었다.

괴벨 유리종, 수도승과 바바리아 지방의 민속 의상, 1970년대, 독일

유리종을 만드는 방법은 일반적인 유리 공예품을 만드는 방법과 다르지 않다. 즉 '강철 대롱으로 유리를 불어서 만드는 법free blown', '부분적으로 입으로 불어 팽창시킨 뜨거운 유리를 틀에 부어서 만드는 법mold blown', '뜨겁게 용해된 유리를 압축기로 여러 부분의 틀에 넣어 찍어내는 법mold pressed' 등의 방법으로 제작된다. 유리종의 추는 금속이나 유리, 플라스틱, 나무로 만들고, 금속 체인이나 줄로 몸체와 연결한다. 추는 시대에 따라 변해왔다. 그러나 추의 진동은 유리벽에 손상을 입혀 종을 깨어지게 하고, 유리 추는 반복되는 충돌로 파손되는 약점이 있었으므로 견고한 크리스털로 만든 종 이외에는 오랫동안 보존되어 완전한 모습으로 전수되기가 어려웠다.

유리종은 커팅, 조각, 에칭(식각), 페인팅 등의 기법을 조합하여 만든다. 종의 몸체는 투명한 무채색, 투명유리, 불투명 색채 등의 유리로 만든다. 커팅이나 조각으로 종을 만들려면, 잘 깨지는 일반 유리로는 만들 수 없으므로 투명하고 각진 크리스털 유리가 사용되며 최근에는 다이아몬드로 가공하고 있다. 광택을 내는 데는 각종 분말이 사용되었으나, 경비를 절감하기 위하여 화학약품에 의한 산성 광택법이 많이 이용되고 있다. 조각 기법은 커팅 기법과 같이 이용되는 경우가 많은데, 얇은 유리 제품에 많이 사용된다. 에칭 기법은 최근 바늘로 새기거나, 얇은 종이로 옮겨 그린 그림을 산성 물질로 부식하는 판 에칭 기법이 주로 사용된다. 페인팅은 여러 기법과 혼합하여 사용되었었는데, 페인팅이 소실되지 않게 직후에 고온에 가열하여야 한다. 동화의 장면을 손으로 그린 메리 그레고리 형식이 대표적인 페인팅한 유리 제품이다.

손 그림을 그려 넣은 메리 그레고리 형식의 유리종

우리에게 가장 많이 알려진 유리 공예품은 이탈리아 베니스의 무라노Murano 유리일 것이다. 베니스는 주요한 무역항이었기에 아시아와 이슬람의 영향을 받아 9세기부터 유리 제품이 생산되었는데, 1291년 정부가 장인들은 강제로 무라노 섬으로 이주하도록 명령함으로써 유리 공예품 생산 기지가 되었다. 이 지역의 강바닥으로부터 나오는 자갈과 습지로부터의 소다 석회의 공급이 용이했는데, 영주는 유리 제조 비법을 지키기 위해 장인들을 이 섬에 철저히 격리시켰으므로 장인들은 평생 동안 유리 공예를 위해 희생당하여야 했다. 무라노의 장인들은 고급 유리 제작에 대한 독점권을 가졌으며, 많은 신기술을 개발하여 세계시장을 공략하였다. 아름다운 꽃무늬로 보이는 필리그리filigree, millifiore, 백만 개의 꽃이란 뜻, 유리나 금을 유리 사이에 끼워 넣는 기법, 유리구의 중앙에 수평 띠를 만들어 넣는 기법incalmo, 미세 크리스털을 분산시켜 밀크 같은 불투명 유리를 만드는 기법lattimo, 색깔을 입힌 에나멜 기법, 갈비뼈처럼 다수의 수직선 무늬로 장식하는 기법ribbed glass, 한 종류의 유리 위에 다시 유리를 입혀 특유의 두 층 유리를 만드는 기법 등이 이들이 개발한 기법이다.

프랑스 플린트 유리종도 수집가들에게 인기가 많다. 19세기 프랑스에서 제작된 것으로서 다양한 색의 투명한 크리스털로 만든 사각형에 가까운 둥근 몸체에 손잡이와 추는 다양한 형상의 금속으로 제작되었다.

무라노 유리종, 필리그리와 인칼모 기법. 19C〜20C

프랑스의 플린트 유리종도 물론 부싯돌을 넣은 것은 아니나, 초기에는 비슷한 방법으로 만들어졌으리라 추측된다. 몸체는 프랑스 로렌 지방의 바카라 유리 공장에서 제작되었다. 각종 동물이나 가문의 문장, 도깨비, 운동하는 사람의 모습을 한 금속 손잡이와 독특한 추는 독일에서 생산된 것이다. 바카라사는 1817년부터 크리스털을 생산하였는데, 러시아 황제와 유럽의 귀족들이 즐겨 찾던 공방이었다. 수탉 손잡이에 계란 추, 토끼 손잡이와 당근 추, 꿩과 야생 도토리 추, 도깨비와 날카로운 발톱을 가진 발 추, 곰과 벌집 추 등등의 독특하고 재미있는 조합이다. 플린트 유리종은 신비로운 색깔과 서로 조화를 이루고 있다. 예술성 높은 금속 손잡이와 추는 매우 아름답다. 경매에 플린트 유리종이 소개가 될 경우 이것을 얻으려면 많은 경쟁자를 물리쳐야 한다.

플린트 유리 종, 바카라사, 19세기 프랑스

'전쟁과 평화' 의 종

오래 전부터 알고 지내던 분에게 큰 금속 종을 선물 받았다. 과거에 종을 수집할 때 구한 것인데, 본인은 더 이상 종 수집을 하지 않으므로 나에게 주는 것이 좋을 것 같다며 제법 무거운 이 종을 직접 들고 오셨다. 소화 14년(1939년) 1월 신원리 동종新院里 洞鐘이라는 한자가 새겨져 있는, 무쇠로 만든 '철 종鐵鐘' 으로 생각된다. 우리 옛 종의 특징인 용통甬筒이 없으며 종을 거는 용뉴를 단순하게 고리 형태로만 만든 전형적인 중국 종의 형태이다. 전각된 글씨체도 저급이고, 막대로 쳐보니 저질의 금속을 두드리는 듯한 투박한 소리가 났다. 청아한 범종의 소리는 들을 수 없었다. 종에 새겨진 '신원리' 를 검색해 보니, 경기도 양

평, 전북 완주, 전남 광양, 경북 영천과 청도, 경주 등 전국에 셀수 없을 정도로 많은 '신원리'가 존재하고 있었다. 경상도와 인접한 어느 '신원리'의 사찰이나 동사무소에 걸렸던 종일 수 있겠다고 생각된다.

신원리 동종, 소화 14년 높이 40cm, 지름 28cm

1937년 일제가 중국을 침략하며 태평양전쟁을 도발하였으나 연합군의 강력한 반격으로 패전의 위기에 몰리게 되었다. 일본 군부정권은 일본과 조선에 전쟁 물자를 공급하기 위해 강제로 금속류 공출령을 선포했다. 처음에는 친일단체나 친일 불교계를 앞세운 국민운동으로 시작하였으나, 시간이 갈수록 경찰력을 앞세운 강제성을 띠기 시작하였다. 전쟁의 정점에서는 일본 내 수백 개 불교사원의 범종을 선박의 프로펠러나 전쟁 물품을 만들기 위하여 용광로로 보냈다. 한반도에서도 민간의 놋그릇과 사찰의 불교용품 등 금속품이 수탈되었고, 비교적 크기가 큰 범종이 가장 수난을 많이 받은 품목이었다. 1943년에 발간된 김제의 금산사지金山寺誌에는 ‘계미년에 시국에 응하여 범종, 금고와 중간 크기의 종 4개와 불교 용구 등 수백 점을 국방자재로 공출하였다’ 는 기록이 있다. 이 당시에 만들어진 작은 범종들은 구리가 부족한 관계로 무쇠와 같은 재질의 투박한 쇠 종들이 많고, 만드는 방식도 중국이나 일본의 범종 제조 방식으로 대충 만들어졌다고 한다. 당시 종을 주조하는 장인들의 수준을 짐작케 하는, 명문의 조잡한 필체도 그대로 남겨져 있다. 이 ‘신원리 동종’ 도 일제 강점기의 우리의 아픈 과거를 그대로 담고 있는 근대 유물이다. 일본 연호가 새겨진 옛 무쇠 종은 과거에 만들어진 금속 쓰레기 정도로 치부되어 돌아다니다가 나에게로 전해진 것이다.

일제 강점기에 전쟁 물자를 위해 공출된 놋그릇, 불구와 범종

우리나라 사찰의 종들은 공출을 피하기 위하여 깊은 산속으로 숨겨졌으나, 많은 종들이 공출되었다. 지금은 보물 2호로 지정이 된 종로의 보신각 동종銅鐘은 민족 감정을 우려한 일제의 결정으로 병기창에 옮겨지기 직전에 공출이 중지되었고, 계룡산 갑사의 종은 공출되었으나 녹여지지 않은 상태에서 해방을 맞아 다시 갑사로 돌아왔다고 한다. 흥미로운 이야기도 있다. 강화도 전등사의 동종은 강제로 공출당한 뒤 돌아오지 못하였다. 해방이 되자 전등사 주지는 일제에게 빼앗겼던 범종이 혹시 인천 항구에 버려져 있지는 않을까 해서 찾아 나섰다가, 부평의 일제시대 조병창 자리 뒷마당에 큰 동종이 하나 버려져 있다는 말을 들었다. 그가 찾은 종은 전등사의 동종이 아니고, 크기가 더 큰 1.63m의 중국산 철 종이었다. 종에 새겨진 명문으로 북송시대인 1037

년 중국 백암산 숭명사에서 주조한 종임을 알 수 있었다. 광복후 군정시절에 인천 박물관장은 미군과 교섭하여 중국 철제 범종 3개를 비롯한 청동 유물을 이관 받게 되었고, 사라진 종을 대신하여 이 종을 전등사에 우선 걸어두었던 것이다. 천 년 전에 주조된 중국 종이 여기까지 흘러온 연유는 역시 일제 말기에 일본이 점령한 중국지역의 종이 공출되어 배로 타고 이곳으로 왔으나, 전쟁이 끝나며 용해되지 않고 살아 남은 것으로 추측된다. 이 기구한 운명의 종은 현재 우리나라의 보물 제393호로 지정되어 있다.

영국이 미얀마 전쟁에서 승리한 뒤 약탈해온 불교 범종, 영국 렉삼

종소리에는 그 시대를 살던 사람들의 영혼과 생활이 그대로 담겨져 있는 것이다.

1939년 영국 정부가 독일과의 전쟁을 선언한 이후, '1940년 6월부터는 공중 공습경보를 제외하고는 모든 교회와 성당의 종을 울리는 것을 금지한다' 는 포고령을 내렸다. 이후 전쟁이 끝날 때까지 영국에서는 교회당의 종소리를 들을 수 없었다고 한다. 중세 이후 유럽에서 전쟁이 발발하면 가장 큰 손상을 입는 것 중의 하나가 교회당의 종이었다. 전승국은 패전한 나라의 민족혼을 말살하기 위하여 종탑을 부수고 큰 종을 그들의 나라로 가지고 갔다. 반면 전쟁에서 승리하면 노획한 적군의 무기와 대포를 녹여 종을 만들어 승리를 축하하였다. 18세기 영국은 미얀마전쟁에서 승리하며 양곤의 가장 유명한 불교사원의 종탑에 설치된 큰 종들을 전리품으로 가져왔고, 지금은 북 웨일스 카나폰 시내와 군사박물관에 보관되어 있다.

1차 세계 대전 중 함부르크 항구로 보내진 청동 종

제1차 세계대전 중 오스트리아에서는 성당과 교회당의 종들이 무작위로 몰수되었고, 독일에서도 청동 종을 떼어내어 전쟁 물자인 총탄이나 대포를 제작하기 위하여 녹였다. 그들은 보존 가치에 기준을 두고 공출되는 종들을 구분하였는데, 18세기 이전의 종이나 보존 가치가 높은 종은 종탑에 남겨두었다. 그러나 무려 10만 개 이상의 종이 종탑에서 내려졌다. 그중 9만 개는 '종의 공동묘지'라고 불리던 함부르크항으로 운반되었고, 75,000개의 종이 총탄을 만들기 위하여 용해되었다. 이들 중에는 아름답고 오래된 종들도 많이 있었다고 한다. 2차 세계대전에서도 많은 피해를 보았다. 독일이 점령한 네덜란드, 벨기에를 비롯한 유럽 각국의 종들이 주로 공출되었다. 그러나 폴란드에서는 러시아가 이미 많은 종과 금속들을 가져갔으므로 독일이 점령한 후에 가져갈 수 있는 것은 거의 없었다고 한다. 러시아에서도 많은 종들이 무기를 만들기 위하여 공출되었다. 그들은 독일과의 전쟁에서 빼앗기지 않기 위하여 300개 이상의 큰 종들을 종탑에서 제거하여 모스크바의 안전한 장소로 이동하여 보관하였다. 이탈리아에서도 2차 대전 직전 무솔리니 정부와 바티칸 교황청 간에 종의 이동에 관한 협약이 맺어졌고, 전쟁물자를 생산하기 위하여 많은 종들이 종탑에서 내려졌다. 그러나 공출을 면했던 많은 교회 종탑들도 폭격과 화재로 파괴되어 사라졌다. 독일에는 그 당시

파괴된 종들을 그대로 전시하고 있는 곳도 있다.

폭격으로 파괴된 독일 루드백 성모 성당의 종

전쟁이 끝나자, 사람들은 전몰자를 추도하기 위하여 종을 다시 만들었다. 이탈리아 로베레토의 평화의 종은 1차 세계대전 중 희생된 이탈리아 병사들을 추모하기 위하여 1924년 1차 대전에 참전한 19개국의 대포와 포탄을 모아 주조하였고, 슬픔에 잠긴 성모 마리아를 의미하는 'Maria Dolens 종'이라 부르게 되었다. 이 종에는 두 명의 교황 이름과 함께 전쟁 발발을 의미하는 새벽과 전쟁이 끝난 황혼의 평화로운 모습이 부조되어 있다. 지금도 매일 저녁에 전쟁 희생자와 참전자들을 기억하기 위하여 수백 번의 종소리를 내고 있다.

Maria Dolens 종, 이탈리아

전쟁을 일으켰으나 원자폭탄을 맞으며 패전한 일본은 그들이 전쟁광이 아니라는 점을 알리려는 듯이, 전후에 많은 종각을 건설하고 평화의 이미지를 구축하기 위하여 노력하게 된다. 일본 유엔협회는 1954년 유엔본부에 세계 60개국 이상의 나라에서 수집한 동전들을 녹여서 만든 '일본 평화의 종'을 기증하였다. 일본어로 '영원하라, 절대적인 세계 평화여!' 라는 글이 새겨져 있고, 새해 첫날과 UN총회가 열리는 평화의 날(9월 21일)에 타종한다. 1994년 UN 사무총장 갈리는 "이 종소리가 울릴 때마다, 인류에게 아주 명확한 메시지가 전해진다. 평화는 고귀한 것이다. 그냥 갈망하다고 얻어지는 것이 아니다. 아주 오랫동안에 어렵고 힘든 노력의 결과로 오는 것이다."라고 하였다.

좌 : 유엔 평화의 종 중 : 히로시마 평화의 종
우 : 나가사키의 창공의 아이들 종

일본의 원폭 투하 지점에는 평화를 기원하는 종이 설치되어 있다. 히로시마 평화공원의 종은 1964년에 설치되었다. 여기에는 국경을 구별하지 않은 세계지도가 조각되어 있고, '전쟁과 핵무기가 사라지기를 기원한다. 종소리가 세계 곳곳의 사람들의 귓속으로 들어가서 평화를 사랑하는 모든 사람들의 가슴을 뛰게 하기 바란다.' 라는 글이 헌정되어 있다. 나가사키 평화의 공원은 원자폭탄이 떨어진 곳에 위치하고 있다. 그 위치에 있던 가톨릭 성당은 대부분 파괴되었으나, 종탑은 무사하였다. 교회의 종은 지금도 보존되고 있고, 1977년 새로운 평화의 종이 설치되었다. 여기에는 기둥에 허리를 걸치고 양손을 뻗어 평화를 기원하는 어린 아이들의 모습이 조각되었고, '창공의 아기들 Babes in the Air' 란 이름으로 불려진다. 특별히 일본 군국주의에 강제로 징발되어 전쟁에 동원되었다가 희생된 학생들과 노동자들에게 헌정되었다.

아시아와 세계의 평화를 유린한 일본이 피해자인양 평화의 종을 설치하고, 세계에 종탑을 기증하는 것도 역사의 아이러니이다. 진정한 평화는 종탑을 건설하는 것보다는 평화로운 종소리가 끊이지 않고, 온 누리에 울려퍼지게 하는 것이다.

유럽 자기의 고향 마이센-드레스덴

독일 남동부의 엘베 강변 작센주 드레스덴Dresden
은 과거부터 문화와 정치 및 상업의 중심지였다. '독일의 피렌
체'로 불린 아름답고 호화로웠던 무역 중심 도시였다. 스위스의
산악 풍경과 비견된다고 '작센의 스위스'라고도 했다. 이 도시
는 제2차 세계대전 중이던 1945년 2월 연합군 폭격으로 2만 5천
명의 민간인이 희생당한 아픔을 지니고 있다. 폐허가 되었던 도
시는 종전 이후 다시 재건되었고, 독일 통일 이후에는 폭스바겐
자동차 공장이 들어서는 등 다시 독일의 상공업 중심지로 발전
하고 있다. 드레스덴에는 작센의 왕 프리드리히 아우구스트 1세
가 만든 보물 저장고인 녹색의 둥근 천장을 비롯하여, 젬퍼 오페

라하우스, 레지덴츠 궁전, 츠빙거 궁전 등이 유명한 관광 자원들로 잘 알려져 있다.

마이센Meissen은 드레스덴 서북부 30km에 위치한 인구 3만 명 남짓한 작은 도시이다. 마이센은 드레스덴과 함께 유럽 도자기의 고향으로 알려져 있는데, 이는 이곳에서 유럽 최초로 자기가 제작되어 유럽의 도자기 시대를 열었기 때문이다. 마이센에서 도자기를 개발하기 전까지는 중국과 일본의 도자기가 유럽으로 수입되었다. 유럽 귀족들은 도자기에 열광하였고, 중국과 일본은 17~18세기 동안 유럽에 7천만 개의 도자기를 팔았다고 한다. 큰 도자기 한 개는 큰 주택 한 채의 가격과 비슷하였다. 유럽인들은 도자기China를 '중국China'의 국명과 같이 표시할 정도로 중국은 도자기를 생산하는 나라라고 생각했다.

드레스덴의 츠빙거 궁전과 궁전 내부의 도자기 전시장

흙을 빚어 높은 온도의 불에서 구워낸 도자기陶瓷器, china, porcelain는 크게 도기陶器와 자기瓷器로 구분된다. 도기는 진흙점토, 陶土으로 섭씨 800~1,000도에서 구우나, 자기는 고령토瓷土를 주된 원료로 1,200~1,400도의 고온에서 굽는다. 도기는 물이 스며들지만 자기는 물이 스며들지 않는다. 규산성분의 자기는 도기보다 강도가 훨씬 강하여 얇게 만들 수 있고, 투광성과 광택이 있으며 두드리면 맑은 소리가 난다. 자기 중에서 청자는 1,250도에서 굽지만 백자는 가마 온도가 1,300도까지 상승하여야 만들어지므로 과히 자기의 제왕이라고 할 수 있다.

토기와 도기는 만들기가 쉬워 전 세계에서 사용되어 왔으나, 자기는 오랫동안 중국, 한국, 일본, 베트남 등 동아시아 국가에서만 만들 수 있었다. 자기를 만드는 비법은 재료로 쓰이는 흙인 고령토kaolin, 카올린를 구할 수 있느냐의 문제였다. 고령토는 중국 강서성 고령카올린산에서 많이 나오는 돌가루 흙인데, 고령토에 다른 흙을 섞어 자기를 만드는 것이다. 그러나 고령토는 흔한 흙이 아니었고, 유럽은 고령토를 찾지 못해 오랫동안 자기를 만들지 못하였다고 할 수 있다. (경상북도 고령에는 고령토가 생산되지 않는다.)

중국의 자기는 13세기 말 유럽에 처음 소개되었다. 당시에는 매우 귀하고 보석과 비교될 정도로 비쌌다. 동서교역이 확대되며 본격적으로 중국 자기가 유입되자 유럽 왕실과 귀족들은 중국 자기에 열광하였고, 중국 자기를 '동양에서 온 하얀 금'이라 불렀다. 자기를 소유하고 있다는 것은 높은 신분의 상징으로 여겨졌으며, 귀족들이 '자기'를 구한 날에는 손님들을 초대하여 축하 파티를 열었다고 한다.

동양에서 자기를 수입하던 유럽인들은 단단하면서도 아름다운 중국식 자기를 만들어 부자가 되는 꿈을 이루기 위해 온갖 노력을 다하였다. 그러나 오랫동안 성공하지 못하였다. 그러다가 다양한 시도 끝에 고령토를 섞어 자기를 만드는 비법을 알아낸다. 마침내 1709년 드레스덴 교외의 마이센 가마에서 그들의 오랜 숙원을 처음으로 이루었던 것이다.

좌 : 남성, 1750년, 프리드리히 마이어 作 우 : 악기를 연주하는 여인, 19세기 마이센

마이센 자기를 만들게 한 작센 공국의 선제후이자 폴란드의 왕이었던 아우구스트 2세는 드레스덴에 여러 건축물을 세워 '바로크의 도시'라는 명성을 얻게 한 사람이다. 가난한 작센 공국의 군주였던 그는 군자금과 건축 자금을 마련하기 위하여 자기 제조에 관심을 갖게 되었다. 그는 연금술사 요한 프리드리히 뵈트거를 가두어 두고 자기를 만들도록 했다. 뵈트거는 원래 프로이센 태생으로 그의 고향에서는 연금술사로 소문이 났다. 그는 프로이센의 왕 프리드리히 1세가 자신을 가두고 금을 만들 때까지 내보내주지 않을 것을 두려워하여 작센 공국으로 도망을 간 것이었다. 그러나 작센의 왕 또한 소문을 듣고 있었기에, 즉시 뵈트거를 연금하고 두 명의 감시자를 붙여 도망가지 못하게 한 것이다. 그러나 그가 금을 만드는데 실패를 거듭하자 왕은 화학적 조합만으로는 금을 만들 수 없다는 것을 깨달았다. 그에게는 도자기의 비법을 연구하고 있던 티룬 하우젠과 같이 자기를 개발하도록 명령이 떨어졌다. 당시 중국 자기는 황금과 맞먹는 가치를 가지고 있었기 때문이었다.

아우구스트 2세는 비밀 유지를 위해 드레스덴에서 엘베 강을 따라 북쪽에 위치한 소도시 마이센의 알브레히츠부르크 성 내부에 가마를 만들었다. 도공은 자기 제조법을 타인에게 이야기할 수 없었고 성 외부로의 외출도 금지됐으며, 외지인도 성에 들어

올 수 없었다. 감옥과 같은 마이센 성의 실험실에 감금된 뵈트거는 8년간의 실험 끝에 1709년 마침내 유럽 최초의 단단한 자기를 만들어 내는 데 성공하였다. 1년 전 자기를 만드는데 가장 중요한 재료인 카올린을 발견한 뒤, 노력 끝에 흰 태토로 된 자기를 만든 것이다. 이를 바탕으로 1710년에 마이센 성에 '왕립 작센 자기소' 가 설립되며, 본격적으로 자기가 생산되었다. 마이센 자기의 형태는 유럽에서 인기리에 사용되던 은제품의 형태를 본 땄으며 다양한 색채의 에나멜로 장식되었다. 마이센은 유럽 최초의 왕립 자기 생산지였고, 나중에 KPM (Königliche Porzellan Manufaktur) 브랜드로 발전하게 됐다. 그러나 감옥과도 같은 성안의 자기 제조실에서 생활해야 했던 뵈트거는 9년 만에 젊은 나이로 생을 마감하게 된다.

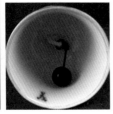

마이센 도자기 종, 11cmx6cm와 마이센 찻잔 세트

뵈트거를 이은 헤롤트, 켄들러 시대에 이르러, 마이센 자기는 상감기법을 도입하며 18세기 중엽까지 독보적 전성기를 열었다. 이들은 초창기에는 중국의 징더전景德鎭과 일본의 이마리 도자기의 디자인을 모방했지만 점차 당시 유행하던 문양과 형태를 자기 속에 넣었다. 헤롤트는 회화적 요소를, 켄들러는 조각적 요소를 자기에 가미한 것이다. 특히 켄들러는 백자에 인물, 새 같은 동물을 상감 조각해 만들어 내 유럽에서 호평을 받았다. 또한 밝은 색으로 섬세하게 꽃을 그리는 마이센 자기의 특징인 독일식 꽃장식도 이 시기에 개발되었다.

작센에서 자기를 생산하는데 성공했다는 소식은 짧은 시간 내에 전 유럽으로 퍼져나갔고, 마이센 도자기의 제조 비밀도 오래 지켜지지는 못하였다. 자기를 만든 지 8년이 지난 뒤, 두 명의 도공이 탈출해서 오스트리아로 도망하여 비엔나에서 자기를 생산한다. 그러나 합스부르크 왕가는 이들을 제대로 지원하지 않았기에 비엔나의 도자기가 융성해지지는 못하였다. 프랑스와 영국은 마이센의 비법을 알아내려고 많은 노력을 하였다. 프랑스는 끊임없이 자기 생산에 힘을 기울였고, 결국 1768년 프랑스 최초의 자기를 탄생시켰다. 자기가 생산된 세부르는 원래 그림이 발달한 곳이었는데, 카올린이 발견되고 일단 자기가 완성되자 얼마 후 마이센 자기와 맞먹는 명성을 얻게 되었다. 결국 약 반세기가 지나자 프랑스, 영국, 비엔나 등 유럽 전역으로 자기 제작 기술이 급속히 확산되었고, 유럽과 독일에는 도자기 제조공장들이 곳곳에 건설되어 경쟁적으로 자기를 생산하였다.

마이센 - 드레스덴 공방은 다른 제품과 차별화하고 마이센 장인의 진품을 모조품으로부터 보호하기 위해 1722년 도자기의 밑면에 작센주의 상징인 '교차된 장검長劍, 쌍칼'을 표시하였다. 이는 전 세계에서 가장 오랫동안 사용되어 온 상표 중 하나가 되었다.

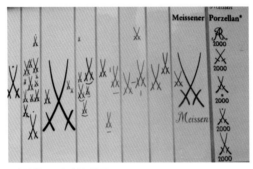

마이센 도자기의 상표

마이센에는 도자기 매장이 없었기에 마이센에서 생산된 도자기는 드레스덴에서 판매되었고, 일반적으로 '드레스덴 자기'라 통칭된다. 마이센 도자기가 인기를 끌자 드레스덴에는 도자기 공예가들이 모여들었고 스튜디오라는 공방이 들어선다. 스튜디오는 마이센에서 생산한 깨끗한 백자를 가져와서 마이센 도자기

패턴의 장식을 하여 완전한 도자기로 만들어 판매하는 곳이었다. 드레스덴에는 20세기 초까지 200개가 넘는 스튜디오가 있었다. 이와 같이 깨끗한 상태의 백자가 스튜디오로 판매되어, 스튜디오에서 개별적으로 장식한 작품들을 '하우스말러hausmaler, 영어 house painting'라고 한다. 마이센에서의 고급 도자기의 공급이 딸리게 되자 어떤 스튜디오는 마이센의 2등급 도자기를 구입하여 핸드 페인트를 더하고, 그 위에 자기들의 상표를 그려 넣어 판매하기도 하였다. 나중에는 독일 바바리아, 영국의 워체스터, 프랑스 리무즈 지방의 도자기를 들여와 핸드 페인트한 후 드레스덴 도자기로 판매된 경우도 있었다. Donath & Company, Franziska Hirsch, Richard Klemm, Amrosius Lamm, Carl Thieme, Helena Wolfsohn 등이 그 당시 유명했던 스튜디오들이다.

그중 헬레나 볼프손은 드레스덴에서 가장 유명했던 도자기 스튜디오였다. 그녀는 1843년부터 1883년까지 자신의 이름을 붙인 스튜디오를 운영했는데, 아름다운 꽃 그림이 그려진 로코코 형식의 도자기를 장식한 그릇이나 장식품을 주로 판매하였다. 그러나 1883년 독일 법원이 이 스튜디오가 드레스덴의 '왕실도자기 제작 공장(KPM)'의 이름을 무단 사용한 것에 대하여 사용 중지와 함께 많은 금액의 배상금을 선고하여 문을 달았다. 나는 적지 않은 돈을 지불하고 그녀의 공방에서 만든 아름다운 여성 인물 도자기 종을 수집할 수 있었다. 마침내 사진에 있는 두 명의 귀부인 마이센 종을 눈앞에서 마주할 수 있는 행운을 얻은 것이다.

드레스 차림의 귀부인 인물 종, 마이센 Helena Wolfsohn Studio, 19세기 말

1864년 왕립도자기 공방인 KPM는 마이센의 트리비슈탈로 이전하였다. 1950년에는 동독의 국영기업에서 개인으로 전환되었으나, 독일 통일 후인 1991년에 다시 작센주의 소유가 되었다. 마이센 도자기는 지금도 손으로 제작되며 인가된 전문 상인에 의해 전 세계로 판매되고 있다.

우리나라의 청자와 백자와 같은 전통 자기도 은은하고 무척 아름답다. 그러나 화려한 드레스 차림의 마이센 도자기 종이 만들어 내는 청아한 종소리는 나에게 여유와 평화를 준다.

인류의 염원이 담겨진 과일 '사과'

인류 역사에 가장 의미있는 변화를 준 과일은 사과라고 한다. 사람들이 즐겨먹는 사과에는 그들이 이룰 수 없었던 것에 대한 열정과 소망이 담겨 있다. 작은 사과 한 알에는 신화, 종교, 과학, 문학, 예술 등의 분야에서의 아름다움, 죄, 구원, 힘, 지식과 과학에 관한 다양한 의미가 함축되어 있다.

원산지가 발칸반도인 사과는 동쪽으로는 중국서부와 시베리아를 건너 우리나라까지 분포하게 되었고, 서쪽은 남동부 유럽의 코카서스, 터키 등으로 퍼져나갔다. 사과는 오래 전부터 재배되었는데, 약 4000년 전의 스위스의 동굴 거주지에서 탄화 사과가 발굴된 바가 있다. 그리스 시대의 자료에는 사과의 접목법이 기록되었고, 로마시대에는 사과 재배가 광범위하게 이루어졌다. 유럽의 사과는 16~7세기에 전체 유럽 지역과 북미 대륙으로 전파되었고, 20세기 들어서는 남미로 전파되어 대부분의 남미 국가에서 사과가 재배되었다.

필자가 자랐던 대구 인근지역은 한때 사과 산지로 유명했었다. 우리는 사과보다는 능금이라고 불렀고, '대구 능금'은 대구를 대표하는 '과일 브랜드'였다. 대구 여성들은 어려서부터 비타민 C가 풍부한 능금을 즐겨먹어서 미인들이 많고, 역대 미스코리아는 이 지역에서 가장 많이 나왔다고 했다. 기록을 찾아보니, 해방이후 한동안은 능금이라 많이 불리어졌으나, 점차 사과라는 단어로 대치되었던 것 같다. 그래서인지, 우리 세대에서는 능금은 경상도 사투리이고 사과는 표준말로 이해하고 있는 사람들도 있다. 그러나, '사과'와 '능금'은 지역에 따라 표현을 달리한 것이 아니다. 사과와 능금은 학명學名이 'Malus pumila Miller'와 'Malus asiatica Nakai'로 서로 다른 과일이다. 우리 역사 속의 능금은 지금의 사과와는 다른 야생종 능금이나 재래종 사과라고 이해하면 되겠다.

능금은 삼국시대에도 한반도에 있었다고 하며, 고려 때에 서적인 '계림유사1103'에는 '임금林檎'으로 처음 기술되었다. 한자 '능금나무 금檎'은 '새禽'과 '나무木'가 붙은 글자인데, 향기가 좋아 숲林속의 새들이 찾아와서 먹는 과일이라는 의미라고 한다. '임금'은 점차 발음이 쉬운 '능금'으로 바뀌어진 것이다. 현재 우리가 즐겨먹는 사과는 조선 인조시대에 중국에서 들어온 이후, 18세기 초에서야 비로소 재배가 가능해졌다. 이후, 1890년 캐나다 및 미국인 선교사에 의해 과수원이 개원되었고 1900년대 초에는 일본인들이 농업이민으로 들어와서 축, 홍옥, 욱 등의 품종을 재배하였다. 사과沙果는 '모래沙밭처럼 물이 잘 빠지는 땅에서 자라는 과果일'이라는 의미라고 한다. 사과나무는 겨울에 삼한사온이 뚜렷하고 일교차가 큰 지역에서 잘 자라므로, 대구 지역이 사과 재배에 가장 적당하였던 것이다. 최근, 지구 온난화의 영향으로 한반도의 기후도 변하여, 사과 생산지도 점차 북쪽으로 올라갔고 '대구 능금'의 명성도 사라져 간다.

Apple bell 1992, 높이 7cm, 인도

사과에는 인간의 무한한 가능성과 함께 부족함으로 인한 한계라는 서로 배치되는 두 관념이 함께 들어있다. 그 시대에는 극복되기 어려웠던 인간의 한계와 결핍을 넘어서려는 궁극적인 욕망을 함께 담아준 것이다. 사과는 신화나 옛 이야기에서 불화를 야기하는 과일로서 처음 등장하였는데, 이는 사과의 모양과 맛이 모든 과일 중의 으뜸이었기 때문에 발생한 것으로 생각된다. 사과는 구약성서 창세기에서 태초의 인간이 하느님의 계명에 거역하며 따먹음으로서 하느님의 낙원에서 추방되게 한 금단의 과실로 처음 등장하였다. 에덴의 동산에 살던 아담과 이브는 선악과를 따먹지 말라는 말씀을 거역한다. 뱀이 선악을 알게 하는 나무의 열매를 먹으면 하느님처럼 지혜로워진다고 유혹하자 이브가 먼저 선악과를 따먹고 아담에게도 먹으라고 권한다. 결국 두 사람은 풍요로운 낙원에서 쫓겨난다. 선악과를 먹은 두 사람은 비로소 자신의 몸을 돌아보게 되어 벌거벗은 자신의 몸을 부끄러워한다. 이브는 출산의 고통을 얻게 되고, 아담은 힘든 노동을 하며 생명을 부지하게 되나, 그 생명은 유한하다는 한계를 지니게 된다. 사실, 성서에 나오는 선악과가 '사과'라는 증거는 없으나, 모두 사과라고 하는 것이다. 사과는 인간 원죄설의 근본이 되었고, 사과로 인하여 새로운 인류 역사가 시작된 것이다. '원죄의 사과'는 기독교 사상을 형성해 온 가장 중요한 개념이다.

아담과 이브, 루카스 크라나흐,
1526년, Courtauld Institute
Gallery, 런던

이는 신의 명령에 따라 살던 인간이 자신들의 자유 의지로 시행한 최초의 행동으로 기록된 상징적인 것이기도 하다. 이로서 독립된 자아를 가진 인간, 지혜로운 인간이 지구에 살게 된 것이다.

그리스-로마 신화의 '헤스페리데스Hesperides의 사과'는 인간이 범접할 수 없는 신들의 소유물로서 불로장생을 상징하는 과일이었다. 제우스와 헤라가 결혼할 때 대지의 여신 가이아가 선물한 것이다. 헤라는 세계의 서쪽 끝에 있는 정원에 이 사과나무를 심고 아틀라스의 세 딸들인 헤스페리데스와 100개의 머리를 가진 잠들지 않는 용龍 라돈을 시켜 지키도록 했다. 나무의 가지와 잎이 황금이고, 황금사과가 열렸다. 그 광채는 서쪽 하늘을 금빛으로 물들였다.

그리스 신화에는 헤라가 내린 광기狂氣로 미쳐버린 헤라클레스가 자기의 세 아들을 죽인 이야기가 있다. 정신을 차린 헤라클레스는 테베를 떠나 델포이로 갔고, 그곳에서 아들을 죽인 죄 값을 치르기 위해 티륜스의 영주 에우리스테우스의 노예로 들어가서 10개의 어려운 노역勞役을 완수하라는 신탁神託을 받게 된다. 그가 모든 노역을 성공하면 죄를 씻을 수 있고, 영원한 생명을 얻을 수 있다는 것이었다. 헤라클레스는 10개의 노역을 모두 성공했으나, 그 중 두 임무는 수행과정 중에 하자가 있었기에 8개만 완수한 것으로 판정받았다. 그에게는 2개의 추가적인 노역이 주어졌고, 11번째 노역은 헤스페리데스에 열린 황금사과를 가져오는 것이었다. 헤라클레스는 평생 하늘을 떠받치는 벌을 받고 있던 아틀라스를 찾아가서 천구天球을 대신 짊어져 주는 등의 노력으로 그를 속였고, 라돈과 싸워가며 마침내 황금사과를 얻어온다. 헤라클레스는 사과를 가져온 다음 12번째 과업도 완수함으로써 그에게 주어진 노역을 끝낼 수 있었고, 결국 신의 반열에 오른다. 고대 미술품에 등장하는 헤라클레스가 들고 있는 사과는 불멸을 염원하는 인간의 욕망이 담겼다고 할 수 있다.

헤라클레스 조각상과 지구를 지는 벌을 받은 아틀라스 기계식 탁상종,
19세기, 프랑스

그리스 신화에는 '파리스의 사과'도 소개되었다. 불화의 신 에리스는 퓌티아의 왕 펠레우스와 바다의 여신 메티스의 결혼식에 초대 받지 못하였다. 화가 난 에리스는 결혼식장에 나타나 하객들 사이로 황금사과를 던졌다. 그 사과에는 '가장 아름다운 여신에게'라고 쓰여 있었는데, 각자 아름다움에 대한 자부심이 대단하였던 여신들은 그것은 자기에게 주어진 것이라고 주장하였고, 결혼식장은 혼란스러워졌다. 그중 제우스의 아내 헤라와 사랑의 여신 아프로디테(비너스), 지혜의 여신 아테나, 세 여신이 정식으로 다툼의 장에 나섰다. 곤란해진 제우스는 떠돌이 양치기소년이던 트로이의 왕자 파리스에게 가장 아름다운 여신을 판정하는 심판을 맡기고 피하게 된다. 파리스는 트로이의 왕 브리아모스의 아들이었다. 장차 나라에 큰 재앙을 가져올 사람이라는 신탁神託때문에 왕은 파리스가 태어나자마자 이데의 깊은 산으로 보냈던 것이다. 파리스는 권력이나 지혜를 주겠다는 헤라와 아테나 대신, 아프로디테를 가장 아름다운 여신으로 선정하고 황금사과를 그녀에게 쥐어주었다. 아프로디테가 자신을 뽑아주면 세상에서 제일 예쁜 여자를 파리스의 아내로 맞게 해주겠다고 제안했기 때문이다. 당시 최고의 미녀는 스파르타의 왕 메넬라오스의 아내인 헬레네였는데, 미美의 전쟁에서 승리한 아프로디테는 약속대로 파리스가 헬레네와 결혼하도록 돕는다. 파리스가 그리스의 젊은 영웅들의 선망의 대상이었던 헬레네를 트로이로 데리고 옴으로써 유명한 트로이전쟁으로 이어진다. 미인 경연에서 분노한 헤라와 아테나는 그리스를 도왔고, 그리스 연합군의 공격을 받은 트로이는 결국 멸망한다. 한 개의 사과가 한 나라를 멸망시킨 것이다.

'파리스의 사과'는 '비너스의 사과'라고도 불리며, 육체적이고 세속적인 사랑과 아름다움을 의미하게 되었다. 가장 아름다운 여신을 뽑는 '파리스의 심판'이라는 매혹적인 주제는 많은 미술작품으로 그려졌다. 루벤스는 사과를 든 파리스와 헤르메스 앞에 세 여신이 나체로 서서 심판을 기다리는 장면을 그렸다. 세 여신은 각기 다른 포즈로 풍만한 육체를 뽐내면서 파리스의 손에 있는 사과를 갈구하고 있다. 결국 '선악과'라는 사과와 그리스 신화의 '황금 사과'는 인간 뿐만 아니라 신들의 세계에서도 혼돈과 증오를 야기한 단초가 되었다. 그 사과에는 어떤 위험을 무릅쓰고라도 쟁취하고 싶은 아름다움, 사랑, 불멸과 같은 인간의 근원적인 욕망이 담겨있고, 그와 함께 탐욕에 대한 죄책감과 불안감이 숨어 있다고 볼 수 있다.

중세 이후 사과에게는 슬프고 세상을 불신케 하는 현실에서 세상을 창조적이고 발전적인 방향으로 전환하는 역할이 주어졌

파리스의 심판, 루벤스, 1625, National Gallery, London

다. 독일 그림형제의 동화 〈백설공주〉는 독이 든 사과를 먹은 주
인공이 삶과 죽음 사이를 왕복하며 결국 거대한 악을 물리치는
내용인데, 사과가 세상의 정의를 실현되는데 가장 중요한 도구
인 것이다.

　1804년에 발표된 독일 극작가 프리드리히 실러의 희곡 '빌헬
름 텔영어는 윌리엄 텔'에 나오는 사과도 유사한 개념이다. 스위스
가 합스부르크 왕가의 지배를 받던 14세기의 일이었다. 총독 게
슬러는 높은 장대에 모자를 걸어 놓고 그곳을 오가는 사람들에
게 인사를 시켰다. 아들 발터와 함께 그곳을 지나가던 빌헬름 텔
은 모자에 인사를 하지 않았다가 체포되었다. 총독은 명사수로
알려진 그에게 "50미터 떨어진 벽에 아들을 세워 놓고 아들의 머
리 위에 올려놓은 사과를 화살로 맞힌다면 죄를 용서하겠으나,
그렇지 않으면 투옥시키겠다."고 하였다. 사과를 맞히지 못한다

면 자신의 화살로 아들을 죽이게 되는 위기에서, 빌헬름의 화살은 머리 위에 얹힌 사과를 정확하게 맞춘다. 시민들은 만세를 부르고 기뻐했다. 그러자 못마땅한 총독은 화살 통에서 꺼낸 두 번째 화살의 용도를 묻는다. 그러자 빌헬름은 "만약 적중하지 못하였다면 당신을 쏘려고 했소." 라고 대답하여 감옥에 갇히게 된다. 빌헬름은 배로 압송되는 도중 폭풍우 속에서 탈출에 성공하고, 마침내 게슬러를 쏘아 죽이고 봉기를 이끈다. 오스트리아에서 온 영주들의 폭정에 억눌려 지내던 스위스 농부들이 호응하였고, 마침내 스위스는 합스부르크 왕가를 물리치고 독립하게 되었다. 빌헬름은 가상의 인물이나, 이 이야기는 압제에 시달리던 약소국 스위스 독립운동의 시발점이 된 중요한 사건이 되었다. 그가 맞추어야 했던 아들의 머리 위의 사과는 전설이 되어 전해졌으며, 사과는 혁명과 자유를 기원하는 아이콘이 되었다.

석궁을 든 아버지를 존경스런 눈빛으로 쳐다보는 아들 발터의 모습이 조각된 알트도르프의 빌헬름 텔 동상과, 빌헬름 텔 탁상 종, 크롬 도금 청종, 1900년경, 독일

뉴턴의 사과는 만유인력을 발견하는 기회를 제공하여, 과학 발전에 큰 전기를 마련해 준 혁신적인 사과이다. 1665년 경 유럽에 흑사병이 만연하자 케임브리지 대학도 1년 반의 긴 휴교에 들어갔고, 뉴턴은 작은 고향 마을인 울즈소프로 귀가하였다. 어느 날 정원의 나무에서 사과가 떨어지는 것을 우연히 보고, 지구와 사과 사이에 어떠한 힘이 존재하고 있을 것이라는 상상을 했다. 그는 "그것은 내가 명상에 잠겨 있을 때 사과 하나가 떨어지면서 일어난 일이었다. 왜 저 사과는 옆이나 위로는 향하지 않고 항상 아래를 향해 낙하하는 것일까? 항상 지구의 중심으로 향하고 있으니, 아마 지구가 그것을 끌어당겼을 것이다. 지구에는 물질을 끌어당기는 힘인력, 引力이 있는 것이다."라고 유추한 것이다. 즉, 그는 떨어지는 사과에서 지구가 사과를 당기는 힘이 있다는 것에 생각했고, 모든 물체 사이에는 보편적으로 작용하는 만유인력萬有引力이 존재함을 발견한 것이다. 뉴턴 이전의 사람들은 세상은 하늘과 땅이라는 두 세계로 이루어져 있다고 믿었다. 당시 갈릴레이는 피사의 사탑에서 물체를 떨어뜨린 후 낙하 시간을 계산하는 방법을 알아내었고 케플러는 행성의 운동 법칙을 발견하였다. 그러나 두 과학자가 발견한 지상 운동과 하늘에서의 행성의 운동은 서로 다른 법칙에 의해 움직이는 것이라고 생각한 것이다. 뉴턴의 사과는 이 두 운동이 결국 같은 것이라는 사실을 증명하는 계기가 되었다. 지구 주위를 도는 달과 땅에 떨어지는 사과는 똑같은 운동을 하고 있고, 땅과 하늘의 세계는 하나의 법칙이 작용하는 서로 다르지 않은 세계임을 밝힌 것이다. 주변에서 흔히 관찰할 수 있는 사과가 아래로 떨어지는 현상에 관심을 가지고 분석하여 그 근원적인 원리인 만유인력의 법칙을 발견하여 근대과학을 발전시키는 획기적인 계기가 된 것이다. 우리가 살고 있는 자연과 우주를 이해할 수 있는 기반을 마련해 준 것이다.

아이작 뉴턴과 스티브 잡스,
그리고 애플사 로고의 변천

근대의 사가史家들은 아담과 이브의 사과, 파리스의 사과, 빌헬름 텔의 사과와 뉴턴의 사과를 '세상을 변화시킨 4개의 사과' 라고 한다. 그중 아담과 이브의 사과와 파리스의 사과는 유혹에 빠져 자기중심을 상실하면 퇴보하는 세상이 올 수 있다는 것을 보여주었고, 빌헬름 텔과 뉴턴의 사과는 부단한 노력과 열정으로 새 세상을 창조하는 모습을 보여준 것이다. 새 천년이 시작된 21세기에는 '애플Apple' 이라는 또 다른 사과가 세상의 구조와 삶의 방식 자체를 바꾸는 거대한 변화를 이끌고 있다. 마침내 사람들은 스티브 잡스가 주도한 이 '애플' 을 추가하여 '세상을 변화시킨 다섯 개의 사과' 로 부르기 시작했다.

1976년 스티브 잡스, 스티브 워즈니악, 로널드 웨인이 설립한 애플컴퓨터는 개인용 컴퓨터인 매킨토시를 소개하며 등장하였다. 2007년 '애플Apple사' 로 개명한 이들은 기술혁신으로 아이팟, 아이폰, 아이패드를 차례로 성공시키며, 전 세계인의 손에 스마트 폰을 쥐어주며 개인 정보화라는 새 패러다임을 열었다. 사과를 즐겨먹고 사과나무를 좋아했던 이들은 애플을 회사명으로 사용하였다. 초창기의 '애플사' 로고는 '나무 아래에 앉아 중력을 생각하는 뉴턴' 의 그림이었으나, 곧 '한 입 베어 먹은 사과' 로 바뀌었다. 한 입 깨문bite이라는 단어가 정보처리 단위인 바이트byte와 발음이 비슷하여 정했다는 설명과 컴퓨터 발전에 큰 공헌을 한 비운의 영국 수학자 앨런 튜링을 기리기 위한 것이라는 설명이 있다. 옥스포드대학의 교수였던 튜링은 동성애자였는데 사회적으로 큰 지탄을 받다가 청산가리를 넣은 사과를 한 입 깨물어 먹음으로서 생을 마감했기 때문이다. 자유분방하고, 혁신적인 이념이 담긴 로고라는 생각이 든다. 스티브 잡스 사후에 애플을 이끌고 있는 팀 쿡이 동성애자임을 밝힌 것도 우연이 아닌 것 같다.

철학자 스피노자가 노년에 사과나무를 심자 사람들이 답답하다는 듯이 그에게 물었다. "지금 사과나무를 심어서 언제 따 먹겠습니까?" 스피노자는 "나는 내일 지구의 종말이 오더라도 오늘 한 그루의 사과나무를 심겠다."라고 대답했다. 내가 수확하지는 못하더라도 언젠가는 후손들이 따 먹을 수 있도록, 느긋하고 성실하게 자신의 일을 수행하라는 이야기일 것이다. 사과에는 사랑과 미래에 대한 희망이 담겨져 있다.

카르타고의 한니발과 로마의 스키피오

프랑스의 판매자로부터 조금은 짙은 피부에 별이 새겨진 머리띠의 한 사내를 손잡이로 만든 15cm 크기의 황동 종을 구하였다. 그가 누구인지에 대한 정확한 정보는 없었고, 말을 탄 병사가 무장한 코끼리와 함께 싸우는 전투장면이 조각된 것으로 보아 한니발이 아닐까? 외국의 전문가들에게 사진을 보내어 의견을 구해보았으나 모두들 처음 보는 것이라는 답을 하였다. 그들도 카르타고의 장군 한니발을 주제로 한 19세기 프랑스 황동 종일 것이라고 추측할 뿐이었다. 로마시대에 제작된 한니발의 조각상과 황동 종의 사내의 모습에는 뚜렷한 차이가 있었다. 한니발 조각상은 로만 로브라는 헐렁한 로마 시대의 복장 차림이고 수염을 짧게 깎았다. 청동 종 손잡이에 조각된 사내는 짙은 피부빛과 긴 수염이다. 카르타고는 지중해를 두고 이탈리아 시칠리와 마주한 지금의 북아프리카 튜니지아에 해당된다. 대리석상의 로마인보다는 짙은 피부의 아랍인으로 보이는 이 종의 사내가 더 사실적일 것 같다는 생각이 들었다.

　머리띠의 별은 무슨 의미가 있을까? 이슬람에서는 중세부터 초승달과 별이 그들 문화의 표상이었고, 몇몇 국가의 국기에도 초승달과 별이 있다. 이 종이 만들어지던 19세기 당시의 북아프리카 이슬람 국가들의 정체성을 나타낸 것인지도 모르겠다. 5각형 별은 이슬람 신앙의 다섯 기둥인 알라가 유일신이며 무함마드는 알라의 예언자라는 신앙고백인 '샤하다', 일정한 시간에 맞추어 하루 다섯 번씩 알라에 기도하는 '살라트', 자산의 일부분을 반드시 가난한 사람들에게 기부하는 '자카트', 라마단 한 달에는 일출부터 일몰까지 단식하고 성행위를 금하는 '사움'과 일생에 한 번은 메카를 순례하는 '하즈'를 상징한다. 이슬람국가인 튜니지아는 한니발 장군을 국가의 영웅으로 존경하며, 그들의 지폐에 로마 조각상의 한니발 얼굴을 넣었다.

　한니발 장군이라 불리어지는 한니발 바르카기원전 247~183년는 고대 페니키아인이 북아프리카 북쪽 연안에 건설한 나라 카르타고의 장군이다. 한hann은 '은총', 바알baal은 '주인lord' 또는 '바

한니발이 묘사된 19세기 프랑스 황동 종과 튜니지아의 5 디나르 한니발 지폐와 국기

알Baal신' 을 의미하니, 한니발은 페니키아어로 '바알 신의 은총'
이라는 뜻이다. 바알은 카르타고를 비롯한 고대 가나안 지역의
사람들이 풍요와 다산, 그리고 폭풍우의 신으로 숭배하던 남성
신이었다. 페니키아어는 역사에서 사라졌으나, 아직도 서구에는
한니발이라는 이름을 쓰는 사람이 많다. 영화 '양들의 침묵' 의
그 악당도 한니발이었다.

　　로마의 역사에서 가장 강력한 적국이었던 카르타고는 130년에
걸쳐 세 차례의 포에니라틴어로 페니키아전쟁을 치렀다. 제1차 포에
니전쟁은, 카르타고가 시칠리아를 점령하기 위해 상륙하자, 시
칠리아의 로마와 시라쿠사가 동맹을 맺고 카르타고를 물리친 전

쟁이다. 로마는 해상강국 카르타고를 물리치기 위하여, 처음으로 해군을 창설하였고 해전에서 승리한 것이다. 이 전쟁으로 카르타고는 시칠리아를 잃고, 로마에 막대한 배상금을 물어주어야 했으므로 나라가 위기에 처해졌다. 이어진 한니발에 의한 로마 정벌부터 자마전투 패배까지의 과정을 제2차 포에니전쟁이라 한다. 제3차 포에니전쟁은 이후 카르타고가 로마의 동맹국인 누미디아 왕국을 공격하자, 로마가 출정하여 카르타고를 격파하며 역사에서 완전히 제거한 것이다.

한니발의 아버지 하밀카르는 제1차 포에니전쟁에서 로마에게 대패한 바 있는 카르타고의 장군이었다. 한니발은 이후 스페인에 주둔한 아버지를 따라 그곳에서 어린 시절을 보냈고, 아버지와 매형의 뒤를 이어 청년 시절에 식민지 스페인의 총독이 되었다. 아버지가 사망한 뒤인 BC 218년(29세)에는 복수를 위한 로마 출정에 나섰다. 보병 4만, 기병 8천 명에 전투 코끼리 37마리를 이끌고 피레네 산맥을 넘었다. 제2차 포에니전쟁이 발발한 것이다. 로마는 즉시 2개의 군대를 편성하여 시칠리아와 마실리아(마르세이유)로 나누어 보냈다. 그러나 한니발은 갈리아(지금의 프랑스)를 가로질러 알프스 산맥을 넘어 이탈리아로 침공하였다. 로마의 상식을 뛰어넘는 과감한 전법이었다. 후일 나폴레옹이 알프스를 넘었을 때는 여름철이었으나, 한니발은 무려 2000

년 전 겨울에 알프스를 넘은 것이다. 험준한 행군으로 반 이상의 병력이 죽거나 도망쳐서 병력은 보병 2만여 명, 기병 6천 명 정도만 남았다. 그 또한 눈병으로 한쪽 눈을 잃었으나, 남은 병사들을 추스리며 88만 병사의 로마군과 싸우며 이탈리아로 나아갔다. 한니발은 칸나이를 비롯한 이탈리아 중부에서 연승을 거듭하여 로마의 6개 군단을 불과 며칠 사이에 궤멸시켰다. 칸나이 전투는 중앙에 약한 군을 배치하고 왼쪽과 오른쪽에 강한 군대를 배치하는 초승달 전법으로 승리함으로서 전범에 기록된 유명한 전투였다. 카르타고 군은 6천 명 전사하였으나 로마군을 7만 명 죽이고 1만 명은 포로로 잡혔다. 한니발은 심리전에도 능하였다. 그는 포로로 잡은 로마 연합군 중에서 로마군은 혹독하게 대하였으나 로마의 동맹국 병사에게는 따뜻한 음식을 제공하고 바로 풀어주었다. 로마 동맹국의 전열을 무너뜨렸던 것이다.

한니발의 군대는 로마의 바로 앞까지 진출하였으나 바로 로마를 공격하지 않고 주변의 도시를 공격한다. 동맹국으로부터 로마를 분리하여 로마를 고립시키고 최종적으로 로마를 공격하여 항복을 받으려는 전략이었다. 그러나 이 전략은 성공하지 못하였다. 맹렬하게 돌진하던 한니발을 막았던 것은 평민 출신의 샘 프로니우스였다. 로마군은 한니발이 점령한 이탈리아 중부의 대도시 카푸아를 겹겹이 포위하였다. 한니발은 한쪽으로 병력을

알프스를 넘는 한니발(좌)과 칸나이 전투(우) 상상도, 위키피디아

집중시켜 돌파하려 하였으나 로마군의 방어를 뚫지 못하였다. 그는 포위를 풀고자 마침내 로마를 직접 공격하였으나 끝까지 로마를 함락시키지 못하였다.

　지중해의 제해권을 확보하지 못한 카르타고 군이 충분한 보급을 받지 못한 가운데, 로마가 지연전을 펼치자 전쟁은 소강상태에 들어갔다. 대부분의 로마 동맹세력들도 한니발의 기대와는 달리 로마에 반기를 들지 않았다. 로마의 집정관 파비우스 막시무스는 한니발과의 전투를 피하여 도망다니면서도, 한편으로는 한니발이 지휘하지 않은 군대는 적극적으로 공격하는 지구전을 펼쳤다. 국민들에게 비웃음과 큰 비난을 받았으나, 한니발을 제외하고는 카르타고에는 유능한 지휘관이 없었으므로 매우 효과적인 전략이었다. 이미 비옥한 북아프리카를 차지하고 있던 카르타고도 더 이상 한니발을 달가워하지 않았다.

한편, 로마는 지연전과 함께 당시의 전쟁의 개념을 바꾸는 혁신적인 전략을 펼친다. 젊은 장군 스키피오가 지휘하는 로마군은 이탈리아에 한니발 군대를 묶어 두고, 스페인의 카르타고 군 본거지를 친 것이다. 스키피오는 아버지를 따라 17세부터 전쟁에 참여하였던 로마의 귀족이었다. 그는 한니발이 승리한 네 번의 큰 전투 중에서 세 번을 참여하였으나, 겨우 목숨을 건졌었다. 절치부심하며 준비를 한 스키피오는 한니발의 두 동생들이 지휘하던 카르타고 군을 격파하고 스페인에서 몰아냈다. 동생 하스드루발은 이탈리아의 한니발과 합류하기 위해 남은 병력과 알프스를 넘어 이탈리아에 진입하였으나, 대기하고 있던 로마군에 의해 궤멸당하고 자신도 사망하였다. 전황이 로마에 유리해지자 한니발의 편이던 남부의 도시들도 반란을 일으켜 로마 편으로 돌아선다. 한니발은 시칠리아도 빼앗겼고, 반도 끝인 칼라브리아로 밀려났다.

결국 15년 동안 이탈리아에 주둔하던 한니발 부대는 BC 203년 카르타고로 철수하고, 북아프리카의 자마에서 스키피오 부대와 운명의 일전을 치르게 된다. 그러나 이미 한니발의 전략을 잘 숙지하였던 젊은 스키피오는 자마에서 한니발에 쓰라린 패배를 안겨주었다. 5만 명의 카르타고 군(보병 4만 6천, 기병이 4천, 전투 코끼리 80마리)은 기병대 6천 명을 포함한 4만의 로마군에게 처절하게 패배한 것이다. 스키피오는 한니발의 코끼리들이 돌격할 때 전열에 선 병사들에게 나팔을 힘껏 불도록 명령하였다. 나팔 소리가 울리자 놀란 코끼리 몇 마리가 제자리에서 빙빙 돌며 한니발의 기병과 충돌하였다. 나머지 코끼리들은 스키피오가 고의로 길을 열어두었던 반원의 통로로 자연스럽게 따라 들어왔다. 일단 표적 안으로 들어오자 로마군은 화살을 쏘고 창을 던졌다. 놀란 코끼리들은 카르타고 기병 쪽을 향해 몰려갔다. 코끼리들이 적을 공격하기 보다는 오히려 양 날개 쪽에 배치된 한니발의 기병을 흩어 버렸다. 이 혼란한 틈을 타 로마 기병이 한니발의 기병을 기습하였고, 누미디아 기병이 합류한 정에 로마 기병이 카르타고의 보병의 배후를 공격한다. 패전을 모르던 카르타고 군은 혼비백산하여 흩어지며 몰살을 당하였다. 카르타고 군 4만 명이 전사하거나 포로가 되었으나, 로마군은 1,500~4,000명 정도만 희생되었다.

자마 전투로 제2차 포에니전쟁은 끝이 났다. 한니발의 카르타고는 아프리카 이외의 모든 영토의 포기, 거액의 전쟁 배상금, 카르타고 해군의 해체라는 치욕적인 강화조약을 받아들였고, 로

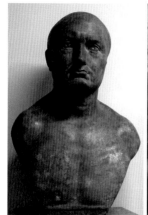

스키피오 아프리카누스(좌)와 〈자마 전투 상상도〉 1567년 제작 (우), 위키피디아

마는 지중해 서부의 지배권을 차지하였다. 한니발의 아내 시밀케와 그의 아들, 그리고 동생 하스드루발과 마고가 이 전쟁에서 죽었다. 한니발은 자마전투에서 패전한 후, 소아시아로 도망쳤다. 이후 시리아군으로 로마와 싸우기도 했으나, 로마의 추격을 피해 흑해 연안의 비티니아 왕국으로 망명했다. 그러나 로마 원로원의 사자가 비티니아 왕 프루시아스 1세에게 한니발의 신병을 인도하라고 요청한다. 이 소식을 전해들은 한니발은 도망치려고 했으나 실패하고 BC 183~2년경에 독약을 마시고 자살하였다. 그러나 한니발은 로마 사상 최강의 적장이었고, '한니발이 문 앞에 있다'는 '위험이 닥쳤다'라는 의미로 쓰였다. 후일 로마인들은 한니발을 경외하여 그의 동상을 건립하기도 했다.

한니발의 흉상

(2차 포에니전쟁의 경로.
http://cfile215.uf.daum.net/image/251749355215FE0A2E2992)

기록에는 한니발과 스키피오가 두 차례 만난 것으로 되어있다. 첫 만남은 카르타고의 자마에서 격돌하기 직전의 협상장이었다. 한니발의 노련함과 스키피오는 패기는 서로를 설득시키고자 노력하였으나 실패하였고, 전투에 돌입한 것이다. 이후 소아시아 에베소에 망명하고 있던 한니발은 시리아의 전쟁 중 다시 로마의 스키피오를 만났다.

이때 스키피오가 12세 연상인 한니발에게 정중하게 물었다. "역사상 가장 뛰어난 장수는 누구인가요?" 한니발은 "마케도니아의 왕 알렉산드로요."라고 대답하였다. 스키피오가 다시 물었다. "그러면 두 번째로 뛰어난 장수는 누구요?", "에페이로스의 왕 피로스요.", "그렇다면 세 번째로 뛰어난 장수는 누구요?", "그건 물론 나요." 그러자 전투의 승리로 '아프리카누스'라는 존칭을 받았던 스키피오는 미소를 지으며 말했다. "만약 장군이 자마에서 나한테 이겼다면 그 답은 어떻게 될 것이요?" 한니발은 "그렇다면 내가 첫 번째 장군이 되었을 것이요."

스키피오는 자마의 승리로 최고의 명예를 얻으며 로마 시민들의 존경을 받았으나, 원로원은 이 젊은 전쟁 영웅을 질시하였다. 많은 정적들이 나서서 그를 뇌물죄로 고발하였고, 점차 로마의 권력층에서 멀어졌다. 결국 치욕스럽게 은퇴를 하여야 했고 52세(BC 183년)로 짧은 생을 마쳤다. 한 맺힌 그의 유언은 "조국이여, 그대는 나의 뼈를 갖지 못할 것이다."이었다. 그의 몰락은 후세의 로마 정치인에게 교훈이 되었는데, 원정 전투에서 귀환하던 마리우스, 술라와 카이사르는 그들의 충성스런 군단을 앞세웠고, 그들은 무사히 정권을 잡을 수 있었다.

리위우스의 《로마사》에서 한니발은 이렇게 말하였다. "어떤 강대국이라도, 오랜 시간 평화가 계속될 수 없다. 외국에 적이 없어도 국내에 적이 생긴다. 외부의 적을 불허하는 튼튼한 자신의 육체도 신체 내부의 질환으로 고통 받을 수 있는 것과 비슷하다." 프랑스의 사상가 볼테르는 세상에 좋은 것the good의 적은 더 좋은 것the better이라고 하였다. 강함을 이기는 것은 더 강함이다. 2000년 전 로마를 위협하였던 전쟁의 신은 더 총명하였던 젊은 스키피오에 굴복하였다. 그래서 역사는 발전하는 것이다. 청출어람靑出於藍이라 하였던가?

4

종소리, 세상을 바꾸다

천재 화가 달리의 나라에 부활한
앨리스Alice in DaliLand

오늘은 천재화가 살바도르 달리Salvador Dali, 1904 - 1989와 관련된 종에 대한 이야기를 해 보려한다. 살바도르 달리의 그림은 워낙 독특하고, 현대 회화사적 기준에서도 중요하며 획기적이다.

사실 미술에 조예가 깊지 않던 내가 달리에 처음 관심을 둔 이유는 1970년경 달리가 만들었던 〈달리 나라의 앨리스Alice in DaliLand〉라는 은종silver bell 때문이었다. 달리가 월트 디즈니와 협동 작업을 할 때, 잘 알려진 동화 〈이상한 나라의 앨리스Alice in Wonderland〉를 모티브로 하고, 거기에 자기의 상상력을 더하여 제작한 은종이며, '달리 땅의 앨리스' 란 뜻이 된다. 긴 드레스 차림의 여성이 양손에 줄을 든 모습이며 치맛자락에 물결 모양과 꽃잎 무늬가 장식되어 있고, 치마 중심부에 횡으로 그려진 허리 띠에는 'SD+G'란 글자가 새겨져 있는데 이것은 Salvador Dali(SD)와 그의 아내인 Gala(G)의 약자이다. 프랭클린민트 회사를 통하여 1,000개 한정으로 만들어졌고, 나도 오랫동안 노력한 끝에 천재 예술가 달리가 조각한 은종을 구입하였기에 2014년 충북 진천 종박물관의 〈내가 사랑하는 종 : My Favorite Bells〉 기획전에 전시하였다.

Alice in DaliLand,
높이 16.2cm, 직경 7.2cm,
무게 234mg

1904년 5월 11일 스페인의 피게라스에서 출생한 달리는 14세 때부터 바르셀로나와 마드리드의 미술학교에서 공부하였으나 괴팍한 성격 때문에 결국 1926년에 퇴학을 당하였다. 그러나 감수성이 강하였던 그는 소년 시기에 일찍 예술에 눈을 떴고, 인상파, 점묘파, 미래파의 특징을 터득하고 입체파, 형이상회화 등에 감동을 받으며 일찍부터 다양한 작품 활동을 시작하였다. 1925년경부터는 르네상스 예술의 영향을 받아 세밀화를 그리기도 하였으나 이후에는 정신 분석학자 프로이트의 이론에 공감하여 의식 속의 꿈이나 환상의 세계를 자상하게 표현한 초현실적 Surrealism인 그림을 그리기 시작하였다. 점차 초현실파 화가로서의 명성을 얻었고 그의 대표 작품인 〈기억의 지속〉은 1931년에 탄생하였다. 이후 1950년 초까지는 밀레의 만종에 영감을 얻은 그림을 비롯하여 다수의 초현실파 그림을 발표하였다.

스페인 내전과 2차 세계대전을 겪은 달리는 이후 미국으로 활동 무대를 옮기게 되었고, 어느 순간부터는 초현실주의마저도 넘어 버렸고 초현실을 넘어서 다시 현실로 돌아왔다고 한다. 그의 예술적인 능력은 그림뿐만 아니라 영화, 건축, 사진, 패션 등 많은 분야의 예술가들과 협업이 가능하여 다양한 장르를 넘나들며 그의 예술적 끼를 발휘하였다. 월트 디즈니와 애니메이션을 응용한 작품 활동, 알프레드 히치콕과 합작한 영화 활동 등 다양

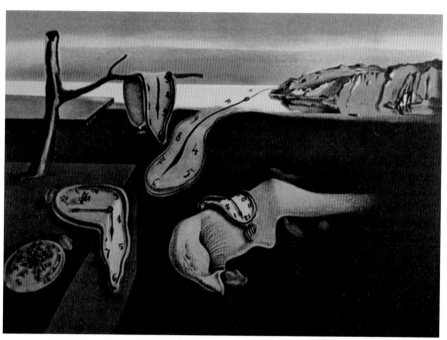

기억의 지속 (1931년작) : 그를 유명하게 만든 초현실파적 그림. 멀리 바다와 해안선, 항구, 절벽 풍경이 보이고, 앙상한 나뭇가지와 각진 모서리의 판, 일부가 흐물흐물 녹아내리는 시계, 개미 떼가 있는 주황색 회중시계가 있다. 이 그림에는 프로이트의 영향을 받아서 억제하고 있는 욕망을 나타내었고, 개미가 올라가 있는 회중시계는 죽음을 의미한다고 한다. 우리 세대의 중고등학교 미술책에 항상 있었던 그림이었다.

한 분야에서 그의 천재성을 유감없이 보여주었다. 평론가들은 이 시기의 활동을 초현실파 화가로서의 활동보다 평가절하하기는 하나, 그의 상상력이 유감없이 발휘된 20세기 중후반기의 활동도 많은 이들의 관심을 끌었다. 달리는 상상력이 엄청 풍부했으며 독특하고 엄청난 스케일의 다채로운 경험을 즐겼기에, 그의 행동은 가끔 그의 작품보다 더 주목 받기도 했다. 이로 인해 그를 존경하는 사람들도 있었으나 많은 비판자들을 만들었고, 초기 그의 작품 세계를 아꼈던 추종자들에게 큰 실망감을 주기도 하였다.

그의 인생에서 가장 중요한 인물은 러시아 출신의 그의 아내 갈라Gala이다. 우리 기준으로는 애처가보다는 거의 공처가라 불릴 정도로 달리는 이 연인에 헌신하였다. 그가 처음 갈라를 만났을 때, 그녀는 달리를 후원하던 시인 폴 엘뤼아르의 부인이었다. 그녀는 10년 연상이었는데도 달리는 첫눈에 갈라에게 정신을 빼앗겼다고 한다. 나의 눈높이로 사진을 보았을 때는 그녀는 미인과는 거리가 먼 길쭉한 얼굴이라는 생각이 들었다. 무작정으로 구애하는 달리에게 갈라도 곧 마음을 열게 되었고, 둘은 바로 사랑에 빠져 동거에 들어갔다. 사람들은 갈라는 달리의 열쇠이자 하늘이자 땅이었다고 한다. 갈라는 달리라는 남자를 만나 '허공에 붕붕 떠다니는 천재를 지상의 천재'로 만드는데 온 인생을 바쳤다고 알려져 있다. 갈라를 만나기 전의 달리와 그녀를 만난 후의 달리의 생각과 인생에 대한 태도도 달라졌다. 달리의 사랑은 유아적이고 맹목적이었고 모든 것에 우선하며 거침이 없었다. 노년에 갈라가 병원에 입원하게 되자 달리는 그녀를 잃을지 모른다는 불안감에 의사에게 매달려 울부짖은 일은 초현실주의 그룹 전체가 깜짝 놀랐다고 한다.

갈라는 89세의 나이로 달리를 남겨두고 세상을 떠났고, 달리는 생전에 선물하였던 푸볼 성에 갈라를 안치시키고 매우 불안

1970년대의 살바도르 달리와
그의 부인 갈라

한 말년을 보냈다. 이후 이 천재의 일상생활은 피폐되었고, 파킨슨병과 자살 기도, 침실 화재로 인한 수술을 받으면서 힘든 노년을 보냈고, 84세에 마침내 갈라 곁으로 돌아갔다.

달리는 자신의 태아였을 때를 기억한다고 주장하기도 하고 자신이 다니던 학교에

서 자신보다 더 나은 사람이 없기 때문에 평가를 거부하는 비정상적인 행동을 하면서도 자신을 천재라고 스스로 말하고 다니던 괴짜였다. 하지만 그의 이런 자만이 불쾌하게 들리지 않는 이유는 자신의 말에 책임을 질 만한 수많은 걸작을 남겼기 때문인 듯하다. 그는 "광기 아니면 삶! 나는 언제나 이렇게 말한다. 늙어 죽을 때까지 생생히 살아 있을 나와 광인의 차이는 내가 광인이 아니라는 점이라고."라고 말하였다. 그는 말년까지도 자신이 천재라고 거침없이 주장을 하였다.

그가 쓴 자서전에는 여러 명의 유명한 화가들을 다양한 항목으로 구분하여 1~20 사이의 점수를 매긴 비교 평가표가 있다. 그는 레오나르도 다빈치, 벨라스케스, 라파엘로, 베르메르 정도에게 15점 정도로 비교적 좋은 점수를 주었고, 자기에게는 거의 19점에 가까운 점수를 주어 역사상 최고의 화가라고 썼다. 그러나 피카소에게는 신비적 요소가 2점, 19세기 말의 인상파 화가 마네는 천재성이 0점, 긴 얼굴 인물을 그린 모딜리아니는 0점이 6개라고 자신 있게 썼다.

1950년대에 미국으로 건너온 달리는 다양한 영역과 접목하였고, 때로는 크로스오버를 하였다. 특히 어린이들을 위하여 애니메이션 작업에도 참여하고 디즈니랜드를 만든 월트디즈니의 작품에서 영감을 얻은 다양한 동화 모티브의 작품을 남겼다. 이 시기에 자기의 얼굴과 월트 디즈니의 얼굴을 그린 애니메이션 같은 작품들도 몇 점 남아 있고, 〈이상한 나라의 앨리스 Alice in Wonderland〉에서 영감을 얻은 작품들을 다수 발표하였다. 그는 상상의 나라에서 일어나는 재미있고 생동감 넘치는 일들을 그의 감정으로 다시 해석하고, 환상적인 색채로 표현한 다양한 그림들을 남겼다. 앨리스를 재해석한 조각품들도 남아있는데, 〈달리 나라의 앨리스〉라 명명된 이 은종도 이 시기의 달리의 크로스오버 시기에 제작이 된 것이다. 습기가 많은 우리나라에서는 은도금이 산화하여 녹이 잘 쓸기 때문에 자주 정성스럽게 얼굴을 닦아 주어야만 앨리스의 얼굴에 묻어 있는 달리의 숨결을 느껴볼 수 있다.

달리와 디즈니 얼굴을 그린 동화 같은 작품

〈이상한 나라의 앨리스〉에서 영감을 얻어 그렸던 그림(좌)과 조각 작품(우)

사랑스러운 말괄량이 처녀 '베티 붑'

애니메이션은 움직이는 것을 촬영한 것이 아니라, 정적인 장면을 편집을 통하여 원래는 없었던 움직임, 생명력을 만들어내는 기술이다. 애니메이션은 만화 제작자나 신문의 삽화를 그리던 작가들이 시도했고, 1920년대부터 본격적으로 캐릭터가 등장하는 애니메이션이 만들어졌다. 월트 디즈니는 30년대의 애니메이션의 전성기를 꽃피우게 한 애니메이션의 대부였다. 그는 최초의 발성 작품인 〈미키 마우스〉 시리즈 중 〈증기기선 윌리(1928)〉과 최초의 색채작품 〈숲의 아침(1932)〉도 탄생시켰다. 또한 첫 장편만화 〈백설공주(1937)〉에 이어서 〈3인의 기사〉를 통해 만화와 극영화 화면을 합성하는 등 많은 작품들을 제작하였다. 같은 시대에 활동한 플라이서 형제는 〈베티 붑Betty Boop〉과 〈포파이〉 등의 애니메이션을 등장시켰다.

사람들은 영화를 보며 배우들의 연기를 공유한다. 영화가 끝난 후 다시 현실로 돌아와야 하는 관중들은, 최대한 영화 속에 오래 머물면서 주인공들과 즐겁게 지내기를 원한다. 그러나 그것은 이루어질 수 없는 꿈이다. 만화영화 속에서 천진난만하고 무궁한 상상력을 펼치던 극중 영웅들은 그들의 일상생활에서 접할 수 있는 대상은 아니었다. 이러한 인간의 욕구를 파악하고, 영화 속의 이미지들을 사람들에게 나누어 주는 사업을 시작한 사람들이 만들어 낸 것이 '영화 캐릭터' 들이다. 영화 속의 주인공들을 '캐릭터 상품' 을 통해 직접 만나며 대화할 수 있다는 것은 즐거운 일이다. 사람들은 그렇게 그들 마음의 우상들과 함께 스스로를 위로하며 행복을 느낀다. 오랜 세월 동안 생명력을 유지해 온 캐릭터는 단순히 예쁜 이미지보다는, 나름 독특한 특징을 가지고 있다. 때로는 불쌍하고 눈물이 나도록 애처롭다. 즉, 단순한 장난감이나 말초적인 흥미를 자극하는 물품이 아니라, 우리의 희로애락을 같이 하는 감정의 친구들인 것이다. 캐릭터는 영화 수익의 일부이거나 마케팅 도구에 국한되지 않고, 차츰 패션과 문구, 인형, 교육 자료, 광고의 영역으로 진출해 왔다. 하나의 유명한 캐릭터가 올리는 매출은 우리의 상상을 초월한다.

여기에 소개하는 베티 붑은 영화 자체는 사라졌으나 지금도 인기가 많은, 미국인들의 마음 속에 남아 있는 청춘 시절의 애인이다. 나는 1993년 첫 번째 베티 종bell을 만난 후 20년이 지나서, 여성들의 유방암 예방 캠페인 프로그램에서 판매한 두 번째 베티 종을 구입하였다. 상큼한 말괄량이 처녀 베티는 종소리를 통하여 유방암 환우들에게 "언제나 희망을 잃지 말라"는 따뜻한 격려의 메시지를 전하고 있다.

좌 : 베티 붑 종, 1993년 대만에서 만들고 King Features사가 판매함, 높이 13cm.
우 : 'Hope is always in style-언제나 희망을 잃지 마세요.' 유방암 환자를 위한 베티 붑 도자기 캐릭터 종, 12cm, 2013년 중국 제작, Betty Boop사

언제나 속옷 차림에 온 몸의 1/4을 엉덩이와 머리가 차지하는 큰 바위 얼굴 베티 붑은 20세기 초에 등장한 애니메이션 캐릭터이다. 처음 베티 붑이 등장할 때는 인간이 아니라 개였다. 애니메이션 영화 〈고양이 펠릭스〉의 큰 성공 이후, 개를 소재로 한 캐릭터를 개발하려던 파라마운트 영화사는 플라이서 스튜디오의

작가인 '그림 네트웍'에게 눈이 큰 강아지를 등장시킨 동영상을 제작하도록 하였다. 이 캐릭터는 프랑스의 푸들을 모델로 만들어졌으나, 맥스 플라이셔가 최종적으로 사람으로 바꾸어 등장시켰다. 축 늘어진 푸들의 귀는 굴렁쇠 모양의 귀걸이로, 푸들의 검은 코는 단추처럼 동그란 소녀의 코로 바꾼 것이다.

베티 붑은 1930년 8월 9일 발표된 플라이셔의 'Talkartoon' 시리즈 중 여섯 번째인 〈요란한 접시Dizzy Dishes〉라는 6분짜리 단편 만화에 처음 등장하였다. 당시로서는 파격적인 노출과 8등신의 미녀라기보다는 친숙하고 귀여운 이미지로 애니메이션 영화 자체보다는 캐릭터가 가진 매력으로 사랑을 받게 되었다. 베티에게는 생각이 깊기보다는 마음이 따뜻하고 활달한 소녀의 조연 역할이 주어졌었다.

영화나 사진에서 볼 수 있듯이 베티는 굴곡 있는 몸매를 노출시키는 옷을 입은 그 당시 왈가닥 여성의 모습이다. 1930년대 중반 할리우드 영화계는 미국 종교계의 압력에 굴복하여 얌전하고 비속하지 않으며 성적인 장면들을 규제하는 규범Hays Code을 수용하였다. 이 규범에 의하여 영화 장면에 제약이 가해지기 전까지는 영화에서 요란스럽고 자유분방한 분위기가 팽배하였는데, 당시 베티 붑은 세상에서 가장 유명하고 인기 있는 애니메이션 주인공이었다.

좌 : 1930년 처음 베티 붑이 등장한 카툰 〈요란한 접시〉의 타이틀. 위키피디아 자료
우 : 베티를 만든 맥스 플라이셔(1883~1972), 그는 동생 데이브와 같이 플라이셔
스튜디오를 설립하고, 〈포파이〉, 〈슈퍼맨〉 등의 만화영화도 제작하였다.

　초창기의 베티 붑 카툰은 흑백이었으나 1934년에 제작된 〈불
쌍한 신데렐라〉에서 천연색 카툰이 되었다. 그녀는 지금 보는 바
와 같은 검은색이 아닌 붉은 머리카락을 한 소녀였다. 베티는 미
국의 대불황기인 1930년대의 애니메이션 영화에서 처음이자 가
장 유명한 섹스 심벌이었고, 그녀는 건강한 청춘의 상징인 것이
다. 당연히 어린이보다는 성인들에게 인기가 있었다. 이는 성적
이며 세상을 초월한 듯한 정신적인 요인이 포함된 초현실주의적
인 면이 있는 만화 〈Talkartoon - 떠돌이 미니〉의 인기에 기인한
것이었다. 〈떠돌이 미니〉에서 베티는 완고한 생각을 가진 부모
를 둔 신세대 10대 소녀였다. 그녀는 부모와 의견이 달라서 삐걱
거릴 때면 집을 나와서 남자 친구 빔보와 음침한 분위기의 동굴

에 들어가서 길을 잃고 방황한다. 동굴에서는 유령 같은 바다코끼리 캘로웨이가 다른 유령들이나 해골들과 함께 유명한 노래 '떠돌이 미니'를 부른다. 유령들의 합창은 베티와 빔보를 놀라게 하고, 결국 이들은 안전하게 집으로 돌아간다는 내용이다. 베티는 이 카툰으로 스타가 되었는데, 1932년 이후에는 베티를 위한 독자적인 시리즈가 만들어져서 7년간 인기리에 방영되었다.

베티는 성적인 매력을 지닌 여성 주인공이었다. 같은 시대 대부분의 여성 카툰 주인공은 디즈니사의 캐릭터 미니 마우스처럼 속옷이나 짧은 여성용 바지를 입은 코믹한 스타일이었다. 베티처럼 성장盛裝한 여성의 모습은 아니었다. 대부분의 여성 카툰 주인공들은 남성 주인공들의 짝을 맞추어 주는 스타일로서, 긴 속눈썹과 여성의 목소리에 장면마다 옷을 자주 바꾸어 입었다. 그러나 베티는 짧은 머리에 하이힐, 스타킹과 가슴이 강조되었고, 드레스는 상체 부분을 가르며 많이 노출시킨 모습이었다. 영화에서 그녀의 남자 상대역은 주로 그녀가 일하거나 그녀에게 어떤 변화가 있을 때에 슬그머니 그녀를 엿보는 모습으로 나왔다. 그러나 그녀는 항상 어느 정도의 청순한 소녀 스타일은 유지하고 있는 모습이었다. 머리의 크기도 성인보다는 소녀의 체형으로 그려졌으므로, 사람들은 그녀를 섹시한 말괄량이 모습에 더하여 순수한 소녀 모습을 지닌 여성의 양면성을 느끼게 되었다. 영화가 성공하자, 영화 밖에서 그녀는 상업적으로 변모되어 청순한 모습보다 섹시한 모습이 강조되기 시작하였다. 1931년 크리스마스 카드에는 그녀와 산타클로스가 침대에 같이 누워서 윙크를 하는 모습이 그려지기도 했다. 공식적인 그녀의 나이는 16세였으나, 상업적 목적을 위하여 많은 아이를 둔 여성이나 목소리가 우락부락한 여자로 변모되기도 했다.

청순한 모습을 배제시키는 모습들은 영화에도 나타나기 시작한다. 1932년에 만들어진 영화 〈Boop-Oop-a-Doop 처녀성 virginity〉에서는 베티가 고공 줄타기를 하는 서커스단의 소녀로 나온다. 서커스단의 연기 감독은 베티에게 음흉한 마음을 가지고 있고, 줄을 타는 베티를 아래에서 쳐다보며 "좀 더 짜릿한 것 한번 해봐!"라는 노래를 부른다. 베티가 공연 후 텐트로 돌아오면, 감독은 그녀를 따라 들어와 다리를 어루만진다. 그리고 자기의 말을 듣지 않으면 서커스단에서 해고하겠다고 위협한다. 베티는 "나의 처녀성을 탐하지 마!"라는 노래를 부르며, 더 이상 성희롱을 하지 말라고 요구한다. 텐트 바깥에서 연습 중이던 광대 코코가 이들의 소란스런 대화를 듣고, 뛰어 들어가서 베티를 구해 준다. 코코는 감독을 묶어서 대포에 넣고 포탄이 든 장약에 점화한다. 그리고 나무망치로 대포를 두드리며 안에 들어 있는

감독에게 베티의 안부를 묻는다. 그러면 베티가 "아니요. 그는 나의 처녀성을 가질 수 없어요."라는 노래를 부른다는 내용이다.

〈Boop-Oop-a-Doop〉에서 줄타기 서커스를 공연하는 베티. 2013. Skr'bec Tech. LLC

베티 붑이 인기를 끌자 가수인 헬렌 케인은 1932년 의도적으로 자기를 닮은 캐리커처를 만들어 그녀의 이미지를 부당하게 이용하였다며, 맥스 플라리셔와 파라마운트사를 상대로 25만 달러를 배상하라는 소송을 제출하였다. 케인은 1920년대에 〈순수한 처녀〉를 발표한 스타였기는 하나, 파라마운트사가 베티를 등장시킨 시기는 그녀의 인기가 추락한 뒤였다. 케인의 모습도 독창적인 것이 아니고, 베티와 케인은 모두 파라마운트사 소속의 톱스타였던 클라라 보우와 닮았다고 한다. 제작자 플라이셔는 재판정에서 그가 독창적인 상상력에 직원들의 디테일을 더하여 베티를 만들었다고 증언한다. 케인은 여기에 대하여, 베티의 아기처럼 노래하는 모습이 그녀의 독창적인 스타일이라고 다시 주장을 했으나, 여러 증인들이 이것 역시 흑인가수 베이비 에스더의 목소리와 같다고 증언한다. 결국 케인이 패소한 이 에피소드는 당시 베티의 인기가 얼마나 높았던가를 말해 주는 증거가 된다.

좌 : 매력적인 말괄량이 아가씨 재즈 소녀 베티 붑.
우 : 베티가 자신의 이미지를 베꼈다고 소송을 한 가수 헬렌 케인

베티의 전성기는 재즈 소녀로 등장하여 성인이 되고 싶은 순진한 성적 매력을 보여주었던 처음 등장 후 3년간의 기간이었다, 그러나 1934년 발효된 헤이스 규범이 만화영화에도 적용되면서 자유분방한 말괄량이의 모습을 주로 하였던 베티 붑 카툰의 제작은 큰 영향을 받게 된다. 심지어는 초기부터 베티의 깜직한 섹시미의 상징이었던 윙크나 엉덩이를 흔드는 모습도 부도덕한 모습이니 영화에서 삭제하라는 지시를 받았다. 이후 베티는 남편이 없는 여성, 정장 차림의 젊은 직장 여성 등으로 변신하게 된

다. 이에 따라 그녀 머리의 웨이브는 점점 줄어들고, 금팔찌와 큰 링 모양의 귀걸이도 사라져서 성숙하고, 매우 현명한 모습의 주인공으로 바뀌어 갔다. 제작자는 베티에게는 새로운 남자 친구인 프레디를 만들고, 퍼지라는 강아지와 함께 출연한 카툰이 만들었다. 1935년에는 괴팍한 발명가 그램피 영감님과 함께 출연하는 〈베티 붑과 그램피〉라는 작품도 제작되었는데, 이러한 작품들은 건전한 내용을 담아 청소년 관중을 대상으로 만들어진 밋밋한 애니메이션이었다. 그러므로 초기 영화의 감칠 맛 나는 재미가 없어졌고 그녀의 인기도 점차 추락하게 된다. 그녀가 출연하는 애니메이션 영화에서의 그녀의 배역도 줄어들게 되었다. 이를 타개하기 위하여 베티에게 노래를 부르는 새로운 역할을 부여하였고, 당시 인기 있던 희극 캐릭터나 1933년에 발표된 〈포파이〉와 짝을 이룬 새로운 시리즈를 만들었다. 특히 그 당시 유행하기 시작하던 스윙 음악을 영화에 도입하고, 재즈 소녀에서 스윙 스타로 탈바꿈하기 위하여 1938년 〈베티 붑과 샐리 스윙〉을 만들기도 했다. 그러나 이 모든 시도는 성공하지 못하였다. 결국 1939년 스윙 음악을 즐기는 소녀 베티가 출연한 〈인디언 보호구역의 리듬〉을 마지막으로 TV와 스크린에서 사라졌다.

1940년 이후 수십 년 동안 베티 붑은 컬러 애니메이션에 밀려 사라지는 듯했다. 1970년대 우먼파워 등장 이후 여성적 매력과 상냥함을 가지고 있지만 자신의 입장을 분명히 밝힐 줄 아는 개성 넘치는 현대 여성의 아이콘으로 재등장했다. 베티를 그리워하는 올드 팬들의 열망에 의하여 베티 붑 이야기는 공중파 TV파에 소개되었고, 아카데미상을 받은 영화 〈누가 로저 래빗을 모함하는가〉에 카메오로 출연하기도 하였다.

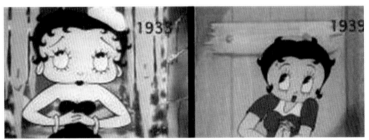

33년과 39년의 베티 붑. 1934년의 헤이스 규정에 의하여 자유분방한 말괄량이 처녀에서 정숙하고 성숙한 성인으로 변화하게 되었고, 이후 점차 인기를 잃어간다. 위키피디아

최근 베티 붑 애니메이션은 다시 부활하고 있고 코믹만화나 영화, TV, 브로드웨이 뮤지컬과 광고로 계속 재생산되고 있다. 베티 붑은 2002년 'TV 가이드'에서 선정한 '50개의 위대한 카툰'에서 17위였고, 2009년 한 신문사가 선정한 '가장 매혹적인 카툰 주인공' 2위를 차지하였다. 아울러 베티 캐릭터 상품의 인기도 다시 높아졌고 그녀의 모습을 따라하는 사람들도 많아졌다. 많은 사람들이 찾는 베티 캐릭터 상품은 정숙한 모습보다는 초기의 작품에서 보여준 섹시하고 발랄한 인상을 담은 것들이다.

생각하는 초현실파 화가 '르네 마그리트'

어느 날 세르게이라는 러시아 사람으로부터 전자 우편을 받았다. 자기는 틈만 나면 전 세계의 종을 구경하기 위하여 여러 나라의 종박물관을 방문하는 계획을 실행하고 있는 중이라고 하였다. 우리나라를 방문한 적도 있는데, 그 당시 충청북도 진천의 종 박물관에서 전시 중이던 내가 수집한 종을 보고 깊은 인상을 받았다고 했다. 며칠 뒤에 이틀 일정으로 한국을 방문하며, 하루는 진천 종박물관에 다녀 올 예정인데 만날 시간이 있겠느냐고 하였다. 주중이라 움직이기가 불가능하다는 답변을 보냈더니 나에게 작은 선물을 한 개 전해 주고 떠났다. 선물은 그의 우크라이나 친구인 오드리 말리브라는 조각가가 만든 '마그리트의 드레스'라고 명명된 묵직한 청동 종이었다. 21세기 들어서 러시아의 작가들이 창작한 청동 종들은 이미 몇 군데의 웹 사이트에서 본 적이 있었으므로, 초현실주의 화가 르네 마그리트의 그림을 바탕으로 만든 청동 종임을 알 수 있었다.

마그리트의 그림 〈규방의 철학, 1947〉과 청동 종 〈마그리트의 드레스〉 및 작가 말리브 부부

이 종은 마그리트의 그림 〈규방의 철학La Philosophie dans le Boudoir〉이 바탕이었다. 마그리트가 이성을 학대하며 성적 쾌락을 얻는 변태 성욕을 뜻하는 사디즘으로 유명한 프랑스 사드 백작의 1795년 소설 〈규방의 철학〉에서 모티브를 얻어 그린 그림

이다. 부자연스러운 음흉함 속에서도, 인간의 호기심을 자극하여 무엇인가를 생각하게 하는 그림이다. 여성의 잠옷 위로 돌출된 고혹적인 유방과 드레스의 앞에 맨 발가락이 바깥으로 튀어나온 기괴한 형태의 하이힐이 그려진 규방의 그림이었다. 종을 처음 본 지인은 단두된 사람의 두상을 추로 달아둔 잔인하고 징그러운 종이라고 하였는데, 이는 마그리트의 두상이다. 그의 머리가 움직일 때마다, 조용한 침실에서는 적막을 깨는 종소리가 퍼져나갈 것이다.

마그리트의 〈두려움 속의 동료〉, 1942년과 말리브의 〈마그리트의 부엉이〉

얼마 뒤, 나는 말리브가 제작한 〈마그리트의 부엉이 Magritte Owls, 12.5cm〉 라는 다른 청동 종도 구입하였다. 이것은 마그리트의 그림 〈두려움 속의 동료 Companions of fear, 1942년〉를 종으로 다시 표현한 것이다. 마그리트는 을씨년스러운 분위기의 산 정상에 남겨진 네 마리의 부엉이 가족의 공포감을 그림으로 표현하였다. 부엉이의 몸뚱아리는 삭막한 산 정상의 관목들이 자라면서 생성된 것이었고, 네 마리의 부엉이 모두는 알지 못하는 공포감으로 긴장하는 표정을 짓고 있다. 우리 인류의 막연하나 실질적인 불안감을, 천둥번개가 내려칠 것 같은 바람 부는 산꼭대기의 땅바닥에 움직일 수 없게 고정된 이들 부엉이 가족으로 나타낸 것 같다. 훌륭한 날개가 있음에도 어찌 해 볼 수 조차도 없는 무한의 힘에 억압된 무기력한 상태인 것이다. 2차 대전 중에 독일 점령 하의 벨기에에서 살았던 그의 감정이 이와 같지 않았을까? 하는 생각이 든다. 종의 추는 부엉이의 머리 모양이다.

르네 마그리트Rene Magritte 1898-1967는 초현실적인 작품을 그렸던 벨기에 화가이다. 그의 어머니는 1912년 강에 투신하여 자살했는데, 그의 어린 시절은 어머니의 비극적인 죽음이 큰 부분을 차지하고 있다. 그는 어머니의 시신을 강에서 건져내는 과정을 모두 지켜보았다. 드레스 자락으로 얼굴이 덮인 채 강물 위에 떠 있었던 어머니의 이미지는 마그리트의 머릿속에 남았고, 그의 작품에 많은 영향을 끼쳤다. 비록 그는 이를 강하게 부정했다고 하지만… 그는 벨기에 왕립미술학교에서 미술공부를 시작했고, 1920년 중반까지 미래주의와 입체주의 성향의 작품을 그렸다.

좌 : 〈선량한 신념〉 La bonne foi, 1965, 우 : 말년의 르네 마그리트

마그리트는 1926년부터 초현실주의적인 작품을 제작하기 시작하였다. 초현실주의는 당시 유럽 문명에 대한 반역 운동이었고, 꿈과 무의식의 세계를 탐구함으로써 이성에 의해 속박되지 않는 상상력의 세계를 회복하여 인간 정신을 해방하고자 한 예술 사조였다. 그는 1927년 브뤼셀에서 첫 개인전을 열었으나 비평가들로부터 혹평을 받았고, 실망하여 파리로 이주하고 3년간 거주하였다. 그곳에서 그는 앙드레 브르통, 살바도르 달리, 호안 미로, 폴 엘뤼아르 등과 교류하며 초현실주의 운동에 본격적으로 참여하였다. 그러나 초현실주의 예술가들은 꿈과 같은 현실

에 존재하지 않는 추상적인 이미지를 자주 등장시키는 것에 반하여, 그의 작품에는 대부분 일상에서 자주 접하는 친근한 대상이 등장한다는 차이점이 있다. 마그리트는 사과, 돌, 새, 담배 파이프 등을 사실적으로 묘사하였다. 그러나 모순되거나 대립되는 요소들을 동일한 화폭에 담거나, 어떤 대상을 완전히 엉뚱한 환경에 등장시켜서 시각적 충격과 신비감을 불러일으키는 데페이즈망depaysement 기법을 선보였다. 그의 데페이즈망 기법은 어떤 사물을 원래 있던 환경에서 떼어내 엉뚱한 곳에 갖다놓는 '고립', 재질을 변형시키는 방법으로 사물의 성질을 바꾸는 '변경', '사물의 잡종화', 작은 사물을 엄청난 크기로 확대하는 식의 '크기의 변화', 평소에는 만날 수 없는 두 사물을 나란히 붙여놓는 '이상한 만남', 두 사물의 이미지를 응축하는 '이미지의 중첩', 양립할 수 없는 두 개의 사물을 한 그림에 양립시키는 방법 등으로 다양하다. 그는 관람자들이 의문을 갖고 도전하도록 만드는 작품들의 제작에 몰두하였다. (《르네 마그리트》 501 위대한 화가 시리즈, 2009. 마로니에북스)

〈겨울비〉라는 이 그림에는 하늘에서 중절모와 코트 차림의 사람들이 빗방울처럼 떨어지고 있다. 사람들의 주거지 위로 떨어지는 사람들의 빗방울들만이 화면을 가득 채우고 있다. 이 그림에서 하늘로 날려 올라가는 풍선과 같다는 낭만적인 생각을 하는 사람도 있고, 평온한 시가지에 떨어지는 폭탄처럼 느끼는 사람도 있다. 2003년 영화 매트릭스에는 이 그림에서 영감을 얻은 장면들이 소개되고 있다.

〈겨울비〉
골콩드 Colconde,
1953년

〈이미지의 배반〉이라는 그림에는 파이프가 그려져 있다. 그러나 마그리트가 쓴 '이것은 파이프가 아니다. Ceci n' est pas une pipe'라는 글이 적혀 있다. 이것은 진짜 파이프가 아니라 이미지에 불과한 것이고, 미술가가 대상을 매우 사실적으로 묘사한다 하더라도 그것은 그 대상의 재현일 뿐이지, 그 대상 자체일 수는 없다는 것이다. 이러한 시도는 관람객들에게 친숙한 이미지를 제공해 주면서도 당황스럽게 만드는 것이었다.

〈백지 위임장〉이라는 그림에서는 말과 여인, 그리고 숲이 위치

Ceci n'est pas une pipe.

〈이미지의 배반〉, 1929

한 화면의 깊이가 혼동을 일으 킨다. 숲속을 지나는 말을 탄 사람이 우리에게 보이는 모습 과는 전혀 다른 것이다. 여기에 등장하는 모든 사물은 하나의 세계에 있는 것으로 보이지만 그렇지 않을 수도 있다는 철학 적인 명제를 보여주고 있다고 한다.

〈피레네의 성〉에는 파도치는 해변의 허공에 떠 있는 커다란 바 위 위에 돌로 만든 굳건한 성을 등장시켰다. 자연 법칙을 초월 하여 중력과 공기 저항은 아랑 곳하지 않고, 허공 속에 떠 있 는 거대한 바위를 그렸다. 이 그림은 지금까지 예측 가능하 던 시간과 공간에 대한 관념을 소멸시켰는데, 당시에 발표된 아인슈타인의 상대성이론을

〈백지 위임장〉, Le blanc-seing, 1965

이미지화했으리라는 해석도 있다. 이 그림은 일본 애니메이션 〈천공의 성 라퓨타〉와 영화 〈아바타〉 배경의 모티브가 되었다.

〈피레네의 성〉
Le chateau des Pyrenees, 1959

　마그리트는 시인, 철학자로서 사물을 바라보며 시적인 세계를 그림으로 승화시킨 예술가였다. 그는 "꿈이 깨어있는 삶의 다른 해석이라면, 우리의 일상적인 생활은 꿈의 또 다른 해석이다. 나는 실제로 테이블을 그리는 것이 아니라 그것이 내게 불러일으키는 감정을 그린다."라고 말하였다. 그는 미술가들과 영화 제작자들에게 많은 영향을 주었고, 사후에 그의 그림에서 영감을 얻은 많은 예술 작품들이 제작되었다. 특히 팝아트와 그래픽 디자인에 큰 영향을 주었고, 영화와 대중매체의 많은 영역에서 새로운 발상을 가능케 하였다. 나는 르네 마그리트가 시각적 자극을 통하여 새롭게 사유할 수 있는 방법을 가르쳐준 20세기의 천재이자 철학자라고 생각한다. (참조. 황석권, 반이정. 네이버 지식백과,《르네 마그리트》, 지엔씨미디어)

남녀의 애정보다 신앙을 선택한 '아탈라'

인디언 처녀 포카혼타스와 영국 청년 스미스의 사랑을 다룬 디즈니의 애니메이션 〈포카혼타스(1995)〉를 관람한 사람들이 많을 것이다. 여기 아름다운 인디언 소녀의 사랑과 신앙에 관한 애절한 이야기를 담은 문학 작품이 있다. 이 탁상 종의 주인공은 프랑스 작가 샤토브리앙의 〈아탈라Atala〉의 주인공 인디언 소녀 '아탈라' 이다. 높이 19.5cm. 1.5kg의 묵직한 탁상종은 세계의 종들을 소개한 《종의 세계World of Bells》의 표지로 소개된 종이기도 하다. 인디언 아탈라는 양손에는 종 채를 들고 있다. 왼손에 잡은 채를 밑으로 당겼다가 놓으면, 오른쪽의 채가 들렸다가 내려오며 그 중력으로 종소리를 내는 탁상종이다. 19

세기 프랑스 파리에서 제작되었다.

〈아탈라〉는 1801년에 발표된 '샤토브리앙'의 서사시적 소설이다. 북아메리카 대륙을 여행하며 깊은 영감을 받아 쓴 책이다. 발표 첫해에만 5쇄가 인쇄될 정도로 인기가 있었다. 이 전에 이미 단편적인 서사시로 발표되었으나, 1802년《기독교의 정수》라는 책의 일부로 다시 발표되어 인기를 얻었다. 사실 작가는 여기에 기록된 북아메리카 대륙 남부의 풍경은 본 적이 없다고 하니, 이 이야기가 사실인지는 의문이 있다. 그 내용은 세미놀 인디언 부족에게 오래 전부터 구전되어오던 73세의 영웅 '칵타스또는 샤크타라고도 발음됨'의 이야기를 칵타스의 관점에서 구술된 것이다.

그 당시 프랑스와 에스파냐는 미국의 루지애나 지역을 사이에 두고 일촉즉발의 위기에 처해 있었다. 이 소설은 그러한 상황을 배경으로, 미국의 원시적인 대자연과 토착민의 풍속을 아름답고 감동적인 글로 서술하였다. 동시에 남녀의 치열한 연애와 그리스도교 정신을 더한 당시로서는 참신한 작품이었다. 후일 낭만파 문학운동의 새 지평을 연 것으로 평가된 프랑스 문학사의 기념비적인 걸작이다.

환상 속에 살고 있던 프랑스인 청년 르네는 인디언 부족에 들어가서 인디언 여성을 만나 결혼한다. 어느 날 사냥을 나갔던 르네는 달빛 아래에서 그의 양아버지인 인디언 칵타스에게 그의 일생에 관한 이야기를 듣게 된다.

칵타스는 17세에 그의 아버지가 무스코지 족과의 전투에서 사망하자, 플로리다의 성 아구스틴으로 도망하였다. 그는 2년 반 동안 스페인 사람 로페즈의 집안일을 돌봐주며 지내다가 다시 집으로 돌아왔으나, 무스코지 세미놀 인디언에게 나포된다. 세미놀족 추장 시마간은 그를 화형시키라고 명령한다. 부족의 여성들은 그를 불쌍하게 여기고 몇 주일 동안의 이동 기간 중에 그를 돌보아 준다. 추장 시마간의 딸 아탈라는 그를 도망시키려 노력하지만 번번이 실패한다. 사실 아탈라는 추장의 친딸이 아니라 이 고장 토착민 여자와 에스파냐 사람의 혼혈아로 양녀였다. 이동 행렬이 도착하는 날, 칵타스의 손을 묶은 결박이 느슨해졌고 아탈라의 도움을 받아 탈출에 성공한다. 아탈라는 칵타스와 함께 도주하였고, 폭풍으로 인하여 움직이지 못할 지경에 이르기 전까지 27일 동안 테네시 강 상류의 처녀림 속을 헤매게 된다. 어느 날 아탈라는 칵타스에게 그의 친아버지가 로페즈임을 고백하였다. 그는 그녀가 그의 생명을 구해준 은인의 딸임을 알고 새삼 감사하게 된다. 두 사람은 정처 없이 다니다가 천둥 번개가 치는 어느 날 교회의 종소리를 듣게 되었다. 오브리 신부가 바깥에서 헤매던 그들을 동굴 속 수도원으로 인도하여 준다.

〈아탈라의 매장〉, 지로데 트리오 종, 1808, 207cmx267cm, 루브르박물관

아탈라는 칵타스를 사랑하고 있었다. 그러나 사랑에 눈뜬 그녀는 어릴 때부터 하느님의 아내가 되겠다고 맹세한 것을 떠올린다. 인간의 사랑과 신앙 사이에서 고민하던 아탈라는 칵타스와는 맺어질 수가 없음을 알고, 칵타스에게 독약을 마셨다고 고백하고 쓰러진다. 칵타스와의 사랑은 그녀 자신의 생애를 걸었던 신앙의 포기를 의미했고, 아탈라는 그녀의 사랑을 신앙에 바치기로 결정한 것이다. 그녀는 죽기 전 칵타스에게 현세에서는 두 사람의 사랑이 이루어질 수 없으니, 저 세상에서의 영원한 결합을 청하고 가톨릭으로 개종할 것을 부탁하였다. 칵타스는 분노하였으나, 그리스도가 후일 그들의 재결합 맹세를 허락하였다는 수도승의 말을 듣고 모든 사실을 받아들인다. 그리고 그녀의 장례를 치른 후, 수도원을 떠난다는 것이 줄거리이다. '아탈라'의 원작에는 결국 오브리와 프랑스 청년 르네, 그리고 칵타스 모두 치로키 인디언에게 죽임을 당하였다며 끝을 맺고 있다.

아탈라의 마지막 모습은 그림으로 그려졌다. 프랑스의 지로데트리오종1767~1824의 〈아탈라의 매장〉은 시적인 구절로 유명한 아탈라의 동굴 속 장례식 장면을 묘사하고 있다. 아탈라는 성녀의 시신으로 숭배되어 동굴 속의 수도사에게 인계되었고, 수도사는 그녀의 영혼을 위해 밤새 기도를 드린다. 칵타스는 눈물을 흘리며 아름다운 그녀를 그리워한다. 그가 아름다운 시로 그녀의 죽음을 애도하지만, 수도사는 묵묵히 그녀의 몸을 잡아주고 있다. 칵타스는 땅을 고른 뒤 땅 위에 고운 흙을 덮고 미풍이 부는 시간에 그녀를 땅 위에 누이고, 이마에 황금 모래를 끼얹는다. 영원의 시간 속으로 사라지는 아탈라의 마지막 모습을 애절하게 바라본다. 브라질 화가 아모에다가 그린 〈아탈라의 죽음〉에서는 아탈라를 축복하는 수도승의 모습을 강조한 것으로 보다 종교적이라는 생각이 든다.

〈아탈라의 죽음〉, 루돌포 아모에다, 브라질, 1883

'프랑스와-르네 드 샤토브리앙François-René de Chateaubriand' 자
작은 1768년 프랑스 생말로에서 퇴락한 가문의 열째 아들로 태
어났다. 아버지는 젊은 시절 선장이었으나 나이가 들어 배를 소
유하고 노예 무역에도 종사하였다. 아버지는 시무룩하고 말이
없는 사람이었고 어머니와의 관계도 좋지 못하였다. 그의 유일
한 친구는 누나였는데 신경질적이었던 그녀도 젊어서 죽었다.
그는 무뚝뚝한 아버지가 자아내는 공포 속에서 감정기복이 심한
누나와 무료한 생활 속에서 방황하며 성장하였다.

프랑시스 르네 샤토브리앙의
초상, 지로데 트리오종 작

그는 20세에 나바레에 주둔하던 부대의 중위로 군 생활을 시작하였다. 1788년 파리를 방문하는데, 거기서 당시 유명하던 여러 작가들을 만난다. 프랑스 혁명이 일어나자, 처음에는 상당히 동조적이었으나 폭동과 사회 혼란이 계속되자 피로감을 느끼게 된다. 군대를 사임하고 1791년 북아메리카 대륙으로 떠나서, 모피 상인과 함께 여행을 하며 인디언을 접하는 등 기억에 남는 체험을 하였다. 그곳에서의 경험이 〈아탈라〉의 근원이 되었는데, 잘 보존된 미국 남부 자연에 대한 생생한 기록은 그 당시에 프랑스에서는 획기적인 것이었다.

그는 프랑스 대혁명 당시의 왕이었던 루이 16세가 부인인 마리 앙뜨와네트와 도주한 사실을 알고 자신이 군주 정치의 혜택을 입었다고 생각하여 다음 해에 미국에서 돌아왔다. 가난했던 그는 부유한 17세의 상속녀와 결혼해 파리로 갔으나 파리가 너무 사치스럽다며 아내를 홀로 두고 왕당파 군대에 다시 입대한다. 그러나 혁명군에 패하며 심한 부상을 입어 제대한 뒤 브뤼셀을 거쳐 영국으로 건너간다. 거기에서 번역과 교사 생활로 생계를 이어가며 영국 문학에 친숙해진다. 특히 밀턴의 〈실낙원〉에 깊은 감동을 받았다고 한다. 그는 기독교에 반대하는 합리적인 의견들을 지지했으나 기독교의 시적이고 영적인 힘도 믿게 되었다고 한다. 그러나 어머니와 한 누이의 죽음으로 본격적으로 기독교에 몰입하게 되었다. 1800년 파리로 다시 돌아와서는 자유 기고 언론인으로 일하면서 계속 작품을 썼다. 인디언에 대한 서사시 〈아탈라〉도 발표했다. 기독교를 찬양한 논문 〈그리스도교의 정수(1802)〉는 가톨릭을 국교로 부활시킨 나폴레옹과 왕당파 모두의 마음을 사로잡게 된다. 종교가 꿈이기도 하나 또한 현실이라고 보았기 때문이다.

나폴레옹은 그를 로마대사관의 1등 비서관으로 임명하였으나, 그는 앙기앵 공작을 내란 음모죄로 몰아 혐의가 불충분한데도 성급하게 처형한 나폴레옹에 항의하여 사직하였다. 이후 부르봉 왕조의 부활과 함께 정치 활동을 재개하였고 자작 작위를 받았다. 1821년부터 베를린 대사, 런던 대사를 지냈고 과격 왕당파 내각에서 외무 장관, 로마 대사를 지낸 후에는 노년을 조용하게 보냈다. 그의 가장 뛰어난 작품으로 평가받는 《죽음 저편의 회상》은 그가 죽은 뒤에 출간되었다.

우리 가슴 속의 낭만기사 '돈키호테'

'이룩할 수 없는 꿈을 꾸고, Dream the impossible dream

이루어질 수 없는 사랑을 하고, Do the impossible love

이길 수 없는 적과 싸움을 하고, Fight with unwinnable enemy

견딜 수 없는 고통을 견디며, Resist the unresistable pain

잡을 수 없는 저 하늘의 별을 잡자. Catch the uncatchable star in the sky'

세르반테스의 소설 《돈키호테Don Quixote》를 소재로 한 뮤지컬 〈맨 오브 라만차〉에 나오는 노래인 '이룰 수 없는 꿈Impossible dream'의 가사이다. '돈키호테'라는 단어는 이 세상에 존재하는 환상을 잡는 모든 사람을 총칭하는 것 같다. 어떤 사람에게 '돈키호테 같은 기질이 있다'라고 한다면, 그는 '어떤 일을 할 때 전

후 사정을 가리지 않고 일단 부딪쳐 보는 저돌적인 사람', '생각보다 행동이 앞서는 사람'이라고 생각할 것이다. 자신의 신념을 정의라고 공고하게 믿고, 허황된 소문임에도 큰 고민도 없이 과도하게 반응하는 사람이라는 뜻이기도 하다. 모든 일에 너무 신중하고, 소극적인 '햄릿형 인간'에 대치된다. 역사를 바꾼 위인이나 고정관념으로 굳어진 세상의 유리 천장을 과감하게 뚫고 나갔던 창의적인 사람들 가운데는 '돈키호테형 인간'들이 많았다고 한다.

1605년에 발표된 《돈키호테》는 669명의 인물과 46만 단어가 등장하는 방대한 소설이다. '최초의 근대 소설', '성경 다음으로 많이 발간된 소설', '유럽 최초의 베스트셀러'란 찬사가 붙어 있다. 2002년 세계의 작가 100명의 설문조사에서는 '역사상 최고의 소설'로 선정되었으니, 세르반테스를 세계 최고의 작가라고 하여도 무리는 아니다.

과거부터 스페인 카탈로니아 지방에서는 4월 23일이 되면 '세인트 조지의 날'이라고 축제를 열고, 사랑하는 사람에게 책과 장미를 선물하는 관습이 있었다. 1616년 4월 23일은 영국의 셰익스피어, 스페인의 세르반테스가 사망한 날이기도 하다. 1995년 유네스코는 '세인트 조지의 날'과 두 문호의 사망일이 겹치는 이날을 '세계 책의 날'로 지정하였다.

위대한 소설가이자 극작가인 미겔 데 세르반테스 사아베드라

Miguel de Cervantes Saavedra,
1547~1616는 마드리드 외
곽의 대학 도시에서 가
난한 외과의사의 아들로
태어났다. 셰익스피어가
탄생하기 17년 전이었
다. 그는 마드리드에서
잠시 공부한 것 외에는

미겔 데 세르반테스 1547~1616, 스페인

거의 정규교육을 받지 못했다. 1569년에는 이탈리아로 가서, 이
탈리아 주재 스페인 군대에 입대한다. 1571년 5월 교황 비오 5세
와 스페인 왕 펠리페 2세가 결성한 신성기독교동맹 연합함대에
전투원으로 참여하여 지중해에서 세력을 확장하던 오스만제국
과의 레판토 해전에 참전하였다. 이 전투에서 몸에 두 발, 왼팔
에 한 발의 총상을 입고, 후유증으로 평생 왼쪽 팔을 쓸 수 없는
장애인이 되었다. 레판토 전투에서 동맹 연합군이 승리하자 세
르반테스는 부상당한 전쟁영웅과 같은 기분이었다고 하며, 이후
이탈리아 각지를 돌아다니며 르네상스 말기의 문화에 심취했다.
1575년 스페인 해군사령관의 표창을 받은 뒤 모국으로 귀국하려
한다. 하지만 바닷길에서 당시 동지중해에서 악명을 떨치던 오

스만 터키 해적들에게 잡혔다. 그는 알제리에 노예로 끌려갔고, 해적들은 그의 가족과 스페인 정부에게 몸값을 요구하기 시작한다. 가족들은 그들이 요구하는 돈을 보내기 위해 거의 5년 동안 많은 애를 썼다. 1580년 우여곡절 끝에 마드리드로 돌아왔으나, 이미 세르반테스의 가문은 엄청난 빚으로 몰락한 상태였다.

1584년에는 18년 연하의 부유한 농부의 딸 카타리나와 결혼한

《돈키호테》초판본의 표지

다. 그러나 궁핍한 생활을 해결되지 못하여 일거리를 찾아 나섰으나, 직업을 구하지 못한다. 평소 '재물과 영광의 길은 문학 아니면 전쟁에 있다'고 말하던 그는 결국 문학작품의 집필에 매진한다. 1585년 처녀작 〈라 갈라테아〉이후 계속 희곡을 썼으나 성공적이지는 못하였다. 마침내 《돈키호테》1편을 발표하면서 유명한 작가가

된다. 그러나 판권을 헐값에 넘겼으므로 그의 생활은 여전히 궁핍하였다. 말년에는 귓바퀴에 항상 여러 개의 펜을 꽂고 있었으며, 다수의 치아가 흔들려서 고통을 받는 초라한 모습이었다고 한다. 알제리에 잡혀 있었을 때, 트리니티 종교인들이 해적과 가족, 정부 사이의 중재 역할을 하여 그의 석방을 도와주었었다. 그 인연이 계속되어 그는 사후에 마드리드의 트리니티 수녀원 지하에 묻히게 되었다.

1900년경 스페인에서 제작된 높이 25cm의 묵직한 이 청동 종의 손잡이는 스페인이 사랑하는 국민작가 세르반테스의 흉상이다. 종의 몸체에는 비쩍 마른 애마 로시난테를 타고, 불의가 판치는 세상으로 돌진하는 돈키호테와 그의 시종 산초의 모습이 조각되어 있다.

세르반테스와 돈키호테 청동 종, 25cm

《돈키호테》의 원 제목은 《라만차의 기발한 시골기사 돈키호테》이다. 이상주의적 망상에 빠진 돈키호테와 현실주의자 산초를 중심으로 펼쳐지는 황당한 모험담을 통하여 이상과 현실 사이에서 고뇌하는 인간의 내면을 깊이 있게 그렸다고 한다.

돈키호테의 배경에는 당시 스페인이 당면한 역사적인 사건들이 있다. 해양 제국 시대의 최강자였던 스페인의 무적함대는 1588년 칼레해전에서 영국 함대에 대패하며 대서양의 주도권을 영국에 넘겨준다. 식민지 네덜란드도 스페인으로부터 독립하였다. 쇠약해진 스페인의 활동 영역도 이베리아반도 내부로 축소된다. 이즈음부터 과거의 영광을 추억하는 스페인 기사들의 이야기와 기사도 문학이 유행한 것이다. 여기에는 '레콩키스타 reconquista, 재정복'라는 스페인의 독특한 기사도 정신도 관련되어 있다. 이는 이베리아반도를 점거한 이슬람 세력을 격퇴하기 위하여 기독교 정신으로 무장한 강인한 기사도 정신을 의미하는 말이었다. 스페인의 기사들은 8세기 이후부터 이슬람과 싸워 국토를 수복하고, 호전성과 진취성, 모험심으로 무장한 굳건한 가톨릭 국가를 건설하였다. 스페인은 강화된 해군력을 바탕으로 남아메리카 대륙을 개척하며 유럽의 강자가 되었다. 그러나 산업화된 영국의 해군에 대패하였고, 새로운 기술에 적응하지 못한 레콩키스타들의 영광도 소멸되어 갔다. 국내 정치는 폐쇄적이었고 시대적 변화에 적응하지 못하고 있었다. 종교개혁이 진행되던 다른 유럽 국가와는 달리 스페인 왕가는 여전히 가톨릭 교회 권력과 강하게 결탁하고 있었다.

이 시기에는 강력하였던 옛 스페인의 영광에 집착하며, 그 시대를 지배한 중세적 기사도에 대한 맹목적 동경이 유행한 것이다. 세르반테스 자신이 기록으로 남긴 바와 같이 이 같은 풍조를 조롱한 문학작품이 《돈키호테》였다. 그는 구시대를 추앙하며 집착하는 망상가의 모습을 빌려 당시 스페인의 교회 권력, 지배층의 위선과 타락을 우회하며 비판하고 싶었을 것이다.

돈키호테, 1960년대의 살바도르 달리 작과 마드리드 광장의 돈키호테와 산초

《돈키호테》는 조소와 풍자를 통해 시대에 뒤처진 어느 기사의 모습을 그린 소설책이다. 시골마을 라만차에 사는 몰락한 귀족 아론소 키하노는 중세의 기사도 소설에 심취한 나머지 자신이 진짜 기사가 되었다는 망상에 빠진다. 스스로를 돈키호테라 이름 짓고, 비쩍 마른 애마 로시난테를 타고 세상을 향해 나아간다. 세상 곳곳을 돌며, 불의에 맞서 용감히 싸우는 삶을 사는 중세의 기사도를 꿈꾼다. 쉰을 넘긴 나이에 모험을 찾아 세상을 방랑하는 편력기사遍歷騎士가 되기로 결심한 것이다. 그러나 현실에서 그의 모습은 우스꽝스러울 뿐이었다. 조상으로부터 물려받은 녹슨 투구와 집안에 돌아다니던 쇠붙이 조각을 조립한 갑옷, 낡은 창과 방패로 무장하고 세상에 나타난 것이다. 돈키호테의 출정은 세 번에 걸쳐 이어진다. 첫 출정은 혼자였지만 두 번째 출정에는 산초를 시종侍從으로 동반하고 나섰다. 똑똑하고 이기적이기도 한 농부 출신 판사 산초는, 이상하게도 '섬 하나를 주겠다' 는 말을 듣고는 시종이 되어 그를 따라나선다. 기사 돈키호테는 못 생긴 시골 처녀 둘시네아를 그의 여인으로 마음에 심어 놓았다.

"다음 페이지 사진의 거북 종" 은 라만차가 속한 중부 스페인의 도시 톨레도 지방의 특산품인 탁상종이다. 여기에도 사랑하는 돈키호테의 모습이 새겨져 있다. 머리나 꼬리를 누르면 '따르

돈키호테 그림의
거북모양 기계식 종

룽' 소리가 난다.

《돈키호테》가 명작인 이유는 약골의 키다리 기사 돈키호테와 산초가 보여주는 절묘한 조화 때문이라고 한다. 돈키호테는 망상에 사로잡혀 미친 사람처럼 보이지만, 기사도 정신을 숭상하며 모든 세속적인 것들에 앞장서서 싸우는 나름의 정의를 가진 인물이다. 산초는 작은 키에 뚱뚱한 몸매, 그리고 욕심에 눈이 먼 기회주의적인 사나이이다. 그러나 서로 판이한 이 두 사람은 전편에 걸쳐 절묘하고 완벽한 조화를 이루며 활동을 한다. 기사가 된 돈키호테는 거드름을 피우며 산초의 행동에 대해 지적을 하나, 산초는 이러한 돈키호테에 강하게 반대하지 못하면서 여러 가지 일들이 벌어진다. 그러나 서로 살아가는 방식이 전혀 다른 두 사람이 주고받는 이야기를 자세히 살펴보면, 결국 서로 비슷한 두 사내가 친구처럼 정답게 대화하며 문제를 해결해 가는 모습이다. 시골인 라만차와 주변 마을 사람들도 돈키호테의 출정에 다양한 모습으로 등장한다. 사람들은 그를 비웃기 시작했고, 그들을 흥미로운 구경거리로 삼고 즐기기도 하였다. 그를 조롱하기 위해 귀족의 행세를 하며 작위를 내려주기도 한다. 그러다가 어떤 때는 가엾다며 그를 돕기도 한다. 사실 그가 그렇게 진지하였던 상대인 못생긴 둘시네아 공주도, 여관에서 거행된 기사 서임식도, 거대한 거인인 풍차와의 대결도 그의 망상 속에 보인 실체가 없는 환영에 불과한 것이다. 그러나 마을 사람들의 다양한 표정과 행동은 돈키호테의 엉뚱함에 동감하며 읽을 수 있는 소설이 될 수 있도록 해주었다.

마지막 출정에 나선 돈키호테는 백기사와의 결투에서 지고 귀향길에 올라 기사로서의 세상 편력을 마감한다. 임종을 지켜보는 마을 사람들에게 갑작스레 자신이 망상에 빠진 미치광이 기사가 아닌 본래의 착한 알론소 키하노로 돌아왔음을 선언한다. 자신이 백해무익한 기사소설을 지나치게 탐독하여 편력기사라는 망상에 빠져 시간을 허비했던 일을 후회하면서 기독교도로서 평안한 죽음을 맞이한다. 존재 이유가 없어진 한 시대의 아이콘이 사라지는 것을 보여준 것이다. 그의 죽음에 현실주의자 산초는 눈물을 흘린다. 그의 묘비에는 '죽을 땐 현명한 사람이 돼 죽고, 살 때는 미친 듯이 살라'고 새겨져 있다.(김환영, 동아일보 2009. 10. 09.)

"누가 미친거요? 장차 이룩할 수 있는 세상을 상상하는 내가 미친 거요? 아니면 세상을 있는 그대로 보는 그대들이 미친 거요?" 돈키호테가 자신을 조롱하는 이들을 향해 던진 말이다. 그의 낙천주의에 매혹된 시대의 영웅들은 각자 자기야말로 진정한 돈키호테라고 주장한다. 남미의 독립 영웅 시몬 볼리바르는 "역사에서 3대 바보는 예수, 돈키호테 그리고 나다."라고 했다. 혁명가 체 게바라도 '자신이 이 시대의 돈키호테'라고 편지에 썼다.

나는 돈키호테를 생각하며 1936년 발표된 이상의 단편소설 《날개》의 마지막 구절을 떠올렸다.

"나는 걷던 걸음을 멈추고 그리고 일어나 한번 이렇게 외쳐 보고 싶었다.

날개야 다시 돋아라. 날자, 날자, 한 번만 더 날자구나.

한 번만 더 날아 보자구나."

데이비드 소로의 삶과 8 신선神仙

평생 '무소유'를 실천한 법정 스님은 2010년 세상을 떠나면서 상좌인 덕진 스님에게 유언을 남겼다. "내 머리맡에 남아 있는 몇 권의 책은 40년 전 매일 아침에 신문을 배달해 주던 소년을 찾아 전하여 주면 고맙겠다." 생텍쥐페리의 《위대한 모색》, 《벽암록》, 《선시禪詩》 등과 함께 스님이 마지막까지 간직하였다가 50대가 된 그 소년에게 전한 6권의 빛바랜 책 중에는 19세기 미국의 철학자이자 수필가인 소로의 《월든Walden》이 있었다.

《월든》은 법정 스님의 무소유 철학을 앞서 실행하였던 소로가 그의 경험과 생각을 기록한 책이다. 단순히 숲에 은둔하며 느낀 마음의 평온함을 기록한 감상적인 일기가 아니다. 상식적인 생각을 하며 이웃들과 더불어 삶을 살아간 기록이다. 다른 사람들의 평가나 유행에 영향을 받지 않으면서 자주적이고 자유롭게 살 수 있다는 가능성도 보여준다. 《월든》은 숲속에서의 생활을 담은 체험 보고서이다. 여기에는 대자연의 예찬과 함께 문명사회에 대한 통렬한 비판, 그리고 어떤 것에도 구속받지 않으려는 자유로운 영혼의 면모가 담겨 있다.

아래의 청동 조각품은 월든 호수에서 유유자적하던 소로의 모습을 제리 발란타인이 조각한 종이다. 미국의 조각가 발란타인은 1972년부터 1997년까지 매년 1~2개씩, 일생 동안 40개의 역사적인 인물이나 문학작품의 주인공을 주제로 한 청동 종을 제작하였다. 그는 이 작업의 초창기였던 1975년에 소로를 조각 작품의 대상으로 삼은 것이다. 20년 전 내가 처음 이 종을 만났을 때, 나는 그 전에는 들어본 적이 없어 낯설기만 한 소로라는 인물이 궁금하였다. 아마 미국인들이 가장 존경하는 인물 중 한 사람이거나, 발란타인이 가장 열망하였던 방식의 삶을 살았던 인물이 아닐까 하고 생각을 했다.

헨리 데이비드 소로Henry David Thoreau, 1817~1862는 남들처럼 안정된 직업을 가지고 살기를 거부하고 자신만의 독특한 삶을 살았던 사람이다. 미국 매사추세츠주 콩코드에서 태어나 그곳에서

평생을 살다가 죽었다. 하버드대학을 졸업한 후 가업이었던 연
필 제조업을 비롯하여, 교사, 측량 업무 등에 종사했지만 평생
일정한 직업에 정착하지 않고 공부에 매진했다. 그의 나이 28세
가 되던 해에 '월든' 호숫가에 들어가서 2년여 동안 혼자 오두막
을 짓고 살았는데, 그때의 생활 경험을 기록한 것이 《월든-숲속
에서의 생활(1854)》이라는 책이다. 이 책은 많은 시인과 작가, 사
상가들에게 영향을 주었다.

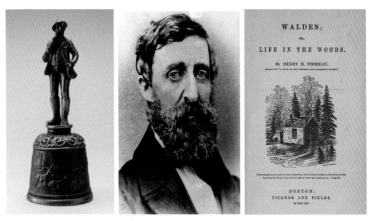

헨리 데이비드 소로 청동 종, 발란타인 작 1975, 15cm과 그의 사진, 월든의 초
판 표지, 그림은 여동생 소피아가 그렸다.

　보스턴 북쪽의 한적한 도시 콩코드에 있는 둘레 3km의 월든
호수에는 150여 년 전 소로가 집을 짓고 살던 터가 보존되어 있
다. 집터에 세워진 나무 판넬에는 소로의 글이 새겨져 있다.

"나는 숲에 간다. 삶의 가장 본질적인 것들만을 대면해 보고 싶기 때문이다. 내가 숲 속으로 들어간 것은 인생을 내 방식대로 살아보기 위해서였다. 스파르타식으로 열심히 사는 것만이 인생이 아니기에, 내 인생을 깊이 있게 살아보고 싶었다. 삶의 본질적인 문제에 직면하여 인생이 가르치고자 한 것을 내가 배울 수 있는지 알아보고자 하기 때문이다. 그리하여 마침내 죽음에 이르렀을 때 내가 헛된 삶을 살았구나 하고 후회하는 일이 없도록 하기 위해서였다."

공원 관리실 곁에는 그가 살던 오두막집을 원형대로 다시 지어두었다. 출입구 건너편에는 벽난로와 좌우 양쪽으로 난 큰 들창이 있다. 단칸집 한 쪽에 나무 침대가 있고 탁자와 책상, 그리고 세 개의 나무의자도 있다. 남아 있는 가구의 일부는 그가 직접 만들어서 사용하던 것이다. 그는 해와 달 이외에 그 집 안을 들여다 볼 사람이 없기에 창문에 커튼은 달아둘 필요가 없다고 하였다. 오두막 주위의 모래 섞인 땅을 갈아 강낭콩을 심었고, 한쪽 편에는 감자와 옥수수 등을 경작하였다. 달빛이 밝은 밤이면 호숫가의 모래톱을 거닐었고, 어느 날 일기에는 '오늘 저녁 나는 월든 호수에 보트를 띄우고 앉아 피리를 불었다.' 라고 남겼다. 그는 하루에 네 시간 이상 산과 들과 숲 속을 걸음으로써, 세속적인 얽힘에서 벗어나 건강과 영혼을 온전하게 보존하였다.

월든 호숫가에서 지낸 이 기간은 그의 인생에서 가장 의미 있고 아름다운 시기였다. 소로의 생애를 기록한 전기 작가 헨리 솔트는 "그가 콩을 심고 콩밭을 매는 일은 자연을 배우고 삶을 배우는 과정과 같은 것이었다. 그가 미국을 위해 공적인 일을 하여 남길 수 있었던 어떤 것보다, 《월든》이라는 저서를 씀으로써 인류에게 남긴 유산이 훨씬 더 훌륭한 것이다."라고 칭송하였다.

미국 매사추세츠 월든 호수와 그가 살던 오두막집 모형, 위키피디아 자료

소로는 월든 숲속에서 홀로 지낸 지 일 년이 되던 어느 여름날, 구둣방에 수리를 맡겼던 구두를 찾으러 가다가 세금 징수원과 만나게 된다. 세무원은 그가 몇 년 동안이나 인두세를 한 푼도 내지 않았다고 감옥에 가두어 버렸다. 그 당시 매사추세츠는 20세에서 70세까지의 남성에게 인두세를 부과하고 있었다. 소로가

다른 세금은 납부하면서도 인두세를 내지 않은 이유는 주 의사당 앞에서 버젓이 어린이, 여성을 포함한 흑인 노예를 가축처럼 매매하게 허락한 비인도적인 제도에 항의하기 위해서였다. 영토 확장을 위해 멕시코와 전쟁을 일으킨 미국 정부에 대한 항의였기도 하다. 그러나 그의 친척이 그도 모르게 세금을 대신 납부하였기에 다음날 아침에 석방 명령이 떨어졌다. 그는 매우 분노하며 출옥을 거부했으나 결국 강제로 방면되었다.

그는 이 사건을 계기로 개인의 자유를 억압하는 국가 권력에 대해서 깊이 성찰하기 시작하였다. 그의 성찰은 《시민의 불복종》이라는 책으로 소개되었고, 불의의 권력과 싸우는 수많은 사람들은 그를 통하여 희망과 용기를 얻었다. 개인의 자유에 대한 국가 권력의 의미를 성찰한 이 책은 인류 역사에 큰 영향을 준 위대한 저서로 인식되고 있다. 문호 톨스토이, 인도의 성인 마하트마 간디, 민권운동가 마틴 루터 킹 등의 삶에도 큰 영향을 주었다. 톨스토이는 "왜 당신네 미국인들은 돈 많은 사람이나 군인들 말만 듣고 위대한 소로가 하는 말에는 귀를 기울이지 않는 것이요?"라고 반문하였다.

소로가 무엇보다 소중하게 여겼던 것은 얽매임이 없는 자유였다. 그는 경제적으로 풍족하지 않더라도 행복할 수 있으므로 호화로운 가구, 값비싼 주택을 위한 돈을 벌기 위해 시간을 허비하지 않았다. 그는 경험을 통하여 사람이 비전을 가지고 자기가 원하는 방향으로 열심히 살아나간다면, 그 사람이 보통 때는 생각지도 못했던 성공을 할 수 있다는 것을 알았다. 자신의 생활을 소박하게 하면 할수록, 이 법칙은 더욱더 명료해진다고 하였다.

소로처럼 자신을 구속하는 모든 것들을 과감하게 벗어던지고, 대자연을 벗삼아 유유자적할 수 있을 만큼 대범한 사람이 얼마나 될까? 동양에서는 소로와 같은 삶을 살기 어려운 일반 서민이라도 현재의 삶을 열심히 살며 스스로 정진한다면, 미래에는 자유를 마음껏 만끽하며 여유롭게 살 수 있으리라 믿어 왔다.

좌 : 김홍도의 〈군선도〉. 조선. 우 : 〈팔선과해회도八仙過海繪圖〉, 중국. 파도치는 바다를 항해하는 배에서 여신선 하선고가 배를 저으며 8신선을 이끄는 모신(母神)으로 그려져 있다.

즉, 인간을 초월한 월등한 존재가 될 수 있다고 생각한 것이다. 그 월등한 존재가 바로 '신선神仙'이다.

신선은 중국 도교道教, Taoism에서 믿는 늙지도 죽지도 않으며 하늘을 날아다니는 초인超人에 가까운 신이다. 도교는 노자의 사상을 바탕으로 한 도가道家 철학에 신선 사상과 음양오행, 불교 등의 여러 사상이 혼합되어 창시된 것이다. 인간은 원래 연약하므로 도교의 교리를 지켜 깨끗한 생활을 하며 신비한 방술方術을 닦음으로써 도에 도달할 수 있다고 봤다. 자연과 함께 영원히 살 수 있다는 믿음을 준 것이다.

전래되던 신선 사상에는 신선이 되려면 태어날 때부터 기본적인 자격을 지닌 사람이 신선이 사는 산으로 들어가 제사를 드려야 했다. 그러나 후한시대에 도교가 성립되며 신선도 신앙의 대상이 되어 이미지가 변하였고, 점차 신에서 인간의 모습으로 내려오게 된다. 구름을 타고 다니는 흰 수염 난 노인이 신령스러운 산에서 영생할 수 있는 묘약을 구한다거나, 인간 세상에 나타나 탁월한 능력을 보여주는 친밀한 존재로 바뀌었다. 이후 각종 양생술이 광범위하게 보급되면서 누구라도 이를 이용한 수행을 통하여 신선이 될 수 있는 길이 열리게 되었다. 신선은 신보다는 인간에 더욱 가까운 존재가 된 것이다.

신선은 신분과 빈부의 차이가 없으며, 일반 민초들과 함께 호흡하는 상상 속의 영웅이었다. 세속적인 지위나 명예를 벗어던 지고 죽음마저도 초월하는 신선이 될 수 있다는 생각은 누구라 도 한 번쯤은 꿈꿔 볼 수 있었을 것이다. 사람들은 신선을 숭배 하고, 그림으로 그려 일상생활 가까이에 두었다. 우리의 민화에 는 신선들이 모여 차나 술을 마시거나, 바둑을 두는 유유자적한 인간적인 모습으로 많이 묘사되어 있다. 1900년경 청나라는 사 진에서 보는 바와 같이 상아, 나무, 금속으로 신선을 조각하고, 종 몸체에 래커 칠을 한 화려한 인물의 종을 만들었다. 가까이에 서 종소리로 울려 퍼지는 신선들의 대화를 듣고 싶었을까?

팔신선 종. 여러 재료로 조각한 신선과 래커 칠한 몸체.
19세기 말 중국, 높이 13cm

종리권鍾離權, 이철괴李鐵拐, 한상자韓湘子, 조국구曹國舅, 여동빈 呂洞賓, 장과로張果老, 남채화藍采和, 하선고何仙姑, 이들은 대중들 로 부터 가장 사랑을 받아오던 팔신선八神仙의 이름이다. 이들은 다양한 시대와 각각의 계층을 대변하는 캐릭터였다. 수많은 신선 중에서 대표 신선으로 선정되었다고 한다. 각각은 '빈부, 귀족과 평민, 노인과 젊은이, 남녀'로 대표되는 다양한 삶의 조건들을 골고루 대변하고 있다. 이들의 어려움을 모두 해결할 수 있는 능력을 갖는다고 믿어졌다.

종리권은 이들 중 우두머리 신선으로 연금술을 터득하였다고 하며, 뚱뚱하여 배를 드러내고 파초선을 든 모습으로 묘사된다. 여동빈은 당나라 사람으로 종리권을 만나 신선술을 배워 신선이 되었다 한다. 그는 한 정직한 노인을 위해 우물물을 술로 만들어 주었으며, 한 도인에게는 검법을 전수받았다고 한다. 그래서 그는 등에 칼을 멘 사람으로 묘사된다. 장과로는 당나라 사람으로 둔갑술에 능하고 흰 노새를 타고 다녔으며 노새를 타지 않을 때는 종이처럼 접어 가지고 다녔다고 한다. 그는 대나무 통 비슷한 북이나 불사조 깃털과 불로장생의 복숭아를 들고 있는 모습이다. 신혼부부에게는 아이를 가져다준다고 하여 신혼 방에 그의 그림이 많이 장식되었다. 한상자는 여동빈이 전해준 복숭아나무에 올라갔다가 떨어져 신선이 되었다고 하며 피리를 불고 있거나 들고 있는 모습이다. 이철괴는 당나라 사람으로 수도에 정진하여 신선이 되었고, 호리병을 들고 있는 거지의 모습이다. 8신선 중 유일하게 실존하지 않은 사람이었다고 믿어진다. 조국구는 송나라 장군의 아들이며 죽은 사람을 위에서 치면 되살아난다는 음양판을 손에 들고 있다. 남채화는 한쪽 발만 신발을 신은 의장 남사로 꽃광주리를 들고 있는 모습이다. 유일한 여신선 하선고는 7세기경에 살았고 천도복숭아를 먹고 선녀가 되었다고 한다. 손에 연꽃을 들거나 연꽃 위에 앉아 있는 모습이다.

나는 지금 소로처럼 살며 세상의 이치를 깨우칠 용기는 없다. 양생술을 터득하여 구름을 타고 다니며 영생하는 신선이 될 가능성도 없다. 그러나 앞으로 멋진 삶이 다가올 수 있다는 희망이 사라진 현실은 남은 인생에 대한 흥미를 잃게 만들 것이다.

내 인생의 남은 부분은 내 의지대로 사는 '신선 놀음'을 하며 도끼자루가 썩는 줄도 모르게 살아 보고 싶다. 소로처럼, 신선처럼….

육지를 동경한 인어공주 '애리얼'

"애리얼Ariel, 인간 세상은 정말 골치 아파요.

당신은 저기 물 위로 올라가길 꿈꾸지만,

그건 정말 큰 실수예요.

이 바닷속 주위를 봐요. 이토록 아름다운 것들이 주위에 있잖아요.

무엇을 더 찾고 있는 건가요?

물속 바다 아래가 저 위의 어떤 것보다 더 좋은 것이에요.

저 위의 사람들은 하루 종일 일하고 있어요.

우리가 바닷속에서 둥둥 떠다니며 재미있게 지낼 때, 그들은 태양 아래에서 노예가 되고 있다구요. 이 바다 아래에선 모든 물고기들이 행복하지요."

1989년 개봉된 디즈니 애니메이션 인어공주의 주제가인 〈Under the sea〉의 가사 일부분이다. 우연히 물속으로 들어온 왕자를 사랑하게 된 인어공주 애리얼이 물 밖 세상을 동경하자, 넙치, 문어 등 바닷속 식구들이 순진한 그녀를 타이르며 이 감미로운 노래를 부른다. 그러나 현실의 사람들은 인간 세상을 동경하는 인어공주와는 반대로 물고기처럼 바다 속을 마음껏 헤엄쳐 다니는 삶을 동경하였다. 그들의 희망은 깊은 물속의 세계를 마음껏 헤엄치며 돌아다닐 수 있는, 반은 사람이고 반은 물고기인 인어人魚, Mermaid를 상상해 냈다.

인어공주 애리얼, 디즈니 애니메이션 도자기 종, 15cm, 2005년 Bradford사

한스 크리스티안 안데르센1805~1875의 1836년 동화 〈인어공주〉는 바닷속 어느 나라 인어공주의 사랑 이야기이다. 왕의 아들, 딸들은 15살 생일이 되어야만 육지로 구경을 갈 수 있었는데, 6남매 중 막내인 공주는

육지에 대한 환상이 많았다. 그녀는 15번째 생일에 바다 위로 올라갔다가, 마침 16세를 맞아 배 위에서 연회를 열고 있던 멋진 왕자를 발견한다. 그때 갑자기 기상이 악화되어 배는 난파되고 왕자는 바다 속으로 가라앉게 된다. 인어공주는 왕자를 구해주었으나 왕자는 그녀가 은인이라는 사실을 모른 채 육지로 돌아간다. 인어공주는 왕자를 사랑하였으므로 궁전으로 돌아온 뒤 매우 우울하게 지낸다. 그녀의 언니들이 이를 알고 친구들과 함께 왕자가 사는 곳을 찾아낸다. 공주는 이후 자주 바다 위로 나가서 왕자의 모습을 지켜본다. 그러나 슬픔과 호기심은 시간이 갈수록 깊어졌다.

어느 날 공주는 바다 바깥 세상에 대한 이야기를 해주던 마녀로부터 인간의 영혼을 가질 수 있는 방법을 듣는다. 마녀는 공주에게 '인간의 다리를 얻을 수 있으나 그 대신 걸을 때마다 칼로 찌르는 고통을 느끼게 된다. 또한, 왕자가 다른 여자와 결혼을 하게 되면 공주는 인간의 영혼을 얻지 못하고 죽게 된다' 고 말한다. 마녀는 인간의 다리를 주었고, 대신 그녀의 아름다운 목소리를 가지기로 하고 혀를 잘라버린다. 다리를 얻은 공주는 왕자를 만났고, 두 사람은 왕궁에서 함께 생활하며 사랑하게 된다. 그러나 왕자는 그녀와 결혼할 생각이 없었다. 생명을 구해주었던 희미한 기억 속의 여인과 결혼하겠다고 다짐했기 때문이었다.

　어느 날 왕자는 다른 나라의 공주를 만났는데, 그녀를 자신의 생명을 구해준 여인으로 착각하여 결혼을 결심한다. 왕자의 약혼식 날 저녁, 인어공주의 언니들은 불쌍한 동생을 구하기 위해 자신들의 머리카락을 마녀에게 팔고 칼을 얻어 온다. 공주가 그 칼로 왕자의 심장을 찔러 왕자의 피가 공주의 발에 뿌려지면 다리가 다시 물고기 꼬리가 되어 인어로 돌아올 수 있다는 것이다. 그러나 그녀는 사랑하는 왕자를 찌르지 못하였고, 바다에 몸을 던져 물거품이 된다. 공주는 두 사람의 축복을 빌며 영원한 영혼을 얻으며 하늘로 올라간다. 여기에는 사랑에 더하여 인간의 영혼이 강조되어 있다고 한다. 인어는 살아 있는 동안은 즐겁게 살 수 있고 죽으면 물거품처럼 완전히 소멸되나, 사람은 불멸의 영혼을 지니고 있다는 기독교적 인간 중심 사상이 그 바탕에 깔려 있다는 것이다.

　이 동화는 아름답고 애절한 사랑 이야기이다. 그러나 이루어지지 못한 이들의 사랑을 안타까워한 사람들은 마지막 부분을 각색하여 해피엔딩으로 작품을 변형하기도 하였다. 월트 디즈니의 애니메이션은 왕자가 그들의 결혼을 방해하던 마녀를 물리치고 애리얼과 결혼해서 행복하게 산다는 것으로 끝맺음을 하였다.

안데르센과 그의 탄생 175년 기념 주석 종, B&G,
1980년과 코펜하겐의 인어공주 상

 덴마크의 코펜하겐 바닷가에는 인어공주 동상이 있다. 1913
년 덴마크의 조각가 에드바르드 에릭센이 발레리나였던 자신의
부인을 모델로 제작한 것이다. 많은 사람들이 큰 기대를 하고
이 동상을 보러가나, 실제로는 생각보다 작고 볼품도 없어서 허
망한 느낌이 든다. 가련하기만 한 인어공주상은 그동안 많은 테
러를 당하였다. 팔과 머리가 잘렸고 페인트 칠 공격을 받았으
며, 2003년에는 폭탄 공격을 당하여 바닷속으로 떨어지기도 했
다. 2016년 한강변에 덴마크에서 기증한 인어공주 동상이 설치
되었기에, 서울에서도 인어공주를 만나볼 수 있다.

인어 탁상종, 1900년경, 유럽,
손으로 돌리는 방식

인어는 상반신은 젊은 여성
이나 하반신은 물고기의 꼬리
를 가진 바닷속에 사는 전설 속
의 동물이다. 남성 인어는 어인
魚人, merman으로 부르고, 총칭
하여 '인어족' 人魚族, merpeople,
merfolk으로 부르기도 한다. 해
난 구조회사 이름으로 알려지
게 된 '언딘'은 독일어 우디네
Undine로 발음되는 인어와 같은
물속의 요정을 영어 발음으로 표시한 것이다.

　인어에 관한 최초의 전설은 BC 1000년 경 아시리아로부터 전
해진다. 아시리아 여왕 세미라미스의 어머니 아타르가티스는 목
동을 사랑하는 여신이었으나 그 목동을 죽이게 된다. 그녀는 사
랑하는 사람을 죽였다는 슬픔과 부끄러움에 스스로 물속으로 뛰
어들었고 물고기의 모습으로 변한다. 가슴 위는 인간의 모습으
로, 아래는 물고기의 외형을 가지게 된 것이다. 그리스인들은 그
녀를 데르케토라고 불렀고, 인간들 앞에 자주 나타난다고 기록
하였다. 그리스 신화에는 상반신은 인간, 하반신은 물고기인 트
리톤도 등장한다. 바다의 신 포세이돈의 아들인 그는 바닷속 황

금 궁전에 살면서 해마를 타고 다녔다. 바다가 잔잔할 때는 물 위로 올라와서 고둥을 불며 모여든 물고기들과 즐겁게 지냈고, 파도가 거칠 때에는 파도를 잠재웠다고 한다. 그리스 신화에 나오는 세이렌seiren은 상반신은 여자이고 하반신은 날카로운 독수리의 발톱을 가진 모양이었다. 이탈리아 서부의 절벽과 바위로 둘러싸인 섬에는 피시오네, 아글라오페, 텔크시에페이아(또는 파르테노페, 레우코시아, 리기아)라는 바다 요정이 있어, 아름다운 노래로 선원들을 유혹하였다. 감미로운 그들의 목소리에 유혹되어 암초가 있고 물살이 빠른 곳에 다가간 배는 난파당하거나, 선원들이 바다에 뛰어들어 목숨을 잃는 것이다. 그녀들은 바

〈오딧세이와 세이렌〉, 존 윌리암스 워터하우스 1849~1917, 영국

닷가 바위에서 아름다운 노래를 불러 뱃사람을 유혹하여 죽게 만드는 바다의 요정이었다. 비상경보를 뜻하는 '사이렌Siren'은 여기에서 기원한 것이다.

　세이렌은 수많은 뱃사람의 목숨을 빼앗아 갔으나, 두 차례는 실패한 것으로 기록되어 있다. 트로이 전쟁에서 승리한 오디세우스가 고향으로 돌아가는 항해 길에는 세이렌 자매가 살고 있는 이타나 섬을 지나쳐야 했다. 오디세우스는 부하들이 노래를 듣지 못하도록 밀랍으로 귀를 막게 하고, 자신의 몸은 쇠사슬로 묶게 한 뒤 항해를 시작했다. 섬이 가까워지자 세이렌 자매들의 노래가 선원들을 유혹하였다. 오디세우스도 유혹되어 발버둥을 쳤고 쇠사슬을 풀어달라고 하였다. 그러나 귀를 막은 선원들이 이 명령을 듣지 못해 섬을 빠져나간다. 그를 유혹하는데 실패한 세이렌들은 심한 모멸감으로 모두 자살을 했다고 한다. 음악가이자 시인인 오르페우스도 황금 양털을 찾기 위해 항해하던 중 세이렌의 노래를 들었다. 오르페우스는 그들보다 더 아름다운 노래를 불러 맞대응을 하며 빠져나갔다. 유혹에 실패한 세이렌들은 이때에도 바다에 몸을 던졌고, 모두 바위로 변하였다고 한다.

　중세 이후 세이렌은 상반신은 여인이나, 하반신은 새에서 물고기의 모습인 인어로 바뀌었다. 많은 경우 세이렌과 인어는 같

〈어부와 사이렌〉, 프레드릭 레이톤, 19C 영국과, 바르샤바 공국의 문장(紋章)인 방패와 칼을 든 인어 시렌카

은 의미로 불려졌다. 세이렌의 노래에 홀린 순간 남자는 자신의 모든 것을 버리고 그녀를 따라 바다에 투신한다고 하니, 사람을 유혹하여 생명을 앗아가는 인어 세이렌의 치명적인 매력을 경고하는 예술 작품들도 창작되었다.

세계 각국에는 각자 독특한 인어에 관한 전설들이 전해지고 있다. 아일랜드의 인어 '메로'는 폭풍우를 몰고 온다고 하며, 아랍의 인어 '압둘라'는 바닷속에 왕국을 건설하고 결혼하여 가정을 꾸미고 산다고 한다. 중국의 고지리서 《산해경山海經》에도 상반신은 사람이고 하반신은 물고기인 소인국 사람들이 소개되었고, 일본에서는 인어 고기를 먹으면 불로장생한다는 전설이 있다. 우리나라에도 바다에서 올라온 미녀에게 이끌려 용궁으로 간 어부의 전설이 전해지고 있다. 영국의 인어는 키가 50m인 괴물로 악천후와 불행을 가져온다고 하였으나, 유럽의 일부 지방에는 인어가 인간의 소원을 이루어 준다고 전해진다. 인어들은 물에 빠진 남자들을 구하려고 하지만 동시에 인간들을 물 아래에 있는 자신들의 왕국으로 데려가기도 한다는 방식이었다. 바다의 요정인 인어가 외적으로부터 나라를 지켜 줄 것이라 생각하고 그들의 수호신으로 섬기고 문장紋章에도 새겼다. 핀란드 신화에서 인어는 인간의 소원을 들어주기도 하고, 병을 치료하며 마법의 물약을 만들어 주기도 한다.

매너티(위키피디아)와 듀공(iaquarium.co.kr),
르네 마그리트의 그림 〈인어〉, 20C

인어는 실존하지 않는 전설상의 동물임에도 불구하고 세계 곳곳에서 인어를 보았다는 목격담이 넘쳐났다. 콜럼버스의 항해일지에도 인어를 보았다는 기록이 있다. 그러나 목격자는 많아도 실제로 인어를 잡았다는 사람은 없다. 인어의 목격담은 대부분 바다에 사는 포유동물인 매너티manatee와 듀공dugong을 보고 착각한 것으로 밝혀졌는데, 실제 19세기 중반 이전까지 뱃사람들은 이들을 인어로 생각했다. 미국 북대서양 연안 멕시코만, 카리브 해 연안과 아마존강에 사는 매너티는 길이 5m, 몸무게 650kg의 큰 동물로 바다소해우海牛라고도 불린다. 듀공도 몸길이는 약 3m, 최고 중량 300kg의 체구로 고래와 닮은 포유류 동물이다. 산호초가 많은 아프리카 동해안과 홍해, 말레이반도, 필리핀 해안, 호주 북부의 태평양 섬 주변에 분포한다. 매너티와 듀공은 뒷다리는 없으나 가슴 쪽에 지느러미 모양의 앞발이 있어 물위로 솟은 모습을 멀리서 보면 사람처럼 보인다. 특히 앞발로 어린 새끼를 안고 젖을 먹이는 모습은 어린 아기를 안은 어머니의 모습과도 비슷하다고 한다.

과학의 발전은 깊은 바다에도 인어가 살지 않는다는 사실을 밝혔으나, 우리들 마음속의 인어에 관한 생각까지 빼앗아 가지는 못하였다. 깊은 바닷속 용궁에는 토끼의 간을 원하는 용왕과 함께 인어도 같이 살고 있다고 상상하는 것은 얼마나 아름다운 착각인가?

식민지에서 최강국을 이룬
'뉴잉글랜드 필그림' 정신

다양한 복장을 한 이 통통한 여성 인형들은 영국의 식민지 시대에서 18세기까지 미국 북동부 버몬트Vermont 주에서 살던 여성들의 모습을 조각한 종이다. 두꺼운 석고를 깎아 형상화한 뒤 고온에 구은 묵직한 초크웨어chalkware 조각품이다.

이 종을 만든 마샤 캐리Martha Carey는 뉴욕에서 패션, 회화를 공부한 후, 1968년 고향인 버몬트로 돌아왔다. 그러나 가족들이 살던 작은 도시에서는 전공에 맞는 직업을 찾을 수가 없었기에, 그녀의 이름을 딴 부조浮彫회사를 설립하고 각 시대를 대표하는 미국 뉴잉글랜드 지방 여성들의 모습을 조각하여 팔았다. 그녀는 1970년대 후반, 사진에서 보는 '버몬트의 부인Ladies of Vermont' 이라는 영국 식민지 시대부터 19세기까지의 의복의 변천을 자연스럽게 보여주는 정장 외출복 차림의 석고 여성 인형 종 6개를 소개하였다. 이 종들이 미국의 종 수집가들에게 인기를 끌었기에, 동 시대의 버몬트 어린이를 모델로 한 귀여운 여아들의 모습을 한 6개의 종 Children of Vermont, Little Missy Bells도 만들어졌다. 18세기 이전에는 집안에 난방이 불충분하였으므로 버몬트의 혹독한 겨울을 이기기 위하여, 여성들은 내부에 바람을 불어넣은 것처럼 두껍고 통통한 치마에 스카프 차림을 하고 있다. 각각 높이 20cm, 무게 4~700gm 정도이고, 당시 한 개에 20불에 판매되었다.

식민지에서
19세기의 복장을 한
버몬트의 부인 종.
마샤 캐리 작품,
1970년대

'뉴잉글랜드'는 미국 북동부의 대서양 연안에 위치한 매사추세츠, 코네티컷, 로드아일랜드, 버몬트, 메인, 뉴햄프셔 6개 주가 위치한 지역을 말한다. 해안에 인접한 구릉성 산지 지형이 대부분이고 북쪽으로 캐나다, 서쪽으로 뉴욕 주와 인접하고 있다. 여기는 농지가 부족하고 농업에 적절하지 않은 자연환경으로 인하여, 섬유와 금속공업이 발달하였다.

이민 초창기의 미국 뉴잉글랜드 농가는 대가족이 통나무집에서 살았다. 대부분을 차지하던 잉글랜드계 여성들의 사회적 위치는 낮았다. 이들은 종교와 사회적 지위와 비슷한 주변 사람들과 중매결혼을 하였다. 이 시대 여성들의 정체성은 결혼 후 건강한 아이를 출산하고 양육하며 남편을 지원하는 것이었다.

여성은 가족의 자산에 대한 권리를 주장할 수 없었고, 정치 참여도 허락되지 않았다. 아들이 결혼하면 아버지가 땅, 가축 또는 농기구를 선물했고, 딸은 가구, 농장의 동물 또는 현금을 받았다. 18세기의 보고서를 보면, 여성은 보통 20대 초에 결혼하여, 6명에서 8명의 아이들을 낳았고 아이들 대부분은 성인으로 성장했다고 한다. 초기 이민자 농가의 여성들은 양털실을 뽑아 스웨터와 스타킹을 뜨개질하였으니, 사진의 의복 대부분은 자기들의 집에서 직접 만들어 입었을 것이다. 여성들은 초와 비누를 만들고, 직접 짠 우유로 버터를 만드는 등, 가정에 필요한 물자들을

좌. 미국 북동부의 뉴잉글랜드 지역, 우. 최고의 임상의학잡지 NEJM의 로고

자급자족하였다고 한다.

　의학 전공자들에게는 '뉴잉글랜드'가 전통과 자부심을 지닌 세계 최고의 '그 무엇'일 것이라는 인식이 있다. 임상 의학자는 일생에 한 번이라도 '뉴잉글랜드 저널 오브 메디신The New England Journal of Medicine, NEJM'이라는 의학저널에 논문을 게재하는 꿈을 지니고 있기 때문이다. 매주 발행되는 이 저널은 1812년 1월 미국 보스턴에서 두 명의 의사의 주도하에 창간되었다. 1921년 매사추세츠 의학협회가 판권을 구입하고, 1928년부터 현재의 명칭으로 변경하여 발행하고 있다. 이 저널은 "투고되는 논문은 다른 곳에 게재되거나 발표된 적이 없는 것이어야 한다."는 원칙(잉겔핑거 법칙)을 세계 최초로 공표하여 유명해졌다. 여기에 게재된 논문의 영향력을 나타내는 인용지수(2015년 기준 51.4)는 최고의 과학저널인 네이처나 사이언스보다 더 높다.

좌: 〈필그림들의 메이플라워호 항해〉 버나드 그리블 그림, 우: 존 윈스럽의 초상화

　흔히 1620년 메이플라워호를 타고 매사추세츠의 플리머스 식민지에 정착한 영국인들을 순례자를 의미하는 필그림Pilgrim이라 부른다. 1820년 대니얼 웹스터가 미국 정착 200주년 기념 연설에서 이들을 '필그림'이라 부른 이래, 뉴잉글랜드에 이주해 살던 애국 시민을 뜻하는 대명사가 되었다. 그 뜻 그대로 뉴잉글랜드는 종교 박해를 피해 영국에서 이주해 온 경건한 청교도 이주자들이 많이 모여 영국의 농업식민지를 개척한 곳이다. 세계 최강국 미국의 저력은 뉴잉글랜드에서 시작된 문학, 철학과 교육 변화 운동에서 출발되었고, 미국에서 산업 혁명으로 가장 먼저 변화된 지역도 이곳이다. 독립운동도 뉴잉글랜드에서 처음 시작되었고, 노예 해방 운동에서도 가장 중심이 되었다. 당연히 1776년 미국 독립선언 이후 이곳은 미연방공화국의 중심이 되었다. 지역 주민들의 사회 경제적인 지위가 높았고, 일찍부터 교육 제도

가 발달한 덕분에 미국 정신문화의 발달을 주도한 것이다. 뉴잉글랜드의 중산층들은 개척자 정신, 경건한 신앙심, 기업가 정신이 강하고 애국심도 높고, 대체적으로는 보수 성향을 띄고 있다. 주민들의 정치적 참여도도 높다.

이 지역의 초기 이민자들은 그들이 바라던 이상을 실현하기 위하여 교육에 집중하였다. 이민 초창기부터 매사추세츠 식민지에서는 동네에 50가족이 정착하면 초등학교를 설립하였고, 100가족 이상의 거주지에는 고등학교를 설치하도록 했다. 지금도 명문 사립 기숙학교들이 많이 남아있다. 또한 상류층 거주 지역에는 일찍부터 대학교육이 시작되었다. 이민이 정착한 지 6년 뒤인 1636년에 건립된 보스턴의 하버드Harvard대학, 그리고 1701년 설립된 예일Yale대학 등을 중심으로 목사, 변호사, 공무원들이 양성되었다. 청교도들이 지향하던 시대적 요청과 신앙적 이상을 실현하는데 필요한 유능한 인재의 배출이 목적이었다. 초기에는 의학 교육을 받기 위해서는 영국으로 가야했다.

미국 동부의 명문 사립대학인 브라운, 콜롬비아, 코넬, 다트머스, 하버드, 프린스턴, 펜실바니아, 예일을 아이비리그Ivy League 대학이라 한다. 월등한 학문적 업적, 탄탄한 재정, 우수한 교수진과 학생들이 갖추어진 세계 최고의 대학들이다. 예일, 브라운, 하버드, 다트머스대학이 뉴잉글랜드에 있고, 다른 대학들도 인접한 곳에 위치하고 있다. 이는 1940년대에 담쟁이 넝쿨로 덮인 학교 건물이 있던 이 대학들이 정기적으로 미식축구 시합을 한 데시 유래한 것이다. 당시 미식축구팀이 없던 최고의 공과대학 MIT는 아이비리그에 속하지 않는다. 훌륭한 뉴잉글랜드의 교육 제도는 롱펠로, 소로, 피츠제럴드, 케네디 대통령 등의 문학가와 사상가, 정치인, 그리고 많은 사회 지도자를 배출하였다.

좌 : 1636년 개교한 하버드대학, 우 : 보스턴의 미식축구 뉴잉글랜드 페트이오트 팀 로고

유럽인들은 15세기 말부터 북미 대륙에 발을 내딛기 시작하였다. 본격적인 '식민지 미국'은 1620년 102명의 영국 청교도Puritan 들이 '메이플라워호'를 타고 떠나서 미국 북동부에 플리머스 식민지를 형성하며 출발된다. 1629년 찰스 1세가 의회를 해산하자, 의회를 기반으로 활동해 오던 영국청교도들의 정치적 입지가 크게 축소된다.

영국 국교회의 청교도 탄압이 점차 증대되고, 유럽의 30년 전쟁으로 무역과 상업에 종사하던 이들의 사회 경제적 지위는 더욱 위협을 받게 되었다. 온건파 청교도들은 그들의 신앙을 실현할 수 있는 곳을 찾아 영국을 탈출할 결심을 한다. 캠브리지대학 출신의 귀족 존 윈스럽을 중심으로 한 이들은 왕으로부터 북미 대륙에 식민지를 만드는데 필요한 특별허가장을 받고, 이민을 위한 매사추세츠만 회사를 설립한다. 마침내 1630년 4월 이 회사 선박 4척이 영국 사우스햄프턴 항을 떠났고, 6월에 미국 세일럼 Salem에 도달하였다. 한 달 후에는 다시 7척의 배가 떠나는 등 그 해에만 약 2천명이 매사추세츠의 새 터전에 식민지를 건설하고 배타적인 생활을 시작한다. 10여 년 뒤 이곳의 인구는 약 2만 명이 되었고, 더 나은 주거지역을 확보하기 위해 주변으로 퍼져나가 일곱 개의 정착촌이 건설된다. 그중 가장 큰 규모인 샤우무트 정착촌은 후일 영국 도시 이름을 딴 보스턴으로 바뀌면서 매사추세츠의 중심 항구도시로 발전되었다.

정착지의 청교도 지도자들과 매사추세츠 식민회사는 사회질서를 유지하기 위하여 법률과 규정들을 제정해서 행정 및 사법적인 공동 체제를 도입하였다. 식민지 뉴잉글랜드는 영국으로부터 독립될 때까지 정교政教가 분리되지 않았기 때문에, 교회가 종교행사 뿐만 아니라 마을의 정치와 집회의 공간이 되었다. 지도자들은 매사추세츠 식민지는 사랑으로 묶여진 종교적 공동체이며, 여기에서는 기쁨과 슬픔, 노동과 고통을 모두가 함께하자고 했다. 이들은 가톨릭이나 성공회의 중앙집중식 교회 제제보다는 체제와 신앙생활 규범 및 일상 규칙을 신자들 상호간의 계약으로 결정되어야 한다고 생각했다. 교회의 조직과 일, 성직자, 장로, 집사 등의 선출을 구성원들에 의해 결정되는 '회중會衆교회'가 조직된 것이다. 윈쓰럽의 식민지 정부는 교회와 서로 협조하며 행정체제를 만들어갔다. 식민지 정부는 자유인 신분에게만 재산 소유권을 인정하였고, 재산 소유권자만 교회의 정회원이 될 수 있도록 했다. 자유인이 되려면 교회의 정회원이어야 했고, 비로소 평온한 삶을 살 수 있었다. 교회가 신앙 및 세속 공동체의 중심이 되었다. 그러나 신분제도와 재산권은 하나님이 정해준 질서라고 믿었고, 신분에 따른 격차는 당연하다고 생각했다. 영국에서 부와 사회적 지위를 누렸던 상류계층은 이곳에 와서도 여전히 특권을 누렸다. 서민들은 식민지의 토지가 평등하게 분양되어야 한다고 했으나, 상류층은 효율적인 토지 이용을 위하여 투자 능력에 따라 차등 배분해야 한다고 주장했다. 상류층들은 그들의 주장대로 1인당 약 200에이커의 땅을 분양 받았으나, 서민들은 30에이커 이하를 받았다.

이주지에서는 청교도 남성들만이 식민회사의 독점적인 주주가 되었고, 참정권을 얻었다. 이를 반대하던 사람들은 매사추세츠 식민지에서 쫓겨나 다른 식민지로 가야만 했다. 당시 뉴햄프셔, 버몬트, 메인 지역에도 식민지가 들어섰는데, 영국의 제임스 왕은 이 지역을 통 털어 새로운 영국이란 뜻의 '뉴잉글랜드' 라 명명한 것이다. 이후 126년 동안에는 이 지역에서 프랑스와 인디언 연합군이 영국과 대항한 4차례의 프렌치 인디언 전쟁이 있었는데, 결국 영국이 승리하자 뉴잉글랜드는 공식적인 영국 식민지가 되었다.

버몬트의 소녀 종 Little Missy Bells. 마샤 캐리, 1970년대

이민자들이 늘어나며 매사추세츠 식민지의 행정교역 중심지인 보스턴은 인근의 소규모 식민지와 연합한 뉴잉글랜드 자치동맹의 중심이 되었다. 뉴잉글랜드 식민지에는 오랫동안 영국 정부에 의한 직접적인 통제가 행하여지지 않고 있었다. 1773년 미국에는 13개 주의 영국 식민지에 2백만 명 이상의 사람들이 살고 있었다. 이들은 영국 왕을 섬기는 국민이기는 하나, 영국에 종속적이지는 않다고 생각했다. 그러나 명예혁명 후 영국은 해외 식민지를 간섭하며, 1691년 매사추세츠를 청교도 자치 식민지에서 왕의 직속 식민지로 전락시켰다. 점차 식민지 탄압에 항의하는 주민들이 생기기 시작한 것이다.

이때 영국이 독점적으로 식민지로 수출하던 상품의 가격을 올렸다. 18세기 들어서서 영국이 스페인, 프랑스와의 전쟁에서의 전비 충당을 위하여 '설탕법', '인지세법' 등을 만들어 식민지에 대한 과세를 강화한다. 이에 식민지 의회는 영국 의회에 대의원을 보내지 못하는 자신들에 대한 '무대표 무과세'를 근거로 세법들의 폐지를 주장했다. 1773년 미국인들이 마시는 차에도 세금이 부과되고, 마침내 영국군이 소요 주민들에게 발포하여 5명이 숨지자 '보스턴 차 사건Tea Party'이 발생한다. 사무엘 아담스가 지휘하는 50명의 결사대가 보스턴 항에 정박 중이던 동인도 회사 선박에 인디언으로 위장하고 접근해서 선적된 차 상자를 바다에 던진 것이다. 영국은 보스턴 항구를 폐쇄하고 군대를 보내어 강력하게 억압하였다. 군대의 주둔 경비도 모두 주민들에게 떠 넘겼다. 1774년 이 문제를 논의하기 위한 13개 식민지 대표의 대륙 회의가 개최된다. 이듬해 영국과의 무력 충돌이 일어나자, 식민지 군은 조지 워싱턴을 총사령관으로 임명하고 전쟁에 돌입했다. 1776년 식민지 미국이 독립을 선언하고, 결국 1781년 요크타운 전투에서 영국이 패배하며 전쟁은 끝이 났다. 영국과 미국은 1783년 프랑스 베르사유에서 평화 조약을 맺고, 미국의 독립을 승인하였다. 세계 최초로 민주공화국이 탄생한 것이다.

종교적 자유를 찾아 나섰던 청교도들이 건설한 뉴잉글랜드 식민지에서 출발하여 세계 최강국이 된 나라의 기둥이 되었던 필그림의 행로를 생각해 본다. 말 없는 다수가 세상을 밝히고자 촛불을 들고 외치고 있었다. 2016년 12월 어느 주말 밤 대한민국의 풍경이다.

조용한 광기, 도저한 발걸음

서억수(동국대의대 안과교수, 고등 및 대학교 친구)

이 교수가 작년에《종소리, 세상을 바꾸다》를 발간한 뒤, 연이어 2권을 출판하게 되었다. 전문작가도 아니고 종을 전문으로 연구하는 고고학자도 아닌 의과대학 임상 교수가, 그것도 대구의료산업재단의 이사장직을 잘 수행하면서, 이렇게 짧은 시간에 저서 두 권을 연이어 낸다는 건 무척 경이로운 일이다.

그것은 아마 그의 타고난 영특함과 그것에 못지않은 성실함이 만들어낸 쾌거이겠다. 어쩌면 그것이 모두가 아니고, 영특함이나 성실함으로 설명할 수 없는 그 어떤 것, 우리가 쉽게 간파할 수 없는 그 무엇이 있을지도 모르겠다. 나는 그것을 수집이자 책이 되어버린 그의 내면의 어떤 '종소리' 때문이라고 생각한다.

우리가 처음 초등학교 들어가 배우는 첫 동요 중에 김메리 선생님이 작사 작곡한 〈학교종〉이란 동요를 누구나 기억할 것이다.

"학교종이 땡땡땡 어서 모이자. 선생님이 우리를 기다리신다.

학교종이 땡땡땡 어서 모이자. 사이좋게 오늘도 공부 잘하자."

우리가 처음 초등학교에 들어가 배우는 첫 동요이기에 우리의 배움은 이 종소리의 부름으로부터 시작되었다고 할 수 있다. 이 종소리에서부터 시작된 인간의 배움의 여정은 결국 여러 형태의 질문과 답으로 나아가게 되지만, 결국 저자도 머리글에서 언급한 헤밍웨이의 '누구를 위하여 종은 울리나' 와 같은 형이상학적 물음으로 나아가게 한다.

나는 배움의 시작 단계에서 각인된 동요 〈학교종〉의 종소리는 무의식 속에서 계속 배움에 대한 갈망을 불러일으킨, 그에게는 특별한 각성의 종소리였다고 생각한다. 그 후 그가 밝혔듯이 미국에 연구원으로 갔을 때 그가 인식할 수 없는 어떤 예정된 운명적 힘에 의하여 드디어 그는 실물적 종과 만나게 되었을 것이다. 그 만남은 지금까지 잠재해 있던 그의 무의식 속의 '종소리' 를 일깨워 25년간 일만여 점 이상의 종들을 수집하게 하였다.

사반세기 이상의 세월과 엄청난 양도 불광불급不狂不及, 미치지 않으면 미치지 못하는, 미쳐서 ^{狂} 미친 $_{及}$, 상상하기 힘든 업적이지만, 그에게는 그런 물리적 시간과 숫자 이외에 내적 종소리에 따라 그 자신도 어찌할 수 없는 '조용한 광기'를 따라갔다고 생각한다.

그는 이런 종과의 기나긴 여정에서 결국 인간이란 아득한 시간과 공간 속의 한 순간, 한 점에 불과한 왜소한 존재임을 깨닫게 되고, 그 깨달음과 더불어 밀려오는 존재의 외로움과 슬픔을 그 누구보다 크게 느꼈으리라 짐작한다.

그러나 그는 그런 슬픔이나 허무에 함몰되지 않을 뿐 아니라, 오히려 그런 부정적 삶의 모순성을 보다 잘 이해한 것 같다. 종국에는 이번에 《종소리가 좋다》를 펴냄으로써 자신과 우리에게 결연한 삶의 의지와 희망을 심어주었다.

나는 그의 오랜 친우이지만 그보다 한 인간으로서 이러한 도저한 발걸음에 경의를 표한다. 그리고 결국 그의 삶이자 책의 주제가 되었듯, 어릴 때 처음 들었던 그 순수하고 아득한 시원의 '종소리'가 세상을 울려서, 세상을 깨우고, 세상을 바꾸며, 세상을 밝혀 나가기를 함께 소망한다.

《종소리가 좋다》 발간을 축하하며

이성주(코리아 메디케어 대표, 전 동아일보 의료팀장)

한자 박博은 '넓은 박' 이면서도 '깊은 박' 이다. 그래서 박사博士는 넓고도, 깊게 아는 학자를 가리킨다. 의학담당 기자였던 20년 전부터 각 분야 최고의 의사들을 만나보니, 대부분 자기의 분야에 미쳐 있으면서도 인문학과 시사에 해박한 학자들이었다. 자기 전공 안팎으로 일이관지一以貫之하고 달통達通한 지식인이었다. 요즘 말로는 'T자형 지성인' 들이었다.

이런 훌륭한 의학자들 가운데 이재태 교수는 도드라지는 듯하다. 그와는 편지로 처음 교우했는데, 유려한 필체가 인상적이었다. 이 교수는 수필가이기도 한데 그 글도 유려했다. 직접 만나보니 아니나 다를까 목소리는 차근하고 부드러웠다. 주견은 뚜렷하지만 치우침이

349

없었다. 한마디로 대가의 풍모가 저절로 느껴지는 '박사博士'였다.

이 교수는 혈액종양 내과를 공부하다가 '첨단의학 분야' 인 핵의학 核醫學으로 전공 분야를 옮겨 이 분야의 권위자로 후학들의 존경을 받고 있다. 미국핵의학회지 우수논문상, 대한갑상선학회 학술상 등을 수상했으며 최근에는 분자영상의학과 갑상선암의 방사선 치료 효과를 높이는 연구 방법의 개발에도 집중하였다. 지난해까지 대한핵의학회 회장으로 학회의 발전에 기여했다. 학자로서의 사회적 책임에도 부지런해서 경북대학교와 경북대병원의 주요 보직과 대구시 의사회 부회장 등을 역임했고, 지금은 대구경북첨단의료재단의 이사장으로서 우리나라 의료산업의 발전을 위해 밤낮으로 고민하고 있기도 하다.

이런 학자이자 의료경영인이기에 25년 동안 종鐘을 어루만지며 한 우물을 팔 수 있지 않았을까? 첨단 의과학과 씨름하는 의학자가 종 수집에 빠진 모습을 상상하는 것은 쉽지 않다. 하지만 이 교수를 통해서 종의 세계에 들어서니까, 대가의 종 사랑이 자연스럽게 이해됐다. 지난해 발간된《종소리, 세상을 바꾸다》에 이어 이번에 선보이는《종소리가 좋다》에서 알 수 있듯, 종의 세계는 인류 문명과 함께 했고 인간의 희로애락이 서려있는 큰 영역이기 때문이다.

이 교수는 1992년 미국 국립보건원NIH 연구원으로 근무할 때 동네 벼룩시장에서 자기瓷器 종을 구입하면서 종의 세계에 입문해서 지금까지 1만여 점을 수집했다. 미국 종협회American Bell Association 회원으로 세계 각국의 종 애호가들과 교류하고 있는, 국내 최고 종 수집가다. 충북 진천 종박물관에는 부인과 함께 수집한 세계의 종들이 전시되어 고갱이 역할을 하였다. 재작년 11월 개봉한 영화 '검은 사제들'에서 구마驅魔 의식에 쓰인 종도 이 교수의 종이었다.

이 교수에게 종 수집에 대한 이야기를 듣고, 건강포털 사이트 Kormedi.com에 종들의 뒷이야기를 칼럼으로 쓰는 것이 어떨까 제안했고, 이 칼럼들은 수많은 독자들의 박수를 받았다. 이 칼럼들에 뼈와 살이 붙어서 이번 책이 나오게 됐다.

이번 책에서 이 교수는 종의 세계를 유려한 문체로 보여준다. 종은 물리적으로 유리, 나무, 흙, 은, 상아, 자기, 주석, 황동 등 다양한 소재이지만 여기에 서린 이야기들은 더 넓고 깊다. 이 책에서는 역사, 종교, 신화, 문학, 군사전략, 교육, 미술, 음악, 영화, 애니메이션, 와인 등 숱한 영역의 이야기가 종을 통해서 전개된다. 종에 서린 이들 이야기들을 듣다보면, 사람에 대한 사랑과 다방면의 교양지식이 마음을 푼푼하게 채워준다는 느낌도 절로 들 것이다.

이 교수는 종을 통해서 소통을 이야기한다. 이 책의 '루리스탄 청동기'에서 설명했듯, 기독교에서 종소리는 천국과 하느님의 목소리를 상징한다. 종이 하늘과 사람을 이어준 것이다. 무녀의 청동 방울도 비슷한 역할을 했다. 산사의 범종은 성과 속을 이어줬고 워낭 소리는 동물과 사람을 이어줬다는 것이다. 그는 사람과 대상을 이어주는 것이 종의 본질이라고 말한다.

소통의 벽에 가로막힌 2017년 대한민국에서 이 책이 크게 울리기를 바란다. 그가 세심하게 환자를 볼 때처럼 종에 쏟아 부은 사랑이 바깥으로 울려 퍼지기를 빈다. 아마 독자들은 종에 얽힌 재미있는 이야기를 듣다보면 쉽게 책을 놓기가 힘들 것이다. 수많은 독자들이 밤 새워 읽은 책을 덮는 순간, 가슴 가득히 종소리가 울리며 마음이 열리는 것을 꿈꿔본다. 그러면 우리 사회도 좀 더 열리고 살맛나지 않을까, 은은한 종소리와 함께.